国家财政专项基金资助
2015 年中国青少年研究中心重点课题项目

团中央青运史档案馆课题组
胡献忠 主编

新 华 出 版 社

图书在版编目（CIP）数据

共青团培育青少年价值观的历史考察 / 胡献忠主编
北京:新华出版社，2015.12
ISBN 978-7-5166-2270-4
Ⅰ.①共… Ⅱ.①胡… Ⅲ.①中国共产主义青年团—思想政治教育—研究 Ⅳ.①D296.1
中国版本图书馆CIP数据核字（2015）第317817号

共青团培育青少年价值观的历史考察
主　　编：胡献忠

出 版 人：张百新　　**责任编辑**：庆春雁
责任印制：廖成华

出版发行：新华出版社
地　　址：北京石景山区京原路8号　　**邮　　编**：100040
网　　址：http://www.xinhuapub.com　http://press.xinhuanet.com
经　　销：新华书店
购书热线：010-63077122　　**中国新闻书店购书热线**：010-63072012

照　　排：新华出版社照排中心
印　　刷：河北鑫宏源印刷包装有限责任公司

成品尺寸：170mm×240mm
印　　张：21　　**字　　数**：260千字
版　　次：2015年12月第一版　　**印　　次**：2015年12月第一次印刷

书　　号：ISBN 978-7-5166-2270-4
定　　价：42.00元

本课题组成员名单

课题领导小组组长

王义军

副 组 长

叶学丽　李　静

课题组组长

胡献忠

成　员

李　艳　陈卫东

刘宏森　汪永涛

陈　亮　徐峻蔚

胡湘明　冯小茹

刘庆宇　王　莹

目　录

绪 论

□ 胡献忠

共产主义青年团的诞生与发展，是世界共产主义运动中独有的政治现象和亮丽风景。20世纪20年代，青年共产国际有40个支部，也就是说在40个国家中有共产党领导的青年组织，影响较大的有苏联、德国、法国、捷克斯拉夫、挪威、瑞典等国的青年团。一些共产党在本国取得执政地位后，均无一例外地将党的青年组织的基本功能设定为协助执政党在社会实践中培育合格的共产主义事业接班人。诚然，当苏联、东欧原社会主义国家的执政策略出现致命性错误时，党原有的青年组织的育人功能也就出现了颠覆性偏差或者不复存在了。中国共产党一向视中国共青团为助手和后备军，从革命年代、建设年代到改革年代一以贯之。1949年新中国成立之后，中国共青团一方面在社会主义建设中发挥突击队作用，另一方面在思想、道德、作风等领域着力塑造社会主义新人。前者是出发点，后者是落脚点。尤其是同工会、妇联、科协、侨联、工商联等具有较多统战色彩的群团组织相比，共青团的政治性育人功能更为凸显。

一、共青团在执政党培育国民精神总格局中的定位

按照马克思的设想，未来社会是自由人的联合体。这些自由人是指文明素质高、道德水平高的现代公民。这是不自然形成的，需要无产阶级政党去塑造、去引导。毛泽东有句名言，人的正确思想是不会从天上掉下来的，也不是自己头脑里固有的，只能从社会实践中来①。中共领导的新民主主义革命，不仅仅是为了打破一个旧世界，更是为了创造一个新世界。新的世界需要新的思想、新的道德、新的人格、新的风尚来支撑。而最易、也是最先接受新思想、新道德的，往往是处于世界观、人生观、价值观形成阶段的青少年群体。新中国成立后，执政党在恢复国民经济，推进工业化进程的同时，非常注重国民旧道德的改造、受教育程度的提升，对于宣传、教育工作相当重视，对于承担这些工作部门、机构、团体也相当重视。因此，大中小各类学校、各级团委首当其冲。学校属国民教育序列，在传授知识过程培育青少年健康品德；共青团则专司青少年价值培育（当然，很多时候也是在实践中培育）。其他还有宣传部门（主流价值观的灌输）、新闻媒体（新人新事、好人好事的报道）、文艺部门（注重在文艺创作、形象塑造中体现这一时代精神），等等。正如毛泽东所指出的："思想政治工作，各个部门都要负责任。共产党应该管，青年团应该管，政府主管部门应该管，学校的校长老师更应该管。"②这一时期，执政党尽可能把一些组织、团体、机构称之为"大学校"，共青团是一所大

① 毛泽东：《人的正确思想是从哪里来的？》（1963年5月），《毛泽东文集》第8卷，人民出版社1999年版，第320页。

② 毛泽东：《关于正确处理人民内部矛盾的问题》（1957年2月27日），《毛泽东文集》第7卷，人民出版社1999年版，第226页。

学校，工会、妇联是大学校，解放军也是一所大学校。

从建设时期到改革时期，从计划经济到市场经济，共青团始终处于培育青少年价值观的第一线。这一点，无论是统揽全局的执政党，还是从事具体工作的共青团都有深刻认识。中共在全国执政后，毛泽东不止一次地讲到“教育青年是个大问题”，“没有正确的政治观点，就等于没有灵魂”。而且随着国际国内形势的发展变化，毛泽东对“接班人”问题越来越重视。毛泽东培养接班人的核心，就是把青年培养成又红又专、德智体全面发展的社会主义事业的建设者和接班人。1957年毛泽东在接见青年团三大全体代表时殷切希望：“希望你们团结起来，作为全国青年的领导核心。”[①]1951年周恩来在青年团一届二次中央全会上作政治报告时对共青团的地位讲得更为清楚：“青年团应该成为思想改造的组织者与宣传者和模范。”[②]1991年江泽民在庆祝中国共产党成立70周年大会上把再次党员、团员相提并论：“共产党员、共青团员和一切先进分子，必须努力学习和掌握马克思主义的立场、观点、方法，树立共产主义的崇高理想和世界观、人生观，身体力行共产主义道德。”[③]2013年习近平总书记在同新一届团中央领导班子集体谈话时又鲜明指出：共青团的根本任务，就是培养中国特色社会主义事业建设者和接班人。共青团主要负责人也有一致看法：1954年时任团中央书记处第一书记的胡耀邦谈到：“宣传教育工作是团工作的灵魂。”[④]其后历届共青团都将思想政治教育和宣传工作放在首要位置，把“培养人”作为统筹各项工作的总抓手。2012年时任团中央书记处第一书记的陆昊讲：“党中央书记处近10多年来对共青团提出的要求

---

① 毛泽东：《中国共产党是全中国人民的领导核心》（1957年5月25日），《毛泽东文集》第7卷，人民出版社1999年版，第303页。

② 中共中央文献研究室编：《周恩来年谱（1949—1976）》上卷，中央文献出版社1997年版，第197页。

③ 江泽民：《当代中国共产党人的庄严使命》（1991年7月1日），《江泽民文选》第一卷，人民出版社2006年版，第159页。

④ 张黎明等主编：《胡耀邦传》第一卷（1915—1976），人民出版社、中共党史出版社2005年版，第254页。

是：引导青年坚定跟党走中国特色社会主义道路的理想信念。”[①]时间虽然跨越了半个多世纪，在执政党的运作体系中，共青团培育青少年价值观的功能定位始终没有改变。

应该说，自1949年以来，中国共产党在大力推进国家工业化、现代化的同时，吸取传统治国理政经验，结合马克思主义意识形态要求，主导着一代社会主义新人的培育工程。在党委、政府、社会诸多部门、机构和组织的共同参与中，共青团占有重要席位，或者说，共青团就是专职培育青少年价值观的（当然，共青团也不可能包打天下）。这是一层意思。第二层意思，共青团的诸多工作（包括经济领域、社会领域的很多品牌项目），都是在实践中教育青少年、影响青少年，培育青少年价值观成为一切工作的落脚点。这就是说，共青团最基本的职能就是培育青少年价值观。

二、共青团育人功能实现的结构性因素

大气候决定小气候，大环境影响小环境。以新中国成立初期为例，1949年中国共产党在大陆全面执政后，面对较为落后的生产力和较低文化素养的民众，其即将展开的工业化、城市化，乃至现代国家、文明社会的建设，必然不同于西方国家的发展道路。其原因在于：一是中共作为无产阶级政党，其宗旨是全心全意为人民服务，即为普天下劳苦大众谋福利，从来没有自己的私利。这一点是与大资本家代理人的资产阶级政党的本质区别。二是中国现代化建设的起点是如汪洋大海般的小农经济，在这样的薄弱的经济基础上建设社会主义，被称为是跨越“卡夫丁大峡谷”。三是

① 陆昊：《在纪念中国共青团成立90周年理论研讨会上的讲话》，李静主编：《纪念中国共青团成立90周年理论研讨会论文集》，中国青年出版社2012年版，第4页。

中国有两千多年的封建传统，臣民意识、等级观念、官本位规则扭曲了普罗大众的社会心理，压抑着他们的积极性和创造力。四是一些西方国家对新生社会主义国家的无端敌视，极尽封锁、破坏、遏制、颠覆之能事。所以，中国共产党面对如此现实，首先要在生产效能上战胜资本主义国家，于是就有了加快工业化进程，不惜“跑步前进”。同时为了确保社会主义国家永不变色，共产主义意识形态代代相传，执政党营造与传统社会（明、清以及民国）不一样的氛围，注重塑造社会主义新人，培养合格的建设者和接班人。

1949年之后，共青团不仅作为执政党政治运作中的一个重要链条，承担着政治流水线上的一项重要工作，而且在某种意义上讲，共青团以“准政党”身份充当着执政党的“马前卒”。正如毛泽东所讲的，中国共产党是全国人民的领导核心，中国共青团要做全国青年的领导核心。党的奋斗目标就是团的光荣使命。由于社会运作是一项庞杂的系统工程，推动社会进步的力量是由众多平行四边形的合力杂揉整合而成，所以共青团培育青少年价值观不可能真空里进行，必然会遇到方方面面力量的影响，或助推，或牵制。

研究认为，共青团育人功能的实现取决于如下因素：一是执政党的清明政治和执政绩效，可以增强青年民众的向心力；国家建设的成就、国际舞台的分量，有利于增强青少年的民族自信和自豪。这里需要说明的是，一个新政权诞生后，大约在百年之内要完成一系列转变，从感恩而顺从，到因绩效而拥护，最后上升到因法治而有序、有理性。执政党需要审时度势地调整策略和政策。二是主流价值观对全体社会成员的强大影响，产生强烈的从众效应。时代塑造性格，共青团在大时代、大思潮下，在执政党强大的舆论宣传之下，只要因势利导，就能产生较好的效应。当然，官方所推举出的典型，最能触动人、打动人的，还是那些在平凡的岗位上，做出不平凡业绩的人。三是社会生态的复杂性使青少年价值观的形成出现一些变数。本来，形塑青少年价值观的力量就来自方方面面，如果说强动员体制下官方的主导地位还比较明显的话，随着个性化时代的到来，各种力量都会随着经济发展、社会变迁而此消彼长。这里有传统文化的习惯认识，有西方思潮理念的交融交锋，有现实利益的诸多诱惑，还有社会不公平现象引发的集体愤懑，都在从正反两面影响着青少年理性价值观的形成。四是共青团自身的探索和努力。是否坚守阵地，常抓不懈；是否与时俱进，开拓创新；是否善于整合，善于借势等等。共青团虽然具有较强的育人功能，但是单靠共青团一家，也是培育不好青少年的。1955年8月，青年团中央书记处在一份总结报告中坦言，培养青年共产主义道德品质的工作，青年团固然有着最直接的责任，但仅仅靠团的力量是不够，一定要有社会舆论的赞助和各方面的大力支持。[①]

三、共青团育人功能实现的政治社会环境变迁

从新中国成立到社会主义建设时期，中共沿袭了战争年代在根据地局部执政时形成的一些行之有效的做法，以强大的国家力量介入社会，将国家意志灌输给社会成员，国家体制属于一种强动员体系，正如周其仁教授所讲的，整个国家是一个超级公司。全国人民拥有一个共同目标，在意识形态动员下，所有人有共同意识。不论各行各业、全国各地，整体上是一个活动单位，整个国家是政治和经济活动单位[②]。大家觉得都是一家人，因为在从事一个共同的事业。应该说，20世纪五六十年代，社会处于高强度动员状态，意识形态的力量把整个社会凝聚成一个紧密的道德——政治共同体。执政党对意识形态抓得很紧，解放逻辑释放的能量仍然有效。“文革”十年，共同

① 中共中央文献研究室编：《建国以来重要文献选编》第7册，中央文献出版社2011年版，第153页。

② 秋风：《重构基层政治单位》，孙立平等著：《未来中国的变与不变》，江苏文艺出版社2014年版，第150页。

体的感觉被残酷的现实瓦解了，整个70年代政治风云一波三折，普通民众都看糊涂了，价值认知无所适从，这是一个迷茫的时代。尽管1978年底中共开启了改革开放的大幕，但80年代初的媒体仍在讨论“信仰的失落”问题。其实，这只不过是在公开地描述一个已经存在很久的事实。这种失落感就是源于强动员形成的共同体感觉的瓦解。80年代全社会寻求变革的共同意愿，好像又把人们的感情联合到一起。但是，到了80年代末，在国际风云和国内风波的双重逆袭之下，这种共同体感觉则好像再度被瓦解了。

事实上，1978年启动的改革开放，坚持以经济建设为中心，巨大的经济驱动力对党的思想政治工作（包括共青团培育青少年价值观的传统方式）、党政干部作风都带来了很大冲击和挑战。1988年，只挂政治局委员之名的胡耀邦在一篇稿子的修改意见中谈到思想政治工作的科学性、有效性问题。他说：“这些年，我们对思想工作并非重视不够，也使了很大劲，但效果不那么好。战争年代，我们积累了一套思想政治工作经验，很有效。今天时代不同了，任务变了，历史条件也不同了，所以要研究适应今天的新形势。今天我们干什么？以经济建设为中心，搞四个现代化，改革开放，面向世界，思想政治工作从内容到方法都要适应这个，既不同于战争年代，一切为着战争胜利，也不同于新中国成立之后以阶级斗争为纲，以政治为中心，更不同于‘文革’十年，反修防修，全面专政。把这个大背景、大形势搞清楚了，思想政治工作的地位、任务、目标才讲得清楚，有的放矢，取得实效；不改进就没法加强，改进了，也就加强了。战争年代，我们有一条过得硬，就是共产党员，首先是领导干部以身作则，率先示范，这个传统我们如果不发扬，你让群众艰苦奋斗，大干四化，你在那里搞官僚主义，高高在上，脱离群众，甚至搞特权腐败，这个不改变，发多少文件也不行。我总是觉得，思想政治工作必须要做，这是我们共产党的优势，但要看到，今天有很多所谓思想问题和实际问题联系在一起。现在有些年轻人不大相信社会主义，不大相信党的领导，当然也可以跟他们讲些道理，但光讲道理恐怕解决不了他的问题。首先是我们把自己的事情努力做好，把路线政策搞对，首先中央机关带头，把党风搞好，带动全国，等到两个文明抓上去了，人民得实惠了，党的各级组织和广大干部都很廉洁，思想工作才更有说服力，什么信仰危机、信任危机就自然消除了。把工作搞好，把路线搞对，把党风搞好，我们就理直气壮了嘛。”①这里相当清晰地讲明白了两个根本性道理，一是思想教育工作要与时俱进，才能常释常新；二是党政干部作风一定要过硬，言行一致，才能取信于民。

1992年之后，执政党在经济改革中引入市场经济机制，已成滚石之势的利益驱动改变原来组织与人之间、人与人之间的联系纽带，个性化的利益诉求和表达越来越成为常态。随着市场化、网络化、全球化的交互作用，一个个性化时代到来了。美国未来学家和历史学家托夫勒讲，第二次浪潮（即工业化浪潮）创造了反映和要求批量生产的群体化社会。在第三次浪潮中，以智能为基础的经济，批量生产已成为过时的方式。非批量生产，即非规格化产品（也可称为个性化产品）成为制造业的前沿。这话是1995年针对美国的情况而讲的。他接着又说，随着第三次浪潮的异质性取代第二次浪潮的同质性，整个社会结构发生了变化。群体化让位于非群体化了（也就是我们所说的“小众化”）。以此理论来观察当代中国，这大概就是虽然物质财富一天天增加，生活水平一天天提高，而理想信念却一天天淡化、常规宣传教育一天天弱化的深层原因之一。所以，有研究者认为，市场经济愈深化，体制性冲突越激烈②。理想信念教育将在政治世俗化和体制固化的夹缝中寻求拓展空间。

---

① 张宏遵：《大悲无泪祭耀邦》，《炎黄春秋》2015年第9期，第8页。

② 公方彬：《市场经济愈深化，体制冲突越激烈》，光明网—理论频道［2015-11-09］，http：//theory.gmw.cn/2015-11/09/content_17662085.htm

四、共青团育人功能实现的具体工作路径

在中国共产党长期执政的环境中，对于青年来讲，只有个人选择和社会需要相一致时，才能有助于在现实中破解矛盾困惑，厘清大是大非，寻得安身立命之本，获取成长发展动力，他的价值才可能真正得到更全面地实现，他的发展才能可能更加通畅。那么，中国共青团作为官方组织，应该在青少年群体的需求中发挥影响。研究认为，革命年代，共青团是通过帮助青年利益实现而获取其信仰的。新中国成立初期，维护、实现集体利益，宣传的是集体主义，但也没有完全否认青年的正当需求。1957年之后，尤其是“文革”期间，党风政风在“向左转”，社会心态被裹挟其中。改革开放后，重新回归物质决定意识的原点，共青团努力在服务青年中引导青年。纵观新中国成立60多年来，共青团在实践中形成了若干育人路径。

路径一，重大历史关头响应党的号召团结带领青年跟党走。不论建设还是改革，执政党的很多战略意图最早都是靠青年去推动实施的。共青团总能不失时机地在党的号召下，创造性地调动一切可以调动的力量，团结引领大多数青年为实现党制定的目标去奋斗。在这一过程中，广大青年自觉改造世界观、人生观和价值观，将个体行为调适到集体行动的节奏中。青年突击队、青年垦荒队、新长征突击手、青年志愿者行动、青年文明号等不同历史阶段的标志性集体行动，吸纳涵盖了青年中的大多数。

路径二，提炼鼓荡青春、振奋人心的动员口号以激励青年。青年是最富活力、最富激情的群体，最易接受口号动员。共青团的动员口号紧扣时代脉搏，富有感染力和鼓动性。比如，抗美援朝战争期间提出“一切为

了祖国”“一切为了最可爱的人”，社会主义建设中的提出“把青春献给祖国”“一切为了社会主义”“向科学进军”，改革开放以来提出“争当新长征突击手”“团结起来，振兴中华”“五讲四美三热爱”“同一个世界，同一个梦想”“到西部去，到祖国最需要的地方去”“青春建功新农村”“奋斗的青春最美丽”，等等。

路径三，选树领跑时代的青年英模供普通青年效仿、学习。中国共产党从普通人中选树楷模的做法与儒家树立楷模的教育方法是相通的。1949年之后，在波澜壮阔的社会主义现代化建设中推出先进典型供模仿学习，成为各行各业通用的做法。共青团适应不同历史阶段的社会发展需求，塑造出众多不同类型的青年楷模，从青年突击队到青年垦荒队，从雷锋到张海迪，从“中国青年五四奖章”获得者到各级“十大杰出青年”，这些青年英模在社会上产生了巨大的辐射力和冲击波，以强大的正能量激励着一代又一代青少年。

路径四，适时推出一系列主题鲜明的教育活动。主题教育活动队青少年价值观的影响最为直接。社会主义建设时期，缘于网络状的单位制管理和青年的同质性特征，从共产主义道德教育活动到学习毛泽东著作再到学习雷锋，几乎囊括了各行各业的所有青年及青少年，声势浩大而有效果。改革开放后，这一做法被承袭并不断得到强化，从而形成系列。比如“五讲四美三热爱”“文明礼貌活动月”“学习张海迪”“学习‘一山两湖’等英雄群体”“学习赖宁”等活动，“增强共青团员意识”“我与祖国共奋进”“红领巾相约中国梦”等主题教育实践活动，以及“青年马克思主义者培养工程”“未成年人思想道德建设工程”等建设工程。

路径五，引领时代潮流，助推良好社会风气。中共是马克思主义与工人运动相结合的引领时代的产物。从革命到改革，党一直挺立潮头，既是中国工人阶级的先锋队，又是中华民族的先锋队。中国共青团的各级组织及其成员，紧紧跟随这一先进行列。而且，共青团一向具有“开风气之先”的光荣传统，所发起的“向困难进军”“人生观意义”大讨论、“争做新长征突击手”等轰动一时，所创制的“青年突击队”“希望工程”“青年志愿者行动”“青年文明号”等影响深远，这些活动有助于社会良好风气的形成，广大青年以能够加入其中、成为一员而自豪。

总的来说，共青团培育青少年价值观的成效是明显的，尤其20世纪五六十年代、80年代的育人工作有很多可圈可点之处，形成了新型社会塑造新青年，新青年创造新型社会的可喜局面。当然，过分夸大共青团的作用与完全忽视团的存在同样是缺乏理性的。没有中国共产党的正确领导和社会各阶层的积极配合，共青团要想在任何方面取得成效几乎都是不可能的。

五、共青团育人功能发挥中存在的缺陷与不足

如何对1949年以来共青团育人功能进行科学研判，需要什么样的评估模型，哪些具体指标，确实需要单列一项课题展开深入研究。这里只能宏观、综合地做些粗浅分析。总体上看，从新中国成立到社会主义建设时期，从改革开放之初到全面深化改革，从计划经济体制到市场经济体制，传统工业化时代到互联网时代，共青团在青少年群体中的影响呈现一条逐渐弱化的轨迹，育人功能无疑也在弱化。其中，既缘于从集体化到个性化的时代变迁的必然趋势，也因为自身工作存在一些失误和不足。

第一，应对利益时代的挑战不及时、不得力。改革开放后，中国经济建设的巨大成就在给青少年群体树立正确价值观带来信心的同时，也带来较大的负面影响。以经济建设为中心，以市场利益为导向，近40年来把全国人民发家致富奔小康的胃口都调动起来了，社会上不可避免地产生“一切向钱看”的拜金主义、享乐主义，几乎冲击了所有家庭和每一位成员。

曾经有一个时期，执政党也提出“两手抓，两手都要硬”，但一到实际工作中总是“一手硬，一手软”。利益与信仰、利益与道德看似是难以调和的宿敌，传统的思想政治教育在经济利益面前显得苍白无力。在社会大环境（包括党政的指导思想）的影响下，讲共产主义远大理想不那么理直气壮了，有些思想教育的阵地就被放弃掉了。有时候也在提“创新工作方式办法”，因为创新需要更多的投入和艰苦的探索，所以一些所谓的“创新”总是落后于时代的发展，有的还仅仅停留在表面形式。

第二，形式主义是宣传教育的大敌。任何一项宣传，一开始总是要依托一定的形式，这种形式在当时也许是比较有效的，比较能吸引青少年参与并使之在参与过程中受教育。但天长日久，时过境迁，就有可能蜕变为“空壳”。比如，很多地方都在搞“学雷锋”活动，每年若干次，学生不是擦玻璃，就是擦马路护栏，要么就到敬老院打扫卫生，有时一天能去好几拨。学生心目中的“学雷锋”志愿活动，就是简单地带抹布上街，道德示范的丰富内核被简单化为一种肤浅的形式。为什么会出现这种情况呢？一是缺乏认识。策划者和执行者总把每次活动当做政治任务，是做给领导看的，做给社会看的，为“活动”而“活动”。二是缺乏压力。下不下工夫区别不大，思想教育没那么硬性指标去衡量，走个过场就行了，进而陷入片面地追求形式、图虚名的“皇帝新装”式的自欺欺人的泥潭。

第三，社会地位的相对弱化也是育人功能发挥欠佳原因之一。新中国成立初期，我国男性人口平均年龄39岁，女性为42岁，14—28岁青年无疑是国家建设重要的生力军甚至是主力军。而且在急于破旧立新的年代，社会上总充满着浓浓的青年崇拜，共青团的地位相对较高。改革开放以后，人口寿命大大延长，青年地位相对下降，即使生力军的作用没有变，但需要平衡的关系明显多了。如果过多地强调青年的重要性（比如为青年立法），有人就会问，老年人的权益就不重要了吗，要不要为老年人也立个法？同时，多年以来，很多地方党政都坚持以经济建设为中心，都在追求GDP的增速，总认为共青团等群团工作是可有可无的事情，有的地方政府甚至给他们下达招商引资的具体指标。实际上，共青团在社会体系中的地位在很大程度上影响着其宣传培育效果的大小。反之，共青团宣传工作是否有效，是否让青少年喜闻乐见，能否为党政排忧解难，又影响着整个共青团的社会声誉和政治价值。

六、“大转折时代”共青团育人功能的开发与应用

美国未来学家戴维·霍尔认为，从2006年起“大转折时代”已经到来，这是“生活与思维方式的大转折”。转折时代将由三种力量铸就：新一轮全球化浪潮、个体化浪潮、电子联通性。到2020年，中国社会的很多组成部分，包括思想和组织机构，将在本质、外观、特性或者形式上发生改变。中国新一代青年的价值观将在新的社会环境中形成新的特征。面对“大转折时代”，中国共青团应该把握时代特征和青少年成长规律，在迎接挑战中实现工作转型。

第一，育人的功能和阵地只能加强，不能放弃。中国特色社会主义就是要坚持并突出“中国特色”。思想政治工作是中国共产党的优良传统和政治优势，不论在任何时代，执政党都不会放弃，共青团也不能放弃。因为共青团不是普通的社会组织，而是具有鲜明政治性的群团组织，共青团第一位任务就是培养合格的社会主义接班人。丢掉了思想政治阵地，也就是丢掉了共青团的灵魂。在未来相当长的一个时期，国际形势仍将在风云变幻中经历大变局，中国社会的各种矛盾将在深刻改革中相互叠加、集中呈现，人们思想活动的独立性、选择性、多变性、差异性明显增强。有什么样的信仰，就会有什么样的选择。如果对青少年价值观的形成放任自

流，听之任之，将中华民族伟大复兴道路上埋下重大隐患。

第二，以互联网思维应对转折时代的变化。互联网是一种颠覆性力量，互联网思维是一种全新价值观。在360公司董事长周鸿祎看来，互联网思维包括4个关键词：用户至上，体验为王，免费的商业模式，颠覆式创新[①]。互联网时代社会变革是加速的，青年的世代变化也是加速的，而所有变化均来源于观念的变革。“不日新者必日退”。一方面，共青团培育青少年价值观的方法要与时俱进，要进入青少年的话语体系之中，赋予更多的易于被90后、00后喜闻乐见的时尚元素。另一方面，共青团要彻底转变的是工作思维，在执政党的政策框架内，以更加包容、更加开放的态度，树立“伙伴”意识与合作理念，实现团青关系的共生共存、共享共荣。

第三，站在民族复兴和国家安全的高度，致力构建构筑网络清朗空间。遍及城乡的互联网所生成出的能量，是当代中国社会走势的最大变量。网民中的80%是青少年，新媒体从业人员的80%也是青年。青少年既是网络信息和网络服务的使用者、享受者，也是网络信息的生产者、提供者。大量社会热点在网上迅速生成、发酵、扩散，形成强大的网络舆论场，一时难免泥沙俱下，鱼目混珠。而且，西方敌对势力绝对不愿看到中华民族伟大复兴的实现，把意识形态渗透的重点转向互联网，其目的在于同我争夺阵地、争夺人心、争夺青年，网络舆论斗争直接关系我国意识形态安全和政权安全。共青团拥有8900多万成员，完全可以成为执政党主导的舆论斗争中一支有生力量，在充分享受网络提供的各种便利服务的同时，勇敢地承担起构筑网络清朗空间的重要使命。

① 《周鸿祎：互联网思维是常识的回归》，《中国青年报》2014年10月8日第10版。

上篇

◇ 历史叙事与整体性反思

◇ 建设时期的经验与局限

◇ 改革开放以来的成就与不足

◇ 少先队的探索与思考

第一章
历史叙事与整体性反思

□ 胡献忠

中国是在后发态势下完成新民主主义革命、实施社会主义建设的，民族民主革命与社会主义革命相互交织，建设现代化与建设社会主义同步进行。因此，自1949年新中国成立以来，一个最为显著的特征，就是在大规模开展社会主义工业化（1978年之后称为“现代化”）建设的同时，执政党着力用共产主义（1982年之后称为“中国特色社会主义”）意识形态整合民众、教育民众、培育新人格、塑造新青年。众所周知，价值是一种选择取向，反映了人类的需要、欲望以及实现这种需要、欲望的方式和态度。人们对于价值的比较、选择和评价，就形成了价值观。价值观反映到日常生活是道德情操，反映到政治领域是意识形态，反映到精神追求就是信仰了。一个人价值观的初步定型常常在青少年时期，价值观虽是内生的，但很大程度上受外部环境的熏染，包括人为的引导、教育。从世界范围看，无论任何执政集团，都会在民众中传播、培育有利于其执政的价值观。新中国成立60多年来，中国社会始终处于深刻的变动、转型之中。具有求新、求异、求变特质的青年一向易于为新生事物所吸引，勇于成为新的价值价系的预知者和践行者。中国共青团作为中国共产党的忠实助手，在国家宏观引领（规划方向、提出目标、制定策略、创造条件、提供保障）的框架下，为青少年形成正确的、科学的价值观发挥积极作用。

一、共青团培育青少年价值观的绩效与困境

1949年新中国成立前夕，中国新民主主义青年团正式成立。中共交给青年团的任务是，“系统地学习马克思列宁主义，从革命实践中不断地教育自己的团员和青年群众，同时应当以马克思列宁主义的精神组织广大青年群众积极参加我党和人民民主政府所号召的各种运动。”①这是一个重要基调。自此，青年团作为党的联系青年群众的重要纽带，也作为党的战略全局中的重要棋子之一，在各个历史阶段均致力于在实践中教育青年、影响青年，使之理解党的政策主张，认同党制定的发展道路，自觉成长为建设现代国家和现代社会所需要的一代新人。

（一）20世纪五六十年代的开创性工作及时代局限

1949年建立的新中国政权，不是在旧中国的废墟上自发产生的，而是中国共产党通过革命打拼出来的。中国共产党是新型的无产阶级政党，对未来国家、社会的设计和构想是基于革命年代形成的一套意识形态理论。中共要建立的国家是一个有别以往改朝换代的新型国家，相对于中华民国及其以前的封建王朝，新中国的社会阶级阶层、社会组织形式、国家与社会的关系、人与人之间的关系等都必将展示出一个全新的面貌，这就是“共产主义理想+大集体形式+平等友爱的人际关系”。而在任何一个急于

① 《中共中央关于建立中国新民主主义青年团的决议》（1949年1月1日），中共中央文献研究室、中央档案馆编：《建党以来重要文献选编（1921—1949）》第26册，中央文献出版社2011年版，第3页。

破旧立新的时代，整个社会往往会充满浓浓的青年崇拜。这恰恰又成为青年团大有作为的重要外部因素。

接下来的问题是，在“母党”成为执政党的社会环境中，青年团应该开展什么样的工作，如何去开展工作？这里有两个基本点：一是服从执政党的整体战略，二是结合青年自身特点。至于具体内容和方法，恰如时任团中央书记处第一书记胡耀邦所言，“宣传工作是团工作的灵魂”，青年团要“背靠党委，面向青年”。新中国成立后的17年间，青年团作为执政党塑造新国民综合工程中极为重要的一个环节，在广大青年中开展了一系列思想教育活动，帮助他们树立共产主义理想，认同社会主义道路，培养有别旧中国的新型道德。比如，1953—1954年开展的过渡时期总路线的宣传教育活动，1954—1955年开展的共产主义道德教育活动，1958年开始的学习毛泽东著作活动，1963年开始的学习雷锋活动，以及在社会主义改造和社会主义建设中的各种实践活动，都取得了较好的成效，为公而忘私、集体利益高于一切、助人为乐等方面的好人好事层出不穷，便是明证。广大青年建设社会主义的热情空前高涨，共产主义信念和道德在广大青年心中深深扎根。1949—1966年，各种宣传的成效是比较显著的。战争时代的思维惯性、大行其道的集体主义、强动员机制、单位制社会结构、建设新社会的激情、对未来的美好憧憬等因素，共同构成了共青团培育青少年价值观的有利条件，推动了共产主义教育的兴盛。

然而与此同时，接二连三的“政治运动”以及运动式的经济建设，虽然有利于“纯洁”思想、统一认识，但也在很大程度上压抑了个人的利益诉求，迟缓了物质生活的改善，以致在某个时期（1956—1957年）在局部出现了农民闹退社、工人闹罢工、学生闹学潮的事件[①]。到了“文革”后期（1971年之后），中国政治上的迷乱变局造成更多困惑，引发更多反思，五六十年那种纯洁的革命激情开始消退，共产主义理想受到质疑。显然，在政治大势面前，共青团只能在执政党的现实政策范围之内谋划一些符合自己身份的工作。

（二）20世纪80年代重构价值观的实践与教育失误

如前所论，中国青年“信仰危机”的拐点出现在“文革”后期。“文革”结束后，共青团系统开始恢复工作，很快就迎来中国社会大转折的新起点。自1978年年底中共十一届三中全会开始，执政党由侧重政治整合、重视精神的独特作用，回归马克思物质决定意识的基本教义，从“大公无私”的极端思维中挣脱出来，提出“贫穷不是社会主义”“发展太慢也不是社会主义”，承认个人利益的存在，追求利益的合理性。但“文革”十年使很多青少年的传统美德大幅缺失，是非荣辱观比较混乱，加之国门初开，一些西方的价值观念和生活方式对部分青年产生很大冲击。邓小平深刻指出：“过去很长一段时间，我们忽视了发展生产力，所以现在我们要特别注意建设物质文明。与此同时，还要建设社会主义的精神文明，最根本的是要使广大人民有共产主义的理想，有道德，有文化，守纪律。”[②]在重构价值观的历史性时刻，共青团应时推出“新长征突击手”命名表彰

① 1957年2月5日，时任团中央书记处第一书记的胡耀邦在北京大学团委的学习会上就学校青年团如何协助党加强学生的思想工作问题发表了看法。他说，总的来看，我们的青年学生是好的，但是去年在学校中也出现了相当多的问题。2月8日至21日，胡耀邦主持召开团的省、市委书记会议，着重研究新形势下青年团的思想教育工作问题。邓小平到会对团的工作任务、工作方法等作了指示。1957年2月27日，毛泽东在最高国务会议上作了《关于正确处理人民内部矛盾的问题》的讲话，其中指出：“在知识分子和青年学生中间，最近一个时期，思想政治工作减弱了，出现了一些偏向。在一些人的眼中，好像什么政治，什么祖国的前途、人类的理想，都没有关心的必要。”（《毛泽东文集》第7卷，人民出版社1999年版，第226页）

② 邓小平：《建设社会主义的物质文明和精神文明》（1983年4月29日），《邓小平文选》第3卷，人民出版社1993年版，第28页。

活动、“五讲四美三热爱”活动、争做“四有”新人活动，选树张海迪、张华以及“一山两湖”等英雄楷模，在广大青少年群体乃至全社会产生了广泛而深远的影响。一群群站在“希望田野”上的年轻人，被誉为“八十年代新一辈”。

改革开放开启的毕竟是与计划经济大有区别的新时代，在传统教育模式沿着历史惯性轨道取得较为可观社会效果的同时，我们也应该看到，“在新旧体制交替的特殊历史时期，社会上各种矛盾交织，青年的思想不可避免地呈现出多样性和复杂性。青年常见的弱点是缺乏政治经验和社会生活经验。这比较突出地反映在：有些青年有时不能准确地把握两个基本点，受到资产阶级自由化思潮影响时，思想上容易产生片面性；有些青年法纪观念淡薄，不能正确处理民主和集中、自由和纪律的关系；还有些青年，对改革开放缺少长期艰苦奋斗的思想准备。”①

20世纪80年代后期出现的学潮反映出在社会变革中重构价值观的复杂性和艰巨性。邓小平曾经反思道：“十年最大的失误是教育，这里我是讲思想政治教育，不单纯是对学校、青年学生，是泛指对人民的教育”②。当社会进入新的变革时期，对青少年价值观的培育如果仍是泛泛而论、空洞苍白的说教，既缺乏思想深度，又缺乏时代气息，很难对主体意识日益强烈的青少年一代产生深刻内在影响。如果主动放弃教育阵地，让青少年思想观念随波逐流，更是非常严重的战略性错误。

（三）20世纪90年代培育与市场经济相适应全新人格的探索与困境

1992年之后，中国的市场经济改革取向给人们提供了更多自由选择

---

① 宋德福：《在建设有中国特色社会主义的伟大事业中继往开来艰苦奋斗》（1988年5月4日），《中国青年报》1988年5月11日。

② 邓小平：《在接见首都戒严部队军以上干部的讲话》（1989年6月9日），《邓小平文选》第3卷，人民出版社1993年版，第306页。

的机会和空间，也带来更多挑战、风险和变化，人们越来越能够依托市场资源自决命运，于是利益联结逐渐取代了政治联结，个人主义逐渐冲淡了集体主义，“政治人”变为“经济人”，而且个人收入的差距也在明显拉大。这一转变其实是80年代的延续和加强，它使培育青少年共产主义价值理念陷入更为复杂的境地，并再次导致新的“信仰缺失”。1993年江泽民就告诫全党：“加强正确的理想、信念、人生观、价值观的宣传教育。在实行改革开放和发展社会主义市场经济的新形势下，这方面的思想教育更加显得重要和迫切了，不但不能放松，而且必须大大加强。我们重视个人的利益，同时必须通过宣传教育，让群众尤其是青年懂得个人利益必须服从集体利益、国家利益的道理。”[①]显然，时代需要共青团以中国特色社会主义理论为指导，培育青少年与市场经济相适应的全新人格。按照建设社会主义精神文明的总体要求，共青团在青少年群体中广泛开展各类传统教育（包括爱国主义、集体主义和社会主义思想教育、近代史、现代史和国情教育，传统文化教育）的同时，组织实施“跨世纪青年文明工程”“跨世纪青年人才工程”，搭建共青团在建立社会主义市场经济体制进程中育人的载体和平台。

市场经济对包括青年在内的广大民众的观念行为的影响，一是“放”（个体自由），二是“转”（利益驱动）。虽然执政党从来就没有放弃意识形态整合，共青团的思想教育也旨在把个人利益的实现建立在国家和集体利益发展的基础之上，抵制市场活动中的消极现象。但是，如果这种整合和教育不能及时地在传统价值理念与现实社会之间找准结合点，并实现有效转化，就有可能陷入自相矛盾的尴尬处境（比如市场趋利原则与雷锋的无私奉献精神在青年的意识形态中发生激烈对撞）。

---

① 江泽民：《关于宣传思想工作宗旨和几点希望》（1993年1月15日），中共中央文献研究室编：《毛泽东邓小平江泽民论世界观人生观价值观》，人民出版社1997年版，第481页。

（四）新世纪在多元中立主导的努力与挑战

进入21世纪以来，对外开放力度不断加大，改革的深度和广度不断加强，国家综合实力不断攀升，各种社会矛盾也集中呈现。而且这十几年来，信息化和经济全球化相互促进，互联网已经融入社会生活方方面面，深刻改变了人们的生产和生活方式。最先接受互联网、最先被改变的是青少年群体。互联网改变青少年的不仅是获取信息的方式、交往方式、表达方式、生活方式，更重要的是改变了他们的思维方式和思想观念。青少年在通过互联网提高自主、参与、民主等现代意识的同时，也受各种网络极端思潮的影响甚至挑动。为了在广大青年中树立社会主义核心价值体系，加强理想信念教育，2005年开展“增强共青团员意识主题教育活动”，自2006年起持续开展“我与祖国共奋进”主题教育实践活动，同时实施“青年马克思主义者培养工程”。2013年开始又深入开展“我的中国梦”主题教育实践系列活动。同时，共青团充分发挥新闻和网络媒体的作用，开辟网上青少年思想教育阵地。重点加强中青网、未来网、中国共青团网、中青在线、中少在线等网站的建设，开辟“民族魂”“血铸中华”“中国青少年广播网”等青少年重点专题网站，打造“青年之声”青年成长服务联盟。共青团应对互联网兴起大概可分为两个阶段：2012年之前基本上是以互联网为工具，主要开展网上正面教育；2012年之后视互联网为资源，逐渐参与网上舆论斗争，在交锋中教育影响青少年。

关于互联网时代共青团培育青少年价值观的不足，团中央是十分清楚的。2003年团十五大承认，“青少年思想教育的感召力和渗透力不强，新的方法和手段不多。”[①]2008年团十六大认为，“面对社会思想深刻变化、青年思想更加活跃的情况，如何有针对性地加强教育引导，使社会主义核心价值体系更加深刻地融入青年思想之中。”[②]2013年团十七大强调，“思想引导工作在青年中的吸引力和感染力还不够，针对性和实效性有待增强。”[③]十几年下来，基本上还是老生常谈的问题。实际上共青团一直进行各种努力和探索，只不过未能从根本上扭转被动局面。

二、共青团培育青少年价值观的历史经验与教训

众所周知，能够对青少年价值取向产生重大影响的力量主要有三种：一是家庭，二是学校，三是社会。这种排序是由内而外，由小而大。1949年以来，共青团作为中共领导的先进青年的群众组织，恰恰能够在学校和社会的育人过程中担当重要角色。一方面，共青团的理念是从执政党那里承袭而来，与时代社会密切相合。另一方面，共青团完全能够借助党既有的执政资源，多角度、全方位介入青少年的学习生活之中。同时，执政党交给共青团最为重要的任务就是培育好助手和后备军，使广大青少年日后能够成为社会主义建设的合格建设者和接班人。正是在多重力量综合作用下，共青团自新中国成立以来，在培育青少年价值观实践中做了大量探索和创新，积累了相当丰富的经验。由于受限于体制、资源、策略及努力程度，也存在一些不足和教训。

① 周强：《在“三个代表”重要思想指引下团结带领广大青年为全面建设小康社会而努力奋斗》（2003年7月22日），《中国青年报》2003年7月29日。

② 陆昊：《高举中国特色社会主义伟大旗帜团结带领广大青年为夺取全面建设小康社会新胜利而奋斗》（2008年6月10日），《中国青年报》2008年6月16日。

③ 秦宜智：《高举团旗跟党走奋力实现中国梦》（2013年6月17日），《中国共青团年鉴2013》，中国青年出版社2014年版，第10页。

（一）总能响应党的号召团结带领青年跟党走，但对部分青年的感召存在一定局限

我们常说，“党有号召，团有行动”。新中国成立以来不论建设还是改革，执政党的很多战略意图最早都是靠青年去推动实施的。共青团总能不失时机地在党的号召下，创造性地调动一切可以调动的力量，团结引领大多数青年为实现党制定的目标去奋斗。在这一过程中，广大青年自觉改造世界观、人生观和价值观，将个体行为调适到集体行动的节奏中。青年突击队、青年垦荒队、新长征突击手、青年志愿者行动、青年文明号等不同历史阶段的标志性集体行动，吸纳涵盖了青年中的大多数。这是60多年来共青团履行职能的重要体现和成功之处。一旦强大的动员机制运作起来，青年中先进分子主动参与，中间分子顺势而为，后进青年别无选择，也被裹挟其中，如同大浪淘沙。在市场经济条件下，强动员机制被弱化，共青团政策的吸引效能尚未完全形成，仍不时借助行政体系之力推动青年。

（二）总能提炼出激荡青春、振奋人心的动员口号，但有时过于笼统

从波澜壮阔的社会变革和较为复杂的社会政策中，提炼出言简意赅的词语以警示人们明了时局与任务，是人类思维的共通之处。中共是提炼口号的高手，也是运用口号动员民众的高手，此法为其领导影响下的各个领域所效仿。共青团的动员口号紧扣时代脉搏，富有感染力和鼓动性。比如，抗美援朝战争期间提出“一切为了祖国”“一切为了最可爱的人”，社会主义建设时期的提出“把青春献给祖国”“一切为了社会主义”“向科学进军”，改革开放初期提出“争当新长征突击手”“团结起来，振兴中华”“五讲四美三热爱”，青年志愿者行动中提出“一起来，更精

彩”“同一个世界，同一个梦想”“世界在你眼前，我们在你身边”“到西部去，到祖国最需要的地方去”，在全面建设小康社会中提出“青春建功新农村”“奋斗的青春最美丽”等等。新中国成立60多年来，共青团的动员口号有一条潜在的变迁逻辑，即从与政治密切关联逐步调整到与青年与社会密切关联，从革命话语转换到公民话语。当然，这种转换是渐进的，很多口号都被打下较为明显的时代烙印，有的过于笼统和理想化，离基层青年实际生活太远。邓小平在1957年就讲过：“我们习惯于搞一个中心，有一个口号把六亿人口一致动员起来”，“全部工作要拿一两句口号来代表是不可能的。”[①]

（三）总能选树出领跑时代的青年英模，但有些宣传流于形式

中国共产党从普通人中选树楷模并号召在其执政区域内开展学习，大约始于延安时期的张思德。这一做法与儒家树立楷模的教育方法是相通的。1949年之后，在波澜壮阔的工业化、现代化进程中推出先进典型供模仿学习，成为各行各业通用的做法。共青团适应不同历史阶段的社会发展需求，塑造出众多不同类型的青年楷模，从青年突击队到青年垦荒队，从雷锋到张海迪，从“中国青年五四奖章”获得者到各级“十大杰出青年”，这些青年英模在社会上产生了巨大的辐射力和冲击波，以强大的正能量激励着一代又一代青少年。改革开放之初，中共中央书记处着重指出，各条战线的先进模范人物，是走在时代前列的光荣战士，他们的先进思想和模范行动是推进我国社会主义现代化事业不断发展的动力，引导和推动越多的人们尊重和学习先进模范人物，广泛、深入、持久地开展群众性的学先进赶先进的活动，是建设社会主义物质文明和精神文明的一项重

① 邓小平：《如何做青年团的工作》（1957年2月18日），《邓小平文集（1949—1974）》中卷，人民出版社2014年版，第286页。

要内容。必须注意的是，任何模范人物和先进典型都不可能是十全十美的。因此，宣传先进模范人物，推广先进经验，开展学赶先进的活动，一定要坚持实事求是，坚持群众路线，坚持一分为二的观点，反对脱离实际，反对生搬硬套，反对形式主义。[①]随着互联网时代的到来，信息传播速度明显加快，社会节奏也明显加快，人们的兴奋点、注意力聚焦时间短、转换急，加上共青团有些宣传流于程式化、平面化，所选树的英模难以产生文娱明星一样的亲和力，导致青少年群体崇拜明星的多，仰慕英雄的少。传统的推出典型、宣传典型的模式受到严峻考验。

（四）总能适时推出一系列主题鲜明的教育活动，但有时难以覆盖体制外青少年

组织开展教育活动是共青团培育青少年价值观的传统做法。社会主义建设时期，缘于网络状的单位制管理和青年的同质性特征，从共产主义道德教育活动到学习毛泽东著作再到学习雷锋，几乎囊括了各行各业的所有青年及青少年，声势浩大而有效果。改革开放后，这一做法被承袭并不断得到强化，从而形成系列文化产品。比如“五讲四美三热爱”“文明礼貌活动月”“学习张海迪”“学习‘一山两湖’等英雄群体”“学习赖宁”等活动，“增强共青团员意识”“我与祖国共奋进”“红领巾相约中国梦”等主题教育实践活动，以及“青年马克思主义者培养工程”“未成年人思想道德建设工程”等建设工程。鉴于市场经济条件下青年的自由度和流动性增大、多变性和多元化增强，共青团开展上述活动所依托的大多是体制内青少年，体制外青少年参与少。有些活动停留在一般性宣教，缺乏应有的思辨性，深度不够。

① 中共中央办公厅转发全国总工会党组、共青团中央、全国妇联党组《关于发挥先进人物作用推动学赶先进活动的报告》（1982年5月3日），中共中央文献研究室编：《三中全会以来重要文献选编》下册，中央文献出版社2011年版，第554页。

（五）大多时候能够引领时代潮流，但应对社会思潮能力尚需进一步提升

中国共产党是先进的马克思主义政党，总能带领全国人民走在时代前列。中国共青团及其影响下的青年，也在这一先进行列之中。而且，共青团一向具有“开风气之先”的光荣传统，所发起的“向困难进军”“人生观意义”大讨论、“争做新长征突击手”等轰动一时，所创制的“青年突击队”“希望工程”“青年志愿者行动”“青年文明号”等经久不息，这些活动有助于社会良好风气的形成，广大青年以能够加入其中、成为一员而自豪。这种官方倡导的主流思潮影响的大多是蓝领职业青年、爱心青年等，此外在青年知识分子中，涌动着各种社会思潮。或许因为中国共青团是行动的组织，重实践甚于重理论的缘故，应对这些颇为抽象的思潮往往显得比较滞后。这一情势在互联网时代显得尤为突出。

（六）能够熟练掌握传统宣教办法，而精雕细刻、润物无声的方法运用得较少

20世纪五六十年代，很多团组织教育青年的做法是：“坐下学习，站起来突击；坐下来一张报，站起来一把锹”。在单位制时代，这种简单易行的正面灌输一开始是可以发挥较大作用的。当时认为只有轰轰烈烈的大声势，才能造成更大的社会影响。久而久之，难免会出现一些唯形式、唯热闹的状况。1957年邓小平就指出，“青年工作过去比较喜欢轰轰烈烈，当然这是调动青年积极性的比较好的方法。不过，现在就不行了”，“今

后恐怕要求我们更细致地工作。”[①]改革开放之初，团中央也强调团的工作方式要从一般化、大轰大嗡的活动，转到精雕细刻、深入细微的工作中来。要点点滴滴地做工作，以收到潜移默化的实效[②]。当然，这也并不是完全否定热闹的形式，而且很多工作需要通过一定的形式才能展开，关键是要把形式与内容有机结合起来。实际上，由于思维惯性和认识局限，形式与内容这一辩证关系一直没有得到很好的把握。这一点，邓小平早有论述：“踏踏实实不会妨碍积极性，轰轰烈烈的局面是无数的人踏踏实实干出来的。我不反对必要的形式，有了形式才能鼓起气，才能有气氛，但是不要只注意形式方面，而工作不够踏实。”[③]

（七）教育中鼓励青年做奉献的多，而实现青年合法利益提得相对较少

在中国传统文化和当代现实政治运作中，集体主义、共同利益一向被大力提倡，这是中华民族区别于西方族群的显著标志之一。1951年团中央的一份报告指出，进行爱国主义教育必须把个人利益、个人前途和国家利益、国家前途结合起来，并把个人利益服从国家利益作为前提。实际上从青年垦荒队到学雷锋，更多强调的是青年为国家、为社会做贡献。这是共产主义道德的重要内容，也是新型国家建设的必然。尤其在“一大二公”的年代，个人利益完全被视为资产阶级的“专利”。直到1982年团十一大之后，维护与实现青少年合法权益才逐渐浮出水面，是作为共青团的一项独立工作部署的。在对青少年进行思想教育时，强调的仍然是多做贡献。

① 邓小平：《如何做青年团的工作》（1957年2月18日），《邓小平文集（1949—1974）》中卷，人民出版社2014年版，第287页。

② 《韩英同志在共青团省、市、自治区委书记会议上的讲话》（1979年2月21日），共青团中央办公厅编：《团的文件汇编1979》，内部资料1980年，第18页。

③ 邓小平：《教育青年永远跟党走》（1958年7月12日），《邓小平文集（1949—1974）》中卷，人民出版社2014年版，第388页。

其实，鼓励青年做奉献与实现青年合法利益是辩证统一关系。当代中国是利益分化的时代，也是个性化的时代，共青团工作条线之间思维逻辑有必要进一步打通。

（八）运用新媒体引领青少年价值观规模大、影响面广，但深度有待进一步提升

自20世纪90年代互联网在中国兴起以来，青少年群体一直是最主要、最敏锐、最前沿的网络用户。新媒体塑造新青年，新青年助推新媒体。互联网打通了信息传播的屏障，同时也增大了信息控制的难度。青年的政治意识进一步淡化，价值多元化趋势不断增强。在这种情况下，青少年思想政治教育面临的竞争和挑战是前所未有的。自1999年开始，中国共青团网、中国青年网、中青在线、中国少先队网先后开通，目前团属网站达到4000家左右，阵容较为庞大。仅2007年4月1—6日清明节期间，民族魂、血铸中华网站开展“网上祭英烈，共铸中华魂”网上公祭活动，参与网民达1.35亿人次。2012年之后，共青团开始组建网络宣传员、网络评论员、网络文明志愿者队伍，目前队伍庞大，有时也能形成“一呼百应”声势。但是，网上舆情错综复杂，不是简单地提出一个正确观点，大家跟帖、点赞就行了，驳斥不正当言论，“亮剑”发声，需要深厚的理论功底和高明的斗争艺术。

三、共青团培育青少年价值观过程中的结构性矛盾

新中国成立60多年来，尤其是改革开放30多年以来，中国经济高速发展，由此牵引整个社会结构发生剧烈变革。广大青年身处这样一个丰富多彩、快速多变的时代，经济转轨和社会转型带来了人们思想的解放和观念

的变迁，人们的民主和法治观念、自主和竞争意识、契约和创新精神都在不断增强。互联网和全球化又使各种思潮相互激荡，广泛传播，主流价值和非主流价值、传统观念和现代思想、个人主义和集体主义在意识形态领域相斥相融。由此生发出几对结构性矛盾关系，需要共青团组织及其影响下的团员、青年深度反思。

（一）思想与利益：无利益必然无思想，但起于利益必收于信仰

古今中外，“思想”和“利益”从来就是既相互排斥、又密切联系的矛盾统一体。马克思有句名言：“思想”一旦离开“利益”，就一定会使自己出丑[①]。众所周知，价值理念是认同的最高形式，也是最为稳固的联结。而对于大多数青年来说，信仰的认同是建立在利益吸引之上的。作为与普通人衣食住行密切相关的“好处”，利益在任何社会形态、任何社会阶段，对于要争取广大民众支持的政党、团体来说，都是绕不开的重大课题。需要特别指出的是，普通民众（包括青年）最为现实，对眼前利益看得很重，谁能实现、维护他们的利益，就跟谁走。但是，没有信仰的利益群体只能是乌合之众，政治组织在实现群众利益的同时，要因势利导地开展思想渗入和引导，而不能成为群众的尾巴。邓小平1978年在党的十一届三中全会上告诫全党：不重视物质利益，对少数先进分子可以，对广大群众不行，一段时间可以，长期不行[②]。因此，我们有理由认为，对于先进青年，首要是思想吸引；而对于普通青年，首要的还应是利益吸引，并通过利益吸引达到思想吸引。

---

① 马克思、恩格斯：《神圣家族》，《马克思恩格斯文集》第1卷，人民出版社2009年版，第286页。

② 邓小平：《解放思想，实事求是，团结一致向前看》（1978年12月13日），《邓小平文选》第2卷，人民出版社1994年版，第146页。

（二）理想与现实：理想源于现实又高于现实，有理想才能更好地把握现实

理想和信念是战胜一切现实困难，创造美好未来的强大精神支柱和前进动力。习近平指出，没有理想信念，理想信念不坚定，精神上就会“缺钙”，就会害“软骨病”。共青团（包括团干部和团员）作为执政党的青年组织，是无可替代的助手和后备军，因此这一组织应该最富有理想、富有理想主义，否则就有愧于“中国共产主义青年团”的称号。在现实生活中，“共产主义理想”常常会遭到贪污腐败、坑蒙拐骗、飙车炫富、出事拼爹、恶意碰瓷等违法犯罪及不良社会现象的逆袭。我们认为，共产主义是远大目标，是精神追求，是理想召唤，是奋斗方向，如果庸俗地计算共产主义几代人能够实现，必将会滑向不可知论的深渊。理想是可以分层次的，有总体目标，还有分级支撑；有长远目标，还有中近期目标。奔向终极理想的路，是一步一步走出来的。年轻人何以要与共青团“相遇”，应该是缘于梦想与未来。

（三）一元与多元：多元归一体，一体包多元

在理论界，一元论者认为虽然不同的地域、不同的民族对于终极价值的理解存在着差异，但是，在民族内部、一定的地域范围之内，最终的真理具有相当程度的同质性和统一性。多元论者认为，人类的价值是不可还原的多元和不可通约的，有时甚至会彼此冲突，没有理由把一种价值排在另一种价值之前。大量事实证明，一个无限多元、没有底线共识的社会，必将成为缺乏有机勾连的“一袋马铃薯”；同样，一个处处求百分之百共识的社会，则必定是一个扼杀个性、令人窒息的社会。能够良性运转的社会应该在两极

之间求得一个平衡：实现多元必归一体，一体必包多元，这样的一元主导、多元并存的理性局面。

（四）政治性与社会性：通过社会性的实现达成政治性的履实

政治性和社会性是政党及政治社团组织所通有的两种属性。缺乏政治性，就会迷失正确方向；缺乏社会性，就不会有广泛的群众基础。在利益格局深度变化、社会矛盾和问题相互叠加、青年自主意识和个性化需求明显增加的社会背景下，共青团只有深深植根于青年之中，通过为青年提供服务而达到思想引导、信仰认同，才能为执政党所倚重。也就是说，只有首先实现了社会性价值，才能显现出政治性价值。如果根基不牢，远离青年群众，甚至“高位截瘫”，也就基本上失去了对执政党的政治意义。尤其是社会性色彩浓于政治性色彩的基层团组织，更需要通过社会逻辑（利益关系、情感关系等）去联系青年，道理转化成与普通青年日常工作生活密切相关的小道理。通过履行社会性功能，实现政治性功能。这也是共青团区别于一般社会组织的关键所在。

四、构建面向未来的共青团思想教育阵地

我们将要面向的是什么样的未来？对于国内来讲，正是中华民族的伟大复兴。对于全球来讲，我们迎来的将是“大转折时代”（生活和思维方式的大转折）。那么，大转折时代中国梦实现的标志是什么呢？我们认为，在增加经济总量、提升科技和军事能力的同时，更要有强大的“软实力”（如知识力、文化力、价值观念）。也就是说，必须拥有一个新的现代文明范式。而起决定作用仍然是以价值观念为主导的人的素质，尤其是青年人的素质。青年怎样，未来便怎样。

那么，作为先进青年的群众组织，共青团面向未来的基本逻辑是什么呢？研究认为，在推进国家体系和治理能力现代化、推动群团改革的大背景下，需要进一步调适的，是国家与社会的关系、执政党与群众的关系、共青团与青年的关系。在政党转型、政府转型的大格局下，群团组织的转型不能落伍。共青团要走出“政治城堡”，变革传统育人方式和思维，在服务中实现引领，努力构建党、团、青年共生共融的有机互动关系。

（一）思想教育阵地只能加强，不能放弃

思想政治工作是中国共产党的优良传统和政治优势，党要坚持做，团也要坚持做，因为共青团的事业是党的事业的重要组成部分，党交给共青团第一位的任务就是培育社会主义合格的建设者和接班人。青年怎样，未来便怎样。建设现代国家和现代社会，不仅需要高明的技能，更需要理性的精神。面对当今世界多元、多样、多变的社会思潮，需要以科学的理论指引航向，以共同的理想凝聚力量，以崇高的精神鼓舞斗志，以优秀的道德培育风尚。青年群体科学的理想信念、良好的精神风貌，不会与生俱来的，既需要大环境的潜在熏染，更需要共青团的主动作为。

（二）既要转变方法，更要转变思维

互联网时代社会变革是加速的，青年的世代变化也是加速的，而所有变化均来源于观念的变革。古人讲：“苟日新，日日新，又日新”。针对“网络一代”青年的新特点，共青团要善于运用网言网语，善于运用微博、微信、图片、声音、短视频等新方式，生动活泼地诠释社会主义核心价值观。决定行动有效性、可持续性的是思维。在经济社会发展的新常态下，共青团要变“行政思维”为“群团思维”，变“工业化思维”为“互联网思维”，以更加包容开放的态度，以共生共融的合作理念，建构面向

未来的团青互动关系。

（三）摒弃“空头政治”，突出实践育人

“空头政治”是“左”倾幼稚病的表现之一。实践出真知，事实最具说服力，任何思想教育都不可能代替实践体验。刘少奇早在1952年就指出：“青年团在斗争中当党的助手，在斗争中教育青年，这是根本性的东西。青年团要在当助手的每一步骤中来教育青年，在任何工作中不要离开教育，当助手要和教育结合起来。”[①]社会实践是丰富多彩的，实践可以开眼界、长见识，实践又能磨意志、增才干。经历过充分的社会实践，青年人恐怕就不会在“是江湖社会还是法治社会，是人情社会还是理性社会”等问题的争论中执牛耳之一端了。在体察社会现象繁芜复杂的同时，也会倍感坊间所蕴藏的普通民众之伟力、中华民族之希望，也会更加理解中国共产党的执政理念与政策选择。

（四）占领新兴舆论阵地，构筑网络清朗空间

蓬勃而兴的互联网，是当代中国社会生活中最大的变量。随着移动互联网、智能移动终端的发展普及，以及更新网络技术的出现，网上信息源头和传播渠道将急剧增加，网络舆论的规模将越来越大。互联网日益成为社会意见重要的生成地、利益诉求重要的汇聚平台、影响社会舆论走向的重要力量。西方敌对势力绝对不愿看到中华民族伟大复兴的实现，必然利用其掌握的网络资源和技术优势，通过互联网加紧意识形态渗透，其目的在于同我争夺阵地、争夺人心、争夺青年。共青团对此必须高度警醒，不断增强占领网络舆论阵地、构筑网络清朗空间的主动性和自觉性。

---

① 中共中央文献研究室编：《刘少奇年谱（1898—1969）》下卷，中央文献出版社1996年版，第299页。

（五）在弱化中坚守，在多元中突出，力争有所作为

青少年价值观多元化是一种趋势，共青团培育效果的弱化也是一种趋势。前一趋势具有不可抗性，后一趋势是可扭转的。而扭转的程度取决于共青团的“青年化”程度，即当共青团真正成为青年人自己的组织（如我们常说的“青年之家”），为广大青年所接纳、所认同，团的思想引领工作才有可能在弱化中逐渐强化、在多元中逐渐立主导。如果认识不到这一点，可能是官僚作风导致的无知。如果意识到了却不朝这一方向去奋力，那将是不可原谅的“怠政”“懒政”！

第二章
建设时期的经验与局限

□李　艳

中国共产党作为根在社会、志在政权、面向未来的无产阶级政党，从成立之日起就高度重视对青少年的思想教育和价值引领。新中国成立后，在全面执政的环境中，中共更是不遗余力地加强青少年价值观的培育，说到底就是培养青少年成为什么样的人，套用当时流行的一句话即："无产阶级的可靠接班人"。"无产阶级"表明了一种政治属性，决定了对青少年价值观培育中采用的是社会主义、共产主义的思想体系。"可靠"是一种政治上的要求，决定了对青少年的培育要认同中国共产党的领导，认同党的各项方针、路线、政策。共青团作为党的助手和后备军，作为在实践中引导青少年学习共产主义的学校，肩负着培育可靠接班人的根本任务。加强对青少年的思想道德教育是团组织的重要职责，也是党赋予共青团的神圣使命。

一、建设时期共青团培育青少年价值观开展的工作

从1949年新中国成立到1966年“文革”爆发前17年里，中国共青团把青少年思想道德教育放在重要位置，精心筹划，认真实施，不仅促进了青少年的健康成长，也对当时社会良好风气的形成起到了推动作用。当年的很多教育者在日后的国家建设和社会建设中，都成为了各行各业的中流砥柱。20世纪五六十年代风清气正、政通人和的社会风气，至今让人津津乐道。这些都表明，新中国成立17年来，中国共青团按照党的要求对青少年的核心价值观培育是很有成效的。我们通过梳理共青团开展的有特色的工作，呈现17年间共青团培育青少年价值观的探索历程。

（一）爱国主义教育

1949年10月1日新中国成立，正当中国人民满怀希望开始建设自己的家园之际，1950年6月，朝鲜战争爆发，美国打着联合国的旗号发动了侵略朝鲜的战争，把战火烧到了鸭绿江边，并派第七舰队入侵台湾海峡，刚刚成立的中华人民共和国面临着严重的外部威胁。10月，中共中央做出了“抗美援朝，保家卫国”的决策，组成了中国人民志愿军赴朝参战。轰轰烈烈的抗美援朝运动随即在全国展开。

抗美援朝运动之初，有些青年对其意义了解不够，担心会影响祖国建设和个人前途。同时，新中国刚成立，半殖民地半封建社会遗留下来的民族自卑心理，仍然在一部分青年中存在，特别是有些青年知识分子和学生中有亲美、崇美、恐美的思想，害怕美国的原子弹，对中国出兵没有信心。针对青年中的这些错误认识，青年团和其他青年团体通过各种时事报

告会、讨论会，说明美帝侵略朝鲜与中国的关系，指出形势的严峻性，宣传抗美援朝运动的伟大意义。

为了加强国防建设，争取抗美援朝战争的胜利，1950年12月1日，中央军委、政务院发布了《关于招收青年学生、青年工人参加各种军事干部学校的联合决定》。12月2日，中国新民主主义青年团中央委员会做出了《为号召青年团员参加各种军事干部学校告全体青年团员书》。团中央号召学校和工厂中的青年团员，响应人民政府的号召，踊跃参加到人民的军事干部学校去，参加中国国防建设运动，用实际行动保卫祖国。团中央的这一动员得到全国青年团员的广泛响应。

活动一开始，各地的党团员就积极带头报名参军，党团员报名者占党团员总数的70%以上。以燕京大学为例，有95%的党团员都报了名。在批准的学生中，党团员约占一半以上。党团员不仅带头报名参军，还积极向周围群众做宣传工作，帮助青年解决思想问题和实际困难。青年团通过思想教育和大规模的宣传活动，把“抗美援朝，保家卫国”“个人志愿应当服从社会需要”“国家前途决定个人前途”“保卫祖国就是保卫千千万万人的母亲，也就是保卫自己的母亲”等爱国意识深植于青少年心中，将爱国精神具体化、行为化。。

从1950年12月到1951年7月，中央人民政府革命军事委员会和政务院先后两次招收青年学生、青年工人参加军事干部学校，有几十万人报名参加。从时间上看这次活动并不长，但青年团在组织学生参加军干校的过程中，密切配合开展的爱国主义教育却在青年中深入人心。很多青年学生提高了觉悟，响应祖国号召，到祖国需要的地方去，以实际行动参加国防建设，巩固国防力量，为保卫祖国不惜献出自己的一切。

（二）劳动教育

新中国成立初期，受传统社会“万般皆下品，唯有读书高”意识的影响，青年学生中还存在着轻视体力劳动、轻视劳动人民、好逸恶劳，缺乏劳动习惯，不珍惜别人的劳动成果，不爱护公共财物，不少高小、初中毕业生不愿参加工农业生产，认为做工人、农民辱没了自己等错误思想。由于当时国民经济基础还很薄弱，学校数量有限，不能满足大多数学生升学的需要。所以，升学和就业的矛盾，以及由此带来的其他社会问题摆在党和政府面前。

引导学生投入工农业生产劳动及其他生产劳动成为缓解当时社会压力的主要途径。在这种情况下，破除旧有的看法，培养对劳动人民的热爱，加强劳动观点的教育就变得十分必要了。1954年4月22日，团中央发出了《关于组织不能升学的高小和初中毕业生参加或准备参加劳动生产的指示》，要求各级团组织十分重视这项工作。要在党的领导下，积极协助与配合有关部门，加强热爱农村、热爱劳动的教育，做好具体的思想工作和组织工作，妥善解决不能升学的高小和初中毕业生参加或准备参加农业劳动的问题。自此掀起了大规模的劳动教育活动。

当时，团内也有一种观点，认为管初中和高小毕业生工作是一种“额外负担”，把对学生进行劳动教育看成是“临时性的任务”。活动之初，一些团干部对于这项工作的重要性、复杂性认识不足，宣传教育中存在很多问题。有一些人认为劳动教育只是为了解决高小、初中毕业生的“出路”问题，把劳动教育与其他方面的教育割裂开来；有的片面宣传“劳动光荣，升学不光荣”，批判“升学思想”；有的只宣传农业生产重要，不敢讲工业，在引导学生从事农业劳动时，又脱离实际，片面以当拖拉机手、当社长、当劳动模范等来说明从事农业生产有前途；有的向学生提出“服从统一分配”的口号，而事实上国家对未升学的高小、初中毕业生又不能全部包下来“分配”工作。

针对劳动教育活动面临的形势和问题，团中央及时做出指示，统一全团的思想。团中央认为，向学生进行劳动教育是非常重要的一项工作，它是当时社会主义教育的一个不可缺少的组成部分，使学生正确认识劳动的伟大意义，认识凡是有益于社会主义建设的脑力劳动和体力劳动都是光荣的。要在学习和各种活动中逐渐培养起学生热爱劳动、热爱劳动人民和立志做一个建设社会主义的优秀劳动者的思想品质。同时应更多地组织学生参加劳动实践，把讲道理和劳动实践结合起来，从劳动实践中去锻炼和培养刻苦耐劳、艰苦朴素、爱护公共财物的品德，养成坚忍不拔、顽强刚毅的意志。

团组织积极动员那些不能升学的高小和初中毕业生回乡参加生产。由于学生们有知识，接受新技术快，受到当地农民的欢迎。据统计1955年参加合作社和互助组的高小毕业生已经达到80%。许多人在合作社和互助组里面担任了各种职务，他们还在学习和推广新技术方面起了积极作用。

组织学生参加义务劳动。小规模的义务劳动包括在校内，绿化校园、制作各种设备、修理桌椅；在校外，团组织主动与一些工厂、工地、农场和农业生产合作社、中小学校联系，了解他们生产和文化上的需要，有计划地组织学生参加义务劳动。

1954年暑假，青年团北京市委发动全市16所大学、60所中学的学生共18580人次，参加苏联展览馆（即现在的北京展览馆）挖湖工程，开展了大规模的义务劳动，共挖土5542.29立方米，完成全部土方工程1/2以上，为国家创造财富2100多万元。团中央及时总结推广这一活动，认为组织青年参加义务劳动，不仅可以为国家创造财富，而且它可以培养青年集体劳动的习惯和热爱公共事业的精神。它是对青年进行共产主义教育的有效的形式之一。义务劳动不仅在学生中有必要提倡，而且在机关、工厂和农村的青年中也可提倡。这种活动“可以作为团的基层组织的工作内容之一”。从此，义务劳动在全国广泛开展起来，并且成为团组织的一项传统活动发扬下来。

社会主义劳动教育也催生了新中国成立初期的勤工俭学活动。1958年1月27日，团中央发出《关于在学生中提倡勤工俭学的决定》，人民日报全文登载。决定指出“勤工俭学不但可以培养学生自己动手克服困难的精神，克服事事依赖国家的思想，而且可以节约国家财政开支，有利于更多的工农子女入学。勤工俭学安排好，不但不会妨碍学习，反而能促进学生勤勉奋发的学习精神，丰富学生实际知识”。随后，勤工俭学活动如雨后春笋般地在全国各个学校展开。

20世纪50年代开展的教育活动，收到了良好的效果。它不仅在社会上荡涤了轻视劳动，特别是轻视劳动人民的错误思想，形成了正确对待劳动的社会风气和氛围，也使青少年从思想上树立了新的劳动态度和劳动观念。劳动光荣、勤劳致富的价值观成为当时广大青年的自觉追求。

（三）共产主义道德教育

新中国成立的头几年，旧社会腐朽势力的影响和反动势力的破坏活动还很猖獗，民国留下的残渣余孽还大量存在，一部分青少年不同程度地受到了腐蚀和影响。在一些大、中城市的青少年中，出现了道德败坏的严重现象，偷盗、拐骗、贪污、赌博、腐化、堕落以及严重破坏公共秩序等事件不断发生，其中黄色书刊对青少年的影响很大。这种现象引起了党中央的高度重视。1954年春天，中共中央提示团中央书记处要注意青年中的纪律和社会风气问题。

1954年5月份，团中央召开了常委会对中央的指示进行认真研究，要求各地团组织开始注意对青少年的共产主义道德教育工作。随后，团中央在广大青少年中广泛开展了提倡共产主义道德品质、反对资产阶级腐朽思想侵蚀的宣传教育活动。为了使这次教育进行得生动、具体，引起广大青年的重视和警觉，1954年10月《中国青年报》《中国青年杂志》刊登了《马小彦为什么会腐化堕落的》《在歧路上》两篇文章，以两个青年腐化堕落的事实，揭露了旧的反动思想对青少年的毒害。

同时，《中国青年报》还发表了《反对腐化堕落和流氓行为，向一切毒害青少年的现象坚决斗争》《为青年一代的良好道德而积极斗争》《培养青年共产主义的道德，反对资产阶级思想的侵蚀》等文章和社论，从而拉开了一场以团结教育广大青少年为重点，改造社会风气为目的的“加强对青少年的共产主义道德教育，抵制资产阶级思想侵蚀”的教育活动的序幕。《中国青年报》《中国青年》杂志的文章在青年中引起了强烈的震动，在社会上也产生了不小的反响。

为了把这次的教育活动引向深入，青年团中央书记处于1954年11月向中共中央报送了《关于加强对青年的道德教育、抵制资产阶级思想侵蚀的请示报告》。报告中分析了当时我国青少年的思想道德状况和社会历史根源，也认真检讨了青年团工作中的重大缺点。报告中说，我们的根本缺点是对青年团是做“人”的工作，是协助党培养年轻一代成为社会主义全面发展的人这一个特殊的根本任务，还缺乏深刻的理解，因此青年团组织往往不能围绕党的中心任务和中心工作去注意青年人的思想和道德问题，往往不善于从围绕党的中心任务去关心青年的特殊要求，有步骤地充实团的独立活动。报告提出要通过此次开展加强培养青年共产主义道德教育活动克服这个缺点，并在此基础上提出了五项措施：

第一，向全团干部讲清楚：青年团有着在党的领导下培养和教育青年成为社会主义全面发展的人这一个特殊的任务，务使各级干部都能在服从和围绕党的中心任务和中心工作，经常注意和研究青年的思想和要求，更有计划地运用正面的教育方法，发扬广大青年的共产主义道德品质，树立新的道德标准，明确新旧道德作风的界限。放手而实事求是地表扬和宣传青年先进单位、人物和模范事例。同时加强青年的遵守宪法和法律的教育，树立守法观念和习惯。

第二，以积极的态度关心广大青年的学习和文化生活，认真组织青年的学习活动。要组织好青年的业余生活。对青年的思想教育绝不能脱离青年的实际，要团结青年，绝不能凭借抽象的政治，必须有生动活泼多种多样的工作形式。

第三，要引导各级团委面向广大青年，并着重注意向落后青年做工作。

第四，在城市、主要是大中城市，在党的领导下，经过调查研究，由政府有关部门给那些勾引指使青少年犯罪的流氓头子和某些不法资本家以必要的打击。

第五，要用更多的新的书刊来代替旧的书刊，要以新内容的曲艺代替旧的曲艺。但对那些毒害青年的色情书刊和落后的娱乐场所，积极协助政府有计划地加以取缔和改造。各地团的组织应积极地创办一些小型的图书馆和发展流动图书箱，并可建议当地新华书店和文化馆增辟些青少年阅览室。鼓励和帮助作家多创作，多为青少年出版一些通俗有趣的书刊。

报告最后说，要通过这次宣传教育，引起社会上青少年的家长们注意对自己子女的教育，特别是共产党员和国家工作人员尤其应注意对自己子女的正确教育。

中共中央接到这个报告之后，立即（1954年11月）向全国批转了这个报告。中共中央批示：青年团中央书记处关于加强青年的道德教育，抵制资产阶级思想侵蚀向中央的请示报告是正确的，其所提这一问题的解决办法可供各地研究参考。

1955年2月16日至26日，青年团中央召开二届二中全会，中心议题是研究进一步加强对青少年的共产主义道德教育的问题。这次会议明确了加强青年业余文化活动，全面地关心和有步骤地满足青年的特殊要求，是共产主义教育的重要组成部分。会后，各地团委纷纷制订计划，思想教育活动在全国深入开展起来。多地方报纸发表了社论，各地青年积极参加讨论，团中央的领导也发表讲话和文章。家长和教师们也都欢迎这个活动，纷纷出来配合。一时间，清新之风在社会上吹起，青年们认识到“下流娱乐场所去不得，黄色书刊看不得，流氓坏人交不得”。

据1955年4月10日《北京日报》报道，当时全国有49个城市正在制订计划；有8个城市已经结束了集中宣传，将这个工作转入经常化。到7月底，这次大规模对青少年的共产主义思想道德品质教育的集中教育活动基本告一段落。

1956年9月16日，青年团中央书记处就“培养青年共产主义道德，抵制资产阶级思想的侵蚀”教育活动情况向中共中央作了总结报告。中共中央向全党批转了这份报告并在批示中肯定了团组织的工作成绩。批示说“所有这些，都为今后经常地、有系统地结合各项实际斗争来培养青年的共产主义道德品质，创造了有利条件”。同时还要求“青年团组织应在巩固和发扬这次道德教育成果的基础上，改进工作作风，进一步密切和青年群众的联系，从各方面改善对青年的共产主义教育。”

这次思想道德教育活动，在全国135个城市中进行了几个月。时间长，范围广，不仅使青少年明确了共产主义道德要求，在社会上也形成了一种关怀、保护青少年健康成长的舆论和氛围。这场大规模的集中教育活动不仅对当时广大青少年的成长产生了深刻的影响，也对全社会树立良好的道德风尚起到了推动作用。此后，对青少年的思想道德教育活动也成了共青团的重点工作。

（四）毛泽东思想教育

1945年中共七大确立了毛泽东思想在党内的指导地位后，对毛泽东思想的宣传和学习活动就在党内开始了。1949年5月，周恩来在中华全国青年第一次代表大会上，又发出了“学习毛泽东”的号召，要求全国青年“学习毛泽东整个的思想体系”。1952年9月，随着青年团一届三中全会向全团提出了把学习作为中国青年更加突出的任务，全国各地相继开展了学习理论活动，学习内容从《社会发展史》《政治常识读本》《社会科学概论》等基础理论入手，逐渐深入到《政治经济学》《共产党宣言》《国家与革命》《实践论》《矛盾论》等马克思主义经典理论和毛泽东著作。

学习毛泽东思想活动，受到当时青年的欢迎。新中国的青年亲眼看到毛泽东带领中国共产党人推翻了旧社会三座大山，解放了全中国，荡涤了旧社会的一切污泥浊水，并且亲身感受到中国焕然一新的面貌，毛泽东及其领导的共产党人在广大青年的心目中赢得了令人无比崇敬和折服的地位，学习毛泽东著作，掌握毛泽东思想成为青年发自内心的一种自主愿望。加之“反右倾’之后，在政治、经济、思想各个领域，对毛泽东个人崇拜愈发浓重，学习毛泽东思想，用毛泽东思想指挥一切成为当时的主流意识形态。

1952年共青团一届三中全会以后，团的系统掀起了一个学习马列主义、毛泽东思想的热潮。《中国青年报》《中国青年》杂志上，也开始登载学习毛泽东思想的认识和体会。

1958年6月28日，共青团三届三中全会做出了《关于组织广大青年学习马克思列宁主义、学习毛泽东著作的决议》，号召全国青年开展一个学习马克思列宁主义理论、学习毛泽东著作的运动。这是全国范围内第一家做出的开展群众性学理论活动的决议。

在团中央和各级团组织的领导和组织下，通过举办毛泽东著作讲座、报告会，运用业余学校、红专学校的政治课，组织青年学习小组，开展读书活动等多种形式，青年学习毛泽东著作活动广泛开展了起来。仅1958年，全国就有约1000万青年参加了学习。到1960年2月，全国用各种形式组织起来学习毛泽东著作的青年已达2000万人。

面对全国广大青年的学习积极性，1960年3月，共青团三届六中全会批准了《共青团中央关于加强学习马克思列宁主义、学习毛泽东著作的工作规划》，对进一步开展学习马克思列宁主义、学习毛泽东著作活动起到了更大的推动作用。《规划》要求，"所有的工矿、学校、机关、人民公社的团组织，都要举办毛泽东思想讲座，运用业余学校、红专学校的政治课和业余团校，组织学习小组和开展读书活动等有效形式帮助青年学习，有计划地阅读毛泽东著作。"

为了推动全国青年学理论的高潮，1960年4月10日至20日，共青团中央会同全国总工会、全国妇联，在黑龙江省联合召开了"全国青年学习马克思列宁主义、学习毛泽东著作黑龙江现场会议"。参加会议的有共青团、工会、妇联等各系统的干部，学习毛著的先进单位代表、毛著学习积极分子共1080人。会上，工农商学兵等各个方面的77个代表进行了典型发言。现场会议结束后，团中央组织了全国青年学习马列主义、毛泽东著作44人的观摩团，历时53天，分两路到25个省市区的87个城市进行了观摩学习和交流经验活动，参加活动和听过观摩团报告的青年达100多万人次。[①]

在几年的学习运动中，不仅涌现了大批的学习毛著积极分子，也出现了大批的学毛著先进单位。1965年12月，团中央召开了全国农村青年学习

① 郑洸主编：《中国青年运动六十年（1919—1979）》，中国青年出版社1988年版，第513页。

毛泽东著作李家庄现场会议，总结和交流了山东省李家庄等先进单位组织青年学“毛著”的经验。1966年4月，团中央在北京举办了“李家庄团支部组织青年学习毛主席著作展览会”，展出40天，接待观众7.1万多人次。①

学毛著活动使毛泽东思想影响了一代青年，成效是显著的。九届团中央书记处原书记胡克实在90年代回忆此次活动时说：“在‘文化大革命’前，团中央发起的学习毛主席著作的运动应该肯定。当时，在黑龙江哈尔滨和山东临朐县李蒙庄团支部所召开的学习毛主席著作现场会，方向都是正确的，而且方法也是基本正确的。在沈阳会议上总结‘三因四自’是符合群众路线实事求是的。这与后来‘文化大革命’中林彪、‘四人帮’为篡党夺权服务，歪曲破坏原意，实用主义打派仗是根本不同的，我们是用毛泽东思想武装大家，从实际出发，有计划有层次地学习，为党的事业发展和建设社会主义服务的。”“在工人、农民和知识分子当中涌现了大批学习毛主席著作的劳动模范，他们现已成为社会主义事业的骨干，有些成长为省、自治区、直辖市以至党中央的负责人，正在全心全意地为人民服务。”②

当然，产生于那个特殊年代的学毛著活动，后来受到“左”的思想影响，不可避免地被打上了时代的印记。把青年学理论的活动纳入了当时政治运动的轨道，改变了活动的初衷，其中的教训需要认真反思和总结。

（五）先进典型教育

新中国成立后，共青团先后推出了黄继光、罗盛教、刘胡兰、向秀丽、王崇伦、郝建秀、徐建春，雷锋等模范人物。通过“树立标兵”“典型引路”的方法，把先进典型的优秀思想和品德普及到广大青少年心中，

---

① 郑洸主编：《中国青年运动六十年（1919—1979）》，中国青年出版社1988年版，第516页。

② 胡克实：《中国共青团的历史经验》（1992年5月），《胡克实纪念文集》，内部资料2006年，第112页。

引领青少年树立正确的人生观、价值观。影响几代人的学雷锋活动，就是共青团宣传教育工作的成功范例。

1963年3月，在毛泽东等中央领导人的倡导下，全国掀起了学习雷锋的活动。对青少年进行共产主义道德教育活动和学雷锋的运动结合在一起，成为团的历史上规模大，时间长，参与的人数多，影响深远的一场教育活动。学雷锋活动开展初期，为了了解雷锋，宣传雷锋，各级团组织培养了以报告员为主体的大批宣传骨干，深入到工厂、农村向青年工人、农民报告雷锋的事迹，并印发大量的学习材料，利用报告会、广播会、图片展览、读报、座谈以及板报、墙报、团课、政治课及主题团、队、班会等宣传阵地和宣传手段宣传雷锋，使雷锋形象家喻户晓，深入人心。

1963年仅湖南全省各级团组织就印发110多万册《雷锋同志事迹》和《雷锋日记》，组织300多万人进行学习参观雷锋生平事迹展览。在偏僻的，人口不多的齐齐哈尔市，团组织编写宣传提纲和介绍雷锋生平事迹的小册子56500本，举办雷锋生平事迹展览馆（室）242个，有20万人参观。这种大张旗鼓的宣传，在社会上造成了巨大的声势，对发动青少年参加到学雷锋活动中来起到了重要作用。在普遍宣传的基础上，各级团组织引导青年联系自己的实际思想，普遍地开展了以解决人生观、世界观为主要内容的专题讨论会。通过讨论解决青少年成长中存在的一些思想问题，把运动引向深入细致。

各级团组织还注意把学习雷锋活动同当时的革命和建设，同青年的本职工作紧密地结合起来，引导青年把学习雷锋所激发出来的积极性，落实到实践中去，真正把雷锋精神变成广大青年的自觉行动。“学雷锋，看行动”成为当时青少年响亮的口号。从青少年特点出发，采用生动活泼、丰富多彩的形式，读雷锋日记，讲雷锋故事，学习雷锋事迹，唱学雷锋的歌曲，教育青少年处处以雷锋为榜样，迈好人生的第一步。

学雷锋活动由共青团发起，在毛泽东等老一辈国家领导人的号召下，变成了全民运动。60年代初期的社会风气焕然一新。毫不利己、专门利人、热爱集体，团结互助，尊老爱幼，拾金不昧等好人好事层出不穷；艰苦朴素，克勤克俭，努力工作，刻苦钻研，奋发上进的正气得到发扬；贪图享受，损人利己，贪污盗窃等歪风邪气受到抵制。学雷锋活动的开展，对培养青少年的共产主义道德品质，树立社会主义新风气起到了重要作用。

二、建设时期共青团培育青少年价值观的经验总结

新中国成立17年，对于执政党来说，是探索中国自己的建设社会主义的17年；对中国共青团来讲，是探索如何开展青年工作的17年。在中共的强力领导下，共青团积极培育青少年工作，最突出的特点是紧扣的党的中心任务，着眼点是不断提高青少年的社会主义觉悟，帮助青少年树立正确的人生观、世界观。

（一）在一切工作中都要坚持教育

“青年团一切工作中必须贯彻教育观点”①，这是1953年6月召开的青年团第二次全国代表大会工作报告中提出的。之后，1954年11月，团中央向党中央写了一个《关于加强对青年的道德教育，抵制资产阶级思想侵蚀》的报告，报告中肯定了各地团委抓道德教育的成绩，同时也指出了工作中的最大缺点，就是对共青团是做“人”的工作，是协助党培养年轻一代成为社会主义全面发展的人这一个根本任务，还缺乏深刻理解。只注意一般地协助党完成中心任务和中心工作，往往不能围绕着党的中心任务和中心工作去注意青少年的思想和道德问题，往往不善于从党的中心任务去

① 胡耀邦：《团结全国青年在建设祖国的伟大行列中奋勇前进》，《中国青年报》1953年7月7日第1版。

关心广大青少年的特殊要求，有步骤地充实团的独立活动。这个报告，不仅指出了有些团组织工作中存在的根本缺点，而且郑重地重申，青年团的特殊任务，是在党的领导下培养和教育青少年成长为社会主义全面发展的人。

1957年2月，当时的青年团中央第一书记胡耀邦在团省委书记会议上，就团的思想工作做重要讲话，又一次强调青年团的任何一件工作自始至终都要贯彻思想动员和思想教育的观点。他认为，任何时候我们都不能放松思想工作[①]。当时的党中央领导也多次提到，团是做人的工作的。团要负责在青年一代中带起一股好风来，要对青年一代的道德风气负责。1961年困难时期，社会风气出现问题，后来国家开始经济调整，邓小平讲，调整包括把风气调整好，“要引导人们向兴旺的道路上走，要树立共产主义的远大理想。人穷志不要短，越到困难的时候，越要有志气。在青年里面应该广泛地宣传这些思想。”[②]

20世纪五六十年代共青团的工作，紧抓思想政治工作不放松，用社会主义和共产主义思想影响了一代又一代年轻人，使他们成为社会主义合格的接班人。

历史表明，中国共产党从诞生之日起，就高度重视对青年的组织、教育和争取工作。中国共青团正是源于党的这种需要而建立的，也是源于这种需要而发展到今天。共青团从来都是协助党教育青年、引领青年的先进组织，是做“人”的工作的。由于青少年时期可塑性的特点，我们对青少年思想道德教育工作抓得好，就能消减社会上不良因素对青少年成长的影响，使他们成长为合格的建设者和接班人。因此，共青团任何时候都不能放弃对青少年的思想教育工作，大张旗鼓地、毫不放松的抓好青少年思想

---

① 张黎群等主编：《胡耀邦传（1915—1976）》第1卷，人民出版社、中共党史出版社2005年版，第288页。

② 共青团中央青运史工作指导委员会、中国青少年研究中心编：《邓小平论社会主义时期青年和青年工作》，红旗出版社1992年版，第20页。

道德教育永远是共青团的一项重要任务。

（二）思想教育与实践教育相结合

20世纪五六十年代团的工作，注意把思想教育和组织活动紧密结合起来。当时强调青年要“参加斗争，在斗争中经受锻炼”，实际就是倡导要参加社会实践，在实践中受教育。这一点也是符合教育规律的。青年成长的过程，从根本上说是一个持续不断实践的过程。实践是青年实现自我与社会统一性不可缺少的中介，也是青年人生选择和发展路径的决定因素。青年只有在自觉能动的实践体验中，才能逐步形成和确定自己的世界观、人生观和价值观。

共青团对青年的学习、教育和一般正规学校的教学是不同的。正规学校通过书本、课堂，共青团的教育是通过实践活动。在实践中教育青年，加强学习，这是共青团作为学习共产主义学校的特色。从1952年以后，共青团在工交战线上开展了青年突击队活动；为推广新技术、创造新纪录，开展了学习郝建秀、王崇伦等走在时间前面，超额完成计划的青年突击手活动；开展了建青年监督岗活动，通过生产环节的节约和质量的监督，培养青年工人的主人翁意识。在农业方面，开展了造林活动，垦荒运动，青年科学实验小组，扫盲运动等。其他的如：五好青年活动、红旗手活动，争取先进集体的评比竞赛活动等。通过这些实践活动，贯彻劳动教育、共产主义品德教育，把社会主义的思想内化成青年稳定的思想观念。

当时的团中央积极倡导开展集体活动、公益活动，以开风气之先。所以，当时很多支部都开展修房、帮助食堂、宿舍搞卫生，修路、清扫场地、节约废品、维持秩序、植树造林等活动，把这些活动看成是培养团员青年品德的好办法。

共青团的成功经验表明，对青少年思想道德的培养要注重理论和实践的统一，讲和做的统一。活动是载体，通过它才能让人把理论的要求入脑入心。工作中提倡进行教育和组织行动结合起来，把讲和做统一起来，这是青年团工作的一个经验。只讲不做，教育效果是不巩固，只做不讲也不能提高青年的觉悟。

（三）重视典型、宣传推广典型

把典型作为共产主义教育的有力途径，是共青团工作的特色。抓住典型、宣传先进，注意用先进典型说话，这是动员群众、组织运动高潮的最有力的基本方法。事事有典型、层层有榜样，用活的事实去教育青年分辨是非，去鼓舞青年人更好的前进。青年人思想纯洁、热情好学，上进心强，接受新事物快。青少年又喜爱模仿，用革命先辈和英雄、模范的事迹引领青年，对青年有巨大的感染力和示范作用。

20世纪五六十年代，共青团很重视表扬青年人物，推出了黄继光、罗盛教、王崇伦、廖世刚、徐建春、向秀丽、雷锋，这些先进典型对当时青少年起到了巨大的教育作用，对他们形成正确的价值观产生了重要影响。通过宣传引出人生意义，品德的规范，引申出个人和集体的关系。团中央敢于树立旗帜，树立各行各业的典型。对典型的宣传活动搞得既有声势、有深度、又把典型事迹与党的要求结合起来。为了大张旗鼓的宣传先进，团中央在《中国青年报》上不仅登他们的工作照还敢在第一版登他们的人头照，这个举动在当时对青年人影响很大。胡耀邦还给当时的青年先进人物郝建秀、王崇伦、吕根泽等人发去公开贺信，号召全体团员青年向他们学习。团中央召开了全国青年建设积极分子大会，经过团的动员和教育把先进典型的优秀思想和品德普及到广大青年群众中。不仅青年积极分子受鼓舞，在全国青年中也掀起了比学刚帮超的热潮。这些都对当时青年的共产主义世界观、人生观形成营造了气氛和条件。

实践证明，用表扬鼓励来调动青年的积极性是个好方法。任何时候任何地方群众都有先进和落后之分，宣传教育工作就是要善于抓住先进榜样，大吹大擂，造成热潮，通过引导青年学先进，赶先进，鼓舞青年的干劲。

（四）轰轰烈烈，形成气势

20世纪五六十年代共青团对青少年的教育工作注重气势，疾风暴雨运动式居多。当时团的普遍认识是宣传工作一定要轰轰烈烈造成声势，没有集中的造成声势的宣传，就不能对人们头脑中的陈旧的消极的东西造成冲击，也不能给群众树立正确的方向，鼓起前进的力量。团的宣传工作应该在一个时期抓住一个重要矛盾，根据党的指示和统一要求，进行集中宣传，造热潮，使宣传轰轰烈烈，千军万马，声势浩大，震动人心。

比如学雷锋活动，当时团内各个部门一致协作，大张旗鼓，大造声势，形成人人谈雷锋，行行学雷锋，把学雷锋活动变成社会主义建设时期一次大规模的青年思想运动。学雷锋运动迅速开展，不仅是雷锋高尚的品德感动人，也和共青团的大力推广、普遍号召有关系。团中央为了指导好这个运动，首先是把宣传搞好，大张旗鼓、人人知道，家喻户晓，广印材料，广泛阅读传诵，把青年都发动起来，向雷锋学习。其次是讨论。让青年自己相互摆事实讲道理，用群众自己的力量来解决群众思想问题。

三、建设时期共青团培育青少年价值观存在的局限

回顾新中国成立17年共青团培育青少年价值观的历程，从总体上讲，育人成效还是十分显著的。广大青少年同全国人民一道，在中国共产党的领导下，共同铸造了“一个艰苦奋斗的年代，一个乐于奉献的年代，一个

理想闪光的年代和一个意气风发的年代”[①]。正如执政党在探索社会主义道路时会不可避免出现失误一样，共青团培育青少年价值观的实践也存在一些局限。

比如，由于新中国成立后政治运动接连不断，青少年的思想道德建设没有形成一个以科学、合理的、一以贯之的可持续发展模式和机制。20世纪50年代上半期进行了一些有益的探索，但从1957年开始，青少年思想教育明显受到一系列“左”的思想影响，例如强调“以阶级斗争为纲”“政治挂帅”，夸大主观精神作用，单纯以政治思想为主，片面强调思想教育与政治运动结合。有时把事情的困难隐瞒起来，无中生有地夸大好的一面。讲国内形势总是“ 东风浩荡，红旗飘扬”“东风吹，战鼓擂，祖国形势一片大好”。有时粗暴地责备个别青年“不积极”“落后”，甚至用政治大帽子来吓唬人。

又如，在计划经济体制下，受社会环境和党政工作的影响，共青团工作系统和组织结构不可避免地带有行政色彩，工作运行依托单位制，自上而下，层层传递。所以，在青少年思想教育和价值观培育方面，采用的方式大多以正面灌输为主，习惯于“我打你通”，满足于搞运动，掀高潮；轰轰烈烈、疾风暴雨，一刀切；讲集体利益多，讲青少年个人利益和个性需求少。曾经有一段时间，青年团自己独立的东西少，机械地搬用党的一切工作方式，不善于根据青年的特点开展思想教育，工作一般化。不能更加广泛地联系普通青年，工作往往局限在少数积极分子圈子里。

再如，受时代局限，一些思想教育活动缺乏应有的思辨性、质疑性。“文化大革命”前的教育和社会文化环境，都是“革命至上”的革命理想教育，“争当革命事业接班人”成为青少年的价值观。当时全国流行学雷

① 中共中央党史研究室：《中国共产党历史》第2卷下册，中共党史出版社2011年版，第705页。

锋运动，对英雄人物进行片面的“高大全”宣传，强调“服从”的“螺丝钉精神”，对广大青年缺乏独立思考的培养和训练，容易形成“盲从”的思想观念。[①]虽然说这些做法是时代的产物，但对于建设新型国家、现代国家所需求的青年人格来说，却有些背道而驰。

① 胡献忠等著：《青年运动与中国梦》，中国青年出版社2014年版，第128页。

第三章
改革开放以来的成就与不足

□ 胡湘明　冯小茹　王　莹

价值观是基于人的一定的思维感官之上而作出的认知、理解、判断或抉择，也就是人认定事物、辩定是非的一种思维或取向[①]。核心价值观是一定历史时期倡导的对整个社会文化和个人行为起决定和支配作用的价值观，是一个国家和民族的精神支柱，体现了社会主体成员的根本利益和价值诉求，对其他价值观及其基本走向和发展方向具有主导、引领和规范作用。众所周知，中共十八大以来确立的社会主义核心价值观，从国家、社会、个人三个基本层面确定了其基本内容，总体上反映了社会主义基本的、稳定的社会关系及价值追求，是凝聚社会共识，引领社会风尚的灯塔，是中国特色社会主义的精神内核，是马克思主义理论体系的丰富和发展，同时也为青少年思想道德教育提供了必要的理论指导。

寻找、认同、根植、践行核心价值观也是民族主体意识的表现。伴随着社会主义革命、建设及改革开放的伟大事业，中国人民从未停止过对社会主义核心价值观的探寻与实践，并在探寻与实践中不断地修正着方向。

① 包心鉴：《社会主义核心价值观的凝练与建构》，《光明日报》2012年1月14日第11版。

然而，进入全面深化改革的中国，无论是面对世界范围内的思想交锋，还是面对多元化的价值思潮的纷扰；无论是凝聚民族精神实现中华民族的伟大复兴，还是提升国家在世界范围内的软实力；无论是继承中国传统文化，还是吸收世界先进文明要素，都面临着前所未有的挑战。确立并践行社会主义核心价值观，也从未像今天这样显得如此紧迫。

毋庸置疑，党和国家在经过长期而卓绝的实践和理论探索的基础上，对社会主义核心价值观给予了全面而深刻的回答，而改革开放又见证了这一伟大历史时刻的到来。事实上，从改革初期党的四项基本原则的确立，到中共十八大提出的“三个自信”；从在全社会范围内开展“社会主义荣辱观”教育，到十六届六中全会提出的构建社会主义核心价值观体系以及中共十八大所提出的“三个倡导”，显著地标志着全党全社会在培育和践行社会主义核心价值观的征途上，已达成重要共识。广大青少年作为可塑性最强的社会群体，是社会主义核心价值观的重要实践者。引导广大青少年践行社会主义核心价值观，培育中国特色社会主义合格建设者和接班人，是中国共青团的根本职能。改革开放30多年来，中国共青团在中国共产党领导下，在各级政府支持和社会各界配合下，积极主动地开展了一系列富有成效的实践探索。

一、改革开放以来主流价值观发展的大致历程

经过改革开放30多年的发展，中国经济社会发生全方位巨大变化。中国经济实现高速增长，社会主义民主政治展现出旺盛的生命力，中国特色社会主义文化建设繁荣发展，社会建设全面展开，和谐社会建设成效显著。伴随着30多年的改革开放的伟大进程，社会主义核心价值观的培育和践行在继承中不断发展，走过了一段不平凡的发展历程。

1978年中共十一届三中全会拉开了改革开放的大幕。在改革开放初期更多的是以“摸着石头过河”的探索式改革策略向前推进，其中主要以沿海沿江地带的经济特区的建立为主要改革模式为主。在这一特殊历史时期，随着经济体制改革的不断深入，在公有制、按劳分配等基本体制外，产生了多种所有制和分配制度，追求个人利益、实现自身价值逐渐占据个人价值的重要位置，与过去倡导的集体主义、群众观点，为人民服务等社会主义价值观发生较大冲突。与此同时，伴随着对外开放的不断深入，西方的自由、民主、平等、法制甚至一些个人主义、历史虚无主义、全盘西化等思想开始渗透中国，致使在青少年群体当中出现了“价值迷失”[①]。在此历史关头，以邓小平为核心的党中央逐步开辟了一条建设中国特色社会主义的道路，对于“什么是社会主义，如何建设社会主义”等问题，全党，逐渐明确了以“一个中心，两个基本点”为核心的中国特色社会主义基本理论，以此确定了核心价值观的理论基础和基本走向。

1992年中共十四大提出要建立社会主义市场经济体制，从根本上解决了长期困扰改革开放以来思想战线上的“市场姓资还是姓社”的争论，极大地解放了生产力，导致了改革开放的整体转型。在思想领域建设上，随着全球化意识的凸显以及对东西方文明的反思，核心价值观的培育和践行开始向借鉴中西方优秀传统文化、公民文明素养领域、爱国主义培养领域延伸，极大地丰富和发展了社会主义核心价值观培育的内容体系。

进入21世纪以来，中国改革开放进入了全面深化的攻坚阶段。一方面，随着国家改革的不断深入，市场及产业结构面临全面转型与深刻调整；另一方面，生态及环境问题、腐败问题、民生问题频发，道德出现滑坡，作为执政党的中国共产党面临着巨大的改革开放、市场经济、执政能力等方面的严峻考验。如何在物质文明高度发展的今天，不断地加强精神

① 李羊城、叶美霞：《社会转型期的价值迷失与价值重塑》，《社会科学家》2011年第1期。

文明建设，通过提高软实力来提高民族凝聚力，从而汇聚社会正能量，实现伟大民族复兴的中国梦已成为全党全社会亟待解决的重大问题。2006年10月，中共十六届六中全会首次提出社会主义核心价值体系这一概念。2012年11月，中共十八大报告明确提出“三个倡导”，即“倡导富强、民主、文明、和谐，倡导自由、平等、公正、法治，倡导爱国、敬业、诚信、友善，积极培育社会主义核心价值观”，是我们党凝聚全党全社会共识作出的社会主义核心价值观的重要论断。

二、改革开放以来共青团培育青少年价值观的成就与经验

（一）共青团坚持用先进理论引领青少年的价值取向和政治方向

用先进的思想吸引、凝聚青少年始终是共青团的首要任务，是共青团工作的时代主题。如何有针对性地加强教育引导，使社会主义核心价值观更加深刻地融入青少年思想之中，是改革开放以来共青团组织在思想教育方面遇到的重大挑战政治方向涉及“为谁培养人”和“培养什么人”的根本问题[①]。没有正确的方向，青少年在革命大潮中可能迷航；没有坚定的政治方向，还可能会半途返航。毛泽东提出：青年“在政治上要有一个正确的方向，但是光有正确的政治方向是不够的。过了三年五年，就把它丢了，那还不是枉然？所以，有了正确的政治方向后，还要坚定，就是说，要有‘坚定正确的政治方向’。”[②]

中国特色社会主义是中国共产党在坚持科学社会主义的发展方向的

① 毛泽东：《永久奋斗》（1939 年 5 月 30 日），《毛泽东文集》第 2 卷，人民出版社 1993 年版，第 191 页。
② 金志堃、苏颂兴：《新时期青年运动的方向》，《青年研究》1984年第4期。

前提下，结合中国具体实际，探索开辟出来的社会主义发展的现实道路。“中国特色社会主义理论体系，就是包括邓小平理论、‘三个代表’重要思想以及科学发展观等重大战略思想在内的科学理论体系”[①]。这些重大战略思想是中国特色社会主义理论体系的最新理论成果，它们之间既一脉相承又与时俱进，既有建设中国特色社会主义这一共同主题，又科学地回答了不同时期不同阶段所面临的新矛盾和新问题，是一个相互衔接、相互贯通的科学理论体系。作为党的助手、实践和学习中国特色社会主义和共产主义的学校，高举中国特色社会主义伟大旗帜已成为中国共青团“现阶段的基本任务”[②]，而这一基本任务的实现在改革开放的不同阶段表现出不同主题。

1. “从我做起，从现在做起”——改革开放初期青年的唤醒与担当

1978年，随着中共十一届三中全会的胜利召开，我国相继从政治体制、经济体制和教育体制等方面进行了一系列的拨乱反正，开启了一场全民族的理性反思。随着小说《伤痕》等作品的相继发表，引发团员青年对社会、信仰、人性、自我、价值等领域的情绪化批判。1979年12月，清华大学化学工程系七七级二班团支部提出：“从我做起，从现在做起，为建设社会主义多做贡献”，划破了大学校园的伤感低沉氛围，很快成为一代青年激励自我的共同心声。相比之下，1980年5月开始的“潘晓讨论”则表明，历经劫难的团员青年已经开始对个人与社会的关系问题进行认真思考，昭示着“普遍信仰”时代的终结和青年自主选择人生道路时代的到来。

面对团员青年思想状况的林林总总，1981年2月，团中央发出《关于

① 胡锦涛：《高举中国特色社会主义伟大旗帜　为夺取全面建设小康社会新胜利而奋斗——在中国共产党第十七次全国代表大会上的报告》（2007年10月15日），中共中央文献研究室编：《十七大以来重要文件选编》上册，中央文献出版社2013年版，第9页。

② 《中国共产主义青年团章程》（中国共产主义青年团第十七次全国代表大会部分修改，2013年6月20日通过），《中国共青团年鉴2013》，中国青年出版社2014年版，第19页。

普遍进行“做一名合格共青团员”教育的通知》，要求团组织对团员进行党的基本路线教育、团的基本知识教育和团员模范作用教育[①]。1982年12月，团十一大对“做一名合格共青团员”教育活动进行总结和肯定，会议更进一步提出，共青团员应该是青年中比较有觉悟的一部分，对团员的教育一定要先于一般青年，要求一定要严于一般青年；要健全团组织生活，建立正规的团课制度，使团员在团内能受到比较系统的教育；通过教育使团员明白，共青团的光荣称号意味着比青年群众具有更高的觉悟，担负着更多的责任和义务；团员在各方面为青年作表率，要成为积极劳动的模范、团结互助的模范、遵纪守法的模范。

为配合全国范围内的整党工作，1983年12月，共青团十一届二中全会作出《关于学习整党文件，提高团的战斗力的决定》，提出在全团普遍开展一次以学习整党文件为内容的教育活动。1984年7月，团中央又提出开展学习教育活动的主题是“热爱党，为四化奋斗；紧跟党，做改革先锋”，指导思想是“议大事，懂全局，管本行。”为贯彻《中共中央关于社会主义精神文明建设指导方针的决议》精神，1986年12月，共青团十一届五中全会通过《关于共青团员要做社会主义精神文明建设先锋的决议》，分别对各条战线的共青团员提出具体要求，要在工作或学习岗位上，在公共生活和家庭生活中，带头传播社会主义道德风尚，带头建设精神文明。

从团十大以来，共青团始终把加强和改善思想政治工作放在领先的地位，把带领青年为四化贡献青春作为中心任务，基本上完成了思想上的拨乱反正，为共青团工作和青年运动的发展扫清了障碍，为后来团的改革打下了工作基础。共青团十一大是共青团在经过指导思想上的拨乱反正，跟随党实现了伟大的历史转变，使全团工作在恢复中发展、在继承中创新，

① 胡献忠：《改革开放以来团员队伍建设的历程与逻辑》，《青年学报》2015年第2期。

取得较好成绩后召开的。这次大会把“劳动、学习、创新风”作为当时青年的基本任务，并根据邓小平的重要指示，第一次明确提出青年工作的根本目标是把青年一代培养成为“有理想、有道德、有文化、守纪律的共产主义事业的接班人”，从而为广大青年的健康成长和青年工作的发展开辟了广阔的道路。

2. 着眼于国家未来和民族复兴，旗帜鲜明地高举中国特色社会主义伟大旗帜

青少年是社会的希望，是国家和民族的未来。青少年阶段确立的价值观决定了将来社会的公正与和谐、国家的繁荣与富强。然而改革开放以来，在经济全球化背景下，西方敌对势力始终把对中国青少年的争夺作为重点，以各种方式和手段向青少年传输西方的价值观、政治观，鼓吹经济全球化将带来政治制度趋同化和文化同质化，拼命推销资本主义的意识形态和社会制度，动摇青少年的精神支柱和价值观念。

这一争夺和颠覆企图在1989年的六四风波中得到比较明显的体现。其实，早在1989年3月邓小平就开始反思：我们在10年中最大的失误是在教育方面发展不够，最重要的是在发展和提高人民生活水平的情况下，没有告诉人民和共产党员要保持艰苦奋斗的传统[①]。1989年中央12号文件明确提出，要“充分发挥工会、共青团、妇联在思想政治教育中的作用”。基于国家和民族的忧患意识，在党的领导下，共青团从自身建设入手，开始了全面的思想及组织整顿。1989年12月16日，共青团十二届二中全会原则通过了《共青团中央关于加强团员队伍建设提高团员素质的决定》，针对一些团员确实存在着素质不高、对于坚持四项基本原则存在模糊认识、组织纪律观念不强、把自己混同于一般青年、模范作用不明显等问题展开了以强化团员的先进意识和模范意识，帮助团员全面认识党的基本路线，

① 邓小平：《保持艰苦奋斗的传统》（1989年3月23日），《邓小平文选》第3卷，人民出版社1993年版，第290页。

坚持正确的政治方向为目标的思想整顿。1993年，团十三大报告用独立篇章——“用建设有中国特色社会主义理论教育青年”提出了新时期中国共青团思想建设的原则与任务。报告指出：“建设有中国特色社会主义理论，是引导青年健康成长的伟大旗帜。必须确立建设有中国特色社会主义理论在整个青年思想教育中的核心地位和指导思想，坚持不懈用这一理论武装全团，教育青年”。①

至此，伴随着中国改革开放的进程，坚持走中国特色社会主义道路日渐成为共青团鲜明的政治符号。在团十二大《在建设有中国特色社会主义的伟大事业中继往开来艰苦奋斗》的工作报告中、团十三大《高举建设有中国特色社会主义的伟大旗帜，团结带领各族青年为加快改革开放和现代化建设而奋斗》的工作报告中、团十四大《在邓小平理论指导下团结带领各族青年为实现党的跨世纪宏伟目标而奋斗》的工作报告中、团十五大《在“三个代表”重要思想指引下团结带领广大青年为全面建设小康社会而努力奋斗》的工作报告中、团十六大《高举中国特色社会主义伟大旗帜团结带领广大青年为夺取全面建设小康社会新胜利而奋斗》的报告中，无不显示出中国特色社会主义理论强大的生命力和感召力。

与此同时，全国各地各级团组织始终旗帜鲜明，引导青少年正确认识和抵制各种错误思潮。通过团课、团的组织生活加强思想教育；通过知识讲座、报告会进行理论引导；通过选树典型进行榜样激励；通过社会实践、国情考察进行实践引导；通过校园活动进行文化熏陶；通过耐心细致的成长关怀进行情感引导。并在不断总结和探索的基础上，全团创造性地提出了针对四种不同类型的青年群体开展“分类引导”（2011年）的思想引领工作体系，有计划、有针对性地学习辅导、教育引导、思想开导、实

① 共青团中央办公厅编：《党的十一届三中全会以来共青团重要文献汇编》，中国青年出版社2001年版，第163页。

践指导，从而提高了青年人的思想觉悟与理论素养，增强了青年人对资产阶级腐朽思想和各种错误思潮的识别力和抵制力，夯实了青年人爱党、爱国、爱社会主义的思想根基，从根本上提高了青年人的思想政治素质。

坚持走社会主义道路必须要以对祖国的深刻认识为前提。为此，1994年团中央发出在全国《关于认真学习贯彻〈爱国主义教育实施纲要〉的意见》，进一步引导广大青年对祖国发展道路的思考与关切，促进广大青年深刻理解并认同中国特色社会主义道路、热爱党热爱祖国、增强民族自豪感和时代精神。

坚持走社会主义道路，必须在全社会树立道德新风尚。为进一步加强对青少年的思想教育，在全社会用社会主义道德新风尚，抵御资产阶级腐朽思想及一度出现社会“诚信缺失”和“道德滑坡”现象，中共中央、国务院相继出台《关于进一步加强和改进未成年人思想道德建设的若干意见》（2004年2月26日）、《关于进一步加强和改进大学生思想政治教育的意见》（2004年10月14日）等一系列指导性文件，系统加强对青少年成长政治方向的引导。

坚持走社会主义道路必须要不断学习与掌握马克思中国化的最新成果。2007年，全团在高校在校大学生群体中启动了“青年马克思主义培养工程”，以此不断提高大学生骨干、团干部、青年知识分子等青年群体的思想政治素质、政策理论水平、创新能力、实践能力和组织协调能力，使他们进一步坚定跟党走中国特色社会主义道路的信念，成长为中国特色社会主义事业的合格建设者和可靠接班人。

事实证明，改革开放的30多年是中国特色社会主义道路不断走向胜利的30多年，也是共青团带领一代代青年学习、实践与掌握中国特色社会主义理论的三十多年。

3. 在实现中国梦的征程中，践行社会主义核心价值观

2008年6月共青团第十六次全国代表大会召开，这次大会把“深入贯彻落实科学发展观”写入团章，在团章中对共青团的奋斗目标进行充实，增写“高举中国特色社会主义伟大旗帜”和“用社会主义核心价值体系教育青年”。

2012年11月，中共十八大首次提出由“三个倡导”组成的社会主义核心价值观，即倡导富强、民主、文明、和谐，倡导自由、平等、公正、法治，倡导爱国、敬业、诚信、友善。

2013年6月17日，团十七大召开。秦宜智所作的《高举团旗跟党走，奋力实现中国梦》报告对今后五年的共青团工作和建设作出了总体部署，明确提出要坚持用社会主义核心价值体系引导青年。

2014年五四青年节，习近平总书记在同北大师生座谈时发表了重要讲话，系统论述了社会主义核心价值观的战略意义，鲜明提出了在广大青少年中培育和践行社会主义核心价值观的战略任务，为共青团服务引导青少年提供了强大思想武器，为最大限度凝聚青少年共识提供了思想支撑，为实现中华民族伟大复兴的中国梦提供了有力的价值引领。培育和践行社会主义核心价值观是新时期共青团的战略性任务，对鼓励青年更好地承担历史使命、社会责任和投身国家建设具有重要意义。

值此，共青团在带领广大青年培育和践行社会主义核心价值观的征程中，进入了一个目标更为清晰高远、实施的战略架构更为宏大的历史阶段。

首先，有关对核心价值观的解读与释疑直接来自党的最高领导层。2013年6月，习近平在接见新一届团中央领导集体时强调，要使社会主义核心价值观内化为人们的精神追求，外化为人们的自觉行动。中共中央政治局2014年2月24日下午就培育和弘扬社会主义核心价值观、弘扬中华传统美德进行第十三次集体学习。习近平在主持学习时强调，把培育和弘扬社会主义核心价值观作为凝魂聚气、强基固本的基础工程。为实现这一目标，共青团需要思考，如何面向青少年，深刻阐释社会主义核心价值观，引导青少年了解社会主义核心价值观的历史渊源，引导青少年对社会主义核心价值观的认同感和归属感，使其信念认同、心理认同、理论认同和行为认同，树立高度的价值观自信，进而内化于理想信念，外化于实践行动。

2014年五四青年节，习总书记在北大发表重要讲话指出，为什么要对青年讲讲社会主义核心价值观这个问题？是因为青年的价值取向决定了未来整个社会的价值取向，而青年又处在价值观形成和确立的时期，抓好这一时期的价值观养成十分重要。这就像穿衣服扣扣子一样，如果第一粒扣子扣错了，剩余的扣子都会扣错。人生的扣子从一开始就要扣好。

其次，在实施路径的确立上，全方位挖掘与整合社会资源，已成为培育和践行社会主义核心价值观的基本行动指南。

习总书记在北大五四青年节纪念讲话中强调要在勤学、修德、明辨、笃实四个方面来下工夫，培育和践行社会主义核心价值观。在政治局第十三次集体学习中，习总书记分析了培育社会主义核心价值观与传统文化、社会生活的融入、政策导向、法律法规等方面的相关关系，强调指出：培育和弘扬社会主义核心价值观必须立足中华优秀传统文化；要切实把社会主义核心价值观贯穿于社会生活方方面面；要通过教育引导、舆论宣传、文化熏陶、实践养成、制度保障等，使社会主义核心价值观内化为人们的精神追求，外化为人们的自觉行动；要发挥政策导向作用，使经济、政治、文化、社会等方方面面政策都有利于社会主义核心价值观的培育。

身处这一伟大历史时刻的共青团，正扬起风帆，全力以赴，在带领广大青年培育和践行社会主义核心价值观的征途上，驶向胜利的彼岸。

（二）共青团以各项活动为载体，引导青少年践行社会主义核心价值观

活动是共青团的生命线，通过组织活动来带领青年、教育青年是共青团的优良传统[①]。在培育和践行社会主义核心价值观的实践中，活动依然具有不可替代的作用。自改革开放以来，共青团组织在继承和发扬优良传统的基础上，通过不断创新、大胆改革、机制引进，创立了丰富而系统的共青团和青少年活动体系[②]，为培育和践行核心价值观提供了搭建了庞大而有效的载体渠道。

1. *在继承中创新，以活动凝聚青年、引领青年*

1982年12月，共青团十一大的召开，对贯彻党的十二大精神，明确共青团在新形势下的任务、地位和肩负的责任，使共青团组织能够带领青年站在社会主义现代化建设的前列具有十分重要的意义。团十一大以后，各级团组织努力开创共青团工作的新局面，全面活跃共青团工作，团的工作渐入佳境。这一时期广泛深入开展的“五讲四美三热爱”，学习张海迪、“一山两湖”英雄群体和学习中国女排的活动中，青年开始更深入地思考奉献与索取的关系，并以实际行动践行着自己的社会责任。张海迪不向命运屈服的奋斗精神、“一山两湖”青年英雄集体的献身精神、女排姑娘不畏强手的拼搏精神，极大地激发了80年代新一代青年为国家富强、民族振兴勇挑重担的社会责任感。

开展“祖国在我心中”等系列活动，为培养四有新人、稳定局势、推动改革开放作出了积极的贡献。这一时期，共青团还精心设计、组织了一

---

① 胡献忠：《活动·项目·事业——从学雷锋到志愿服务看共青团事业的发展》，《中国青年研究》2009年第2期。

② 汪慧：《改革开放30年来共青团活动的发展轨迹》，《上海青年管理干部学院学报》2008年第2期。

系列围绕经济建设的活动：如为重点工程献青春，技术比武，五小竞赛活动；开展了“培养青年星火带头人”，实用技术培训，脱贫致富小开发，“东西互助”等活动。这些活动的开展极大地调动了广大青年投身四化、献身四化的热情，有效地激发了青年为四化学科学、用科学的积极性。

这一时期的活动在内容和方式上，有些是借鉴了20世纪五六十年代的工作模式，比如，学习五六十年代开展“社会主义建设积极分子”活动和“红旗青年突击手”活动的经验，开展了“争当新长征突击手”的活动。但在继承中又有创新，如“新长征突击手”活动，把思想工作和生产活动、教育活动有机地结合起来，既是生产活动又是思想教育活动，为团组织新时期的思想工作开辟了新的途径。“新长征突击手”活动的广泛开展，体现了共青团工作在工作内容上向经济领域的逐步深入，它为共青团围绕经济建设这个党的中心工作，按照青年特点，开展独立活动，创造了一种工作方法。这些活动的开展不仅在内容的确定上把握了时代精神，而且在活动的形式上突出了时代的特点，符合广大青年积极向上的内心需求。从而使活动的本身具有强烈的吸引力和感染力，激励着全国青年的建设热情，调动着他们的积极性和创造性。既满足了党的中心工作需要，又促使广大青年为中华民族的复兴多做贡献。

2. *发挥组织动员功能，实施品牌化发展战略，扩大引领的社会效应*

组织动员是共青团依靠组织系统，实现对青年群体的行为调度的过程。无论是在革命年代还是在建设年代，组织动员一直是共青团团结教育青年的重要法宝。随着共青团工作的社会化程度发展的不断提高，如何发挥组织动员作用，实现团的活动效益的最大化，依然是摆在各级团组织面前的重要课题。自20世纪90年代以来，随着层次上的不断提高、数量上不断的积累、涉及领域方面不断的扩展，团的活动的发展进入了一个转折期。进一步巩固和保持良好的发展势头，在完成规模化发展的基础上实现品牌化发展，在引入组织动员及市场机制的基础上，赢得更大的社会效应和教育效应，是团的活动的必然选择。

1993年12月7日，共青团十三届二中全会在北京召开。会议审议通过了《在建立社会主义市场经济体制进程中，我国青年工作战略发展规划》。该规划对青年工作的布局和推进方式进行了调整完善，决定把实施“跨世纪青年文明工程”和“跨世纪青年人才工程”作为青年工作再上新台阶的突破口，通过调整青年工作运行机制，强化青年工作的基础建设，来保证两项跨世纪青年工程的实施，形成与建立社会主义市场经济体制要求相一致的青年工作“品”字形战略。把“跨世纪青年文明工程”和“跨世纪青年人才工程”这两个重大的创新工作上升到全会的高度来谋划，把青年工作推向了青年社会的最大覆盖面，把共青团为改革开放服务，为推进社会进步这一重要宗旨落到了实处，成为共青团在改革开放进程中工作的一大亮点。

1993年由共青团中央组织发起的“青年志愿者行动”已经在中华大地星火燎原。截止到2013年底，已经有4043万人成为注册青年志愿者，累计为社会提供了超过创数十亿小时的志愿服务，80后、90后青年志愿者，已经成为我国社会公益事业中一支不可或缺的力量[①]。青年志愿行动中的“一对一结对服务计划”“扶贫接力计划”“大中专学生暑期文化卫生科技三下乡活动”“保护母亲河绿色行动计划”等一大批重点服务项目，已经成为家喻户晓的活动品牌。“奉献、友爱、互助、进步”的志愿者精神在青年中的普及，对唤醒公民意识的新觉醒、实现真正意义上的公民参与产生了不可估量的积极影响。

1996年《中共中央关于加强社会主义精神文明建设若干重要问题的决

① 胡湘明：《从单一启蒙到多元融合——中国青年志愿者行动回顾与展望》，《河南省党史学术年会论文》，中共党史出版社2013年版，第454页。

议》中，对共青团组织开展的“希望工程”“青年志愿者”“手拉手”活动也给予了充分肯定。这说明共青团这一时期的工作是卓有成效的，全团上下对共青团自身改革和适应社会改革的认识更加深刻。

1994年4月1日，江泽民为“青年文明号”题字。共青团中央联合国家有关部委在民航、铁道、公安、公交、内贸、旅游等十几个重要“窗口”行业开展的“青年文明号”活动拉开序幕。1995年4月1日，全国首批“青年文明号”命名授牌大会在人民大会堂召开，授予福州市公安局交警支队鼓楼大队五四岗等509个优秀集体“青年文明号”荣誉称号。1998年，共青团中央在全国推行“青年文明号”“青年岗位能手”联动，提出以振兴质量为目标，以岗位训练为基本途径，创建青年文明号生产线，实现“号”“手”联动。2003年，全国青年文明号活动组委会下发《关于开展“抗击‘非典’，青年文明号与您同行”的通知》，组织动员全国各级青年文明号，尤其是战斗在抗击“非典”一线的集体，立足岗位，以实际行动构筑起抗击“非典”的青春长城。2013年5月，全国青年文明号组委会办公室下发文件，组织各地区、各行业开展为期一年的“我的中国梦”青年文明号主题教育实践活动。同年，将创建领域向工商行政、会计师事务所等新兴领域拓展。自1994年全面推动以来，全国已有25个行业、5000多万青年参与，30多万个青年集体获得了各级“青年文明号”荣誉称号，截止到2008年，团中央表彰的全国“青年文明号”已经有10214个。这项以青年为主体、以倡导职业文明为核心、以岗位创优为重点的活动，不仅提升了当代青年的职业道德水平，为经济社会发展做出了积极的贡献，而且成为构建社会主义市场经济条件下服务者与被服务者之间的新型关系，为建设和谐社会发挥了不可替代的作用。

随着共青团工作涉及范围的扩大、内容的增多，对活动的动态性、复杂性的把握能力要求也在逐步提高。为此，引入市场化、项目化管理方式势在必行。最先将项目化管理引入高校共青团工作的是中央财经大学。一份总结报告指出：“中央财经大学于1999年在共青团工作领域开始实施项目化管理，并在2001年上半年的全国高校团建创新经验交流会和北京市团建创新项目推进会上得以推广。经过近十年的探索与实践，项目化管理这一运行方式已经成为中央财经大学共青团工作的核心模式，并不断取得新的深化和突破。成功的典范迅速成为全国各大高校响应和模仿的对象，项目化管理被广泛运用于大学生社会实践活动、校内大型文化文艺活动等。”

3. 两条战线并举，加强自身建设迎接新挑战

中共十八大以来，中国社会与经济发展进入“新常态”。由于国内外严峻复杂的政治经济形势，中国共产党正面临巨大的执政考验、改革开放考验、市场经济考验、外部环境考验，精神懈怠危险、能力不足危险、脱离群众危险、消极腐败危险更加尖锐地摆在全党面前。为此，如何确保党的先进性、纯洁性，始终牢记并恪守全心全意为人民服务的根本宗旨，以优良作风把人民紧紧凝聚在一起，实现民族复兴和国家昌盛的伟大目标，是一道全党面临的生死攸关的命题。

在这一重要的历史关头，在执政党的宏观政策框架下，共青团一是根据着党的群众路线的要求，展开了加强自身建设特别是思想建设的活动；二是围绕着国家经济发展创造性的展开活动。

第一个纬度，根据中共中央开展保持共产党员先进性教育活动的有关精神，在全团广泛开展了党的群众路线教育活动。2005年7月，团中央下发《关于在全团开展以学习实践“三个代表”重要思想为主要内容的增强共青团员意识主题教育活动的通知》。此次主题教育活动，涉及全团近300万个基层团组织、7000多万名团员（覆盖面达到88.7%），是改革开放以来全团范围内开展的人数最多、规模最大、涉及面最广的一次集中教

育活动。2006年3月，团中央下发《关于在青少年中大力开展社会主义荣辱观教育的通知》、《关于在全团开展“我与祖国共奋进”主题教育的通知》。2011年4月，团中央、全国少工委下发《关于在全国青少年中广泛开展“学党史、知党情、跟党走”主题教育活动的通知》。同年5月，团中央启动“与信仰对话——万场党史报告进校园”活动。

第二个纬度，随着中共十八大对共青团的工作新的、更高的要求的提出，特别是随着2015年1月中共中央《关于加强和改进党的群团工作的意见》的印发，各级团组织开始思考如何更好地服务青年、服务社会这一命题。以党政所想、社会所急、青年所需、共青团所能的要求设计团的活动，建立和完善团的动力机制、保障机制，以达到紧扣社会热点，引发党政关注，触发大众共鸣，满足青年需求，激发青年热情的目的，成为新形势下共青团开展活动重要依据。新的工作理念，要求各级团组织适应时代的变化，创造性地开展团的活动，以实现最广大人民的根本利益作为团的工作的总要求，紧扣党政工作大局，带领青年服务社会。

近年来，共青团从最广大青年的实际利益出发，开展了一系列主题活动，解决了许多青年的实际问题。如实施“帮助青年创业计划”；规范农村青年有序向城镇流动，引导和帮助青年解决就业难问题；创建“青年安全生产示范岗”；实施跨世纪青年农民科技培训工程；实施进城务工青年发展计划；开展中国青年志愿者扶贫接力计划等。

进入新世纪，结合“学习型组织”创建活动的开展，组织广大青年开展了“读书创效成才”活动，通过学习新知识、新技术、新工艺，对青年职工进行创造性劳动教育与培训，提高了广大青工的业务技能和综合素质。以深化“青年文明号”创建活动为载体，组织开展了“青年文明号信用示范建设一条街”、青年文明号“一号一户”进社区、“青年文明号服务卡助万家”等活动。进一步拓展了“青年文明号”创建的文化内涵，提升了青年文明号的“品牌”形象。此外，还开展了青年创新论坛、青年创业论坛、大学生素质拓展训练等活动，服务青年成长成才。

（三）共青团积极建设、开发宣传教育阵地，为培育青少年价值观提供实践平台

活动阵地是组织团员青年参加活动，履行团员权利和义务、青年相互交流的集聚地，也是团组织开展团员青年教育管理的有效平台。按照设立的时间划分，可分为新中国成立以来设立的传统的团属活动阵地和新成立的合作型活动阵地两类。传统的团属活动阵地主要包括全国各省市的直属共青团所辖的团校、团属报刊、青少年研究机构、青少年活动中心；合作类的活动阵地多属改革开放后新设立的活动阵地，主要包括分布在企事业单位的团员活动中心、社会青年社团、青少年爱国主义教育基地、少年军校、依托企业建立的青少年创业基地、各类青少年发展论坛、网络阵地等。按照活动的功能及形式不同，可分为学习阵地、活动阵地、虚拟性的网络阵地等三类。学习阵地主要包括书吧、电子阅览室、活动室等；活动阵地建设主要包括篮球场、羽毛球场、网球场、健身馆、舞蹈室等；网络阵地是借助互联网技术建立的有自己的“发声地”，有引领广大青少年的“红网阵地”，主要包括微博、QQ群、微信群等青少年喜闻乐见的新媒体平台。

1. 改革开放初期阵地的恢复与加强

新中国成立以来，团中央及各省级共青团按照相应的行政规划，建立了一批以培养共青团干部、宣传研究共青团理论与思想、针对青少年开展丰富课外活动的青少年活动中心等团属教育、科研、宣传基地，其中主要包括团校、团属报刊、青少年研究机构、青少年活动中心等机构。由此构成了早期的共青团实体阵地架构，在行政级别上均属当地共青团系统的二

级机构。应该说，通过其自身功能的发挥，这些机构为社会主义建设时期的共青团工作作出了应有的贡献。然而“文革”期间的社会动乱，对他们当中相当一部分造成了冲击，导致一部分阵地停办甚至解散。

改革开放后，随着国家各项事业的百废待兴，传统的团属阵地开始走上恢复重建和加强之路。以共青团干部学校为例，截止到20世纪90年代，全国省级以上（除西藏外）团校已全面恢复建制，并开始全面承担当地各级团干及青年培训工作。一些省级团校在完成干部培训的基础上，不断改善办学条件、延伸办学领域，抢抓机遇，成功实现转型，为团属事业和阵地的壮大作出了非凡的贡献。截止到目前，全国各级团校已由改革开放初期的20余所发展到60余所，每年通过各级岗位培训和轮训的全国范围内的团干已超10万之众。

在青少年活动中心建设上，由于涉及更多的社会领域，除共青团自身的努力外，还得到了党和社会的高度关注与重视。这里的青少年活动中心主要包括青年宫、少年宫、青少年宫、青少年活动营地等非盈利性组织，是青少年社会文化教育的主要场所，是青少年健康成长的重要载体，是共青团工作的重要物质依托。中共十一届三中全会以来，团属青少年活动中心建设有了较大的发展。团的各级组织根据团中央的要求，转变观念、大胆探索、改革创新，克服重重困难，争取多方支持，加快了青少年宫建设步伐。天津、重庆、昆明、宜昌、鞍山、本溪、汕头、泉州等一批投资数千万元的大型青少年宫建设工程相继上马，四川、浙江、山东、辽宁、福建等省将青少年文化阵地建设经费列入政府财政计划；许多青少年宫也一改过去的等、靠、要变被动为主动，面向社会多渠道筹措资金，加快了青少年宫的建设，青少年宫设施条件明显改善。截止到目前，不完全统计，全国青少年宫建设累计投资总额超过80亿元，现有固定资产总额超过150多亿元，全国已拥有团属青少年宫千余所，其中地级以上青少年宫292

所，青少年受众覆盖率为79.8%。

随着在服务社会与服务青少年的有机结合中的不断发展壮大，青少年活动中心的育人功能更加突出。近年来全国青少年活动阵地通过成功地组织一系列以爱国主义教育为主题的教育活动，带动了基层青少年思想政治工作的开展。各级团组织充分发挥青少年宫在教育引导青少年中的积极作用，运用青少年宫的有利条件，普遍开展了形式多样、丰富多彩的活动。据不完全统计，1995年以来各地青少年宫举办的各类主题教育活动18000余项，直接参与人员近1000万人次。

2. 整合资源，开辟阵地建设新领域

社会主义核心价值观的培育离不开青少年对现实的体验与探索，特别是随着信息化时代的到来，青少年已不满足于简单的知识介绍和空洞的理论说教，追求更有真实感更有震撼力的“体验式”教育已成为培育和践行核心价值观重要的杀手锏。“体验式”教育是20世纪90年代由西方发起的教育潮流，是依据教育目标和未成年人的心理、生理特征以及个体经历创设相关的情景，让未成年人在实际生活中体验、感悟，通过反思体验内化形成个人的道德意识和思想品质，在反复的体验中积淀成自己的思想道德行为的教育方法。为此，共青团顺应新的形势要求，围绕着爱国主义教育、人生观教育、价值观等教育主题，以开放式、探索式、体验式教育理念为指导，广开领地、整合资源，打造构筑了一系列新型青少年教育阵地。

少年军校：1989年以来，共青团、少先队组织在解放军、武警部队和公安系统的大力支持下，积极引导全国少年儿童开展以国防教育为主题的少年军校活动，并不断丰富少年军校的活动内容，创新少年军校的活动手段，创设少年军校的活动基地，全面提高少年儿童素质。到2001年底，全国有各种类型的少年军（警）校11000所，在少年军（警）校接受国防知识教育和军训的少年儿童每年达1000万人次。作为对中小学生开展国防教育的重要载体，少年军校已被列入《中华人民共和国国防教育法》。

全国青少年教育基地：是共青团组织对青少年进行爱国主义、集体主义、社会主义教育，帮助青少年树立正确的世界观、人生观、价值观的重要载体，建立“全国青少年教育基地”，充分发挥教育基地的教育功能是共青团的一项重要工作。

党和政府十分关心“全国青少年教育基地”的建设，十分重视利用教育基地教育培养青少年的工作。1995年1月12日，江泽民为“全国青少年教育基地”题名。为深入贯彻江泽民关于教育问题的重要谈话和《中共中央关于加强和改进思想政治工作的若干意见》精神，充分利用青少年教育基地这一重要阵地，以生动形象的方式教育青少年，切实加强青少年的思想政治教育，团中央多次下发文件，要求各地团组织在各级党委宣传部门和基地主管部门的指导、支持下，大力加强对青少年教育基地的开发、利用、建设和管理工作，充分发挥教育基地的教育功能，切实将基地建设成为新时期青少年思想教育的重要阵地和有效载体，加强和改进新形势下的青年思想政治工作，有力推动新时期青少年教育工作的活跃和发展，为促进广大青少年健康成长发挥积极作用。1991年以来，共青团中央先后命名建立了三批共127个“全国青少年教育基地”，各地团组织也相继建立了一大批各级各类青少年教育基地，对青少年进行了形式多样的革命传统教育、中华民族优良传统和现代科学技术等教育活动，取得了显著成效。

全国青年创业示范园区：2014年11月，共青团中央在各地团组织按照全团服务青年创业就业工作的部署和要求，持续推进青年创业园区建设工作，创新建设运营模式，提升服务能力，取得了明显成效，涌现出一批高水平的青年创业园区基础上。为发挥示范园区的引领作用，进一步深化全国青年创业园区建设工作，命名北京青年创业示范园等40家单位为首批“全国青年创业示范园区”。

中国青年创新论坛：为了团结凝聚更多的高层次青年人才，及时探讨和追踪国内外科技经济等重大热点问题，共青团中央、全国青联、中国科学院、中国社会科学院决定在原中国青年科技论坛和中科院举办的中关村青年创新论坛的基础上，组合成“中国青年创新论坛”。至今，论坛已经成功举办了13期，先后有25位青年科学家、青年企业家、风险投资专家围绕科技、经济及法律等话题，与来自社会各界的4000多位各界青年代表进行了广泛的交流与对话。

团员活动室：是团的基层组织进行政治生活、“三会两制一课”及其他形式团员教育活动与相互交流的主要场所。自改革开放以来，随着党对基层党团组织建设的不断加强，建立了党建带团建工作机制，团的工作纳入党的建设整体格局当中，许多地方就团组织的活动阵地建设等作出了专门规定，有力地推动了基层团组织活动真的的建设。他们中的大多数在阵地建设上采取了党团合作或团团协作的联合创建模式，取得了良好工作效果。

改革开放30多年来，经过不懈的努力，共青团组织逐步建立了以共青团团属阵地为核心，以社会合作和协作为外围阵地体系，形成了共青团活动新的力量矩阵，在一定程度上改变了共青团活动人手不足，势单力薄的局面，使团的活动能够扩展到更广阔的社会空间和更广泛的青年之中。

（四）共青团注重发挥模范典型的榜样示范作用，引领青年健康成长

榜样示范教育方法，也称为榜样教育或榜样学习，是指通过在受教育者中树立在某方面具有先进性、体现了一定社会道德规范或价值取向的榜样，引导受教育者学习和效仿，从而促使其思想意识和行为朝着正确方向发展的教育形式。发挥榜样作用是社会学习理论的核心观点，该理论的重要之处在于提醒我们，青少年在社会化以及自我成长过程中，不是机械地对环境做出反应，而是会仔细观察他人，并且不断解构和重构周围的信息

和线索，然后模仿其行为。[①]教育者根据教育目标和青少年学习的行为类型，选择有效的角色示范，使其成为青少年学习和模仿的对象，将有利于青少年社会性发展。

长期的社会主义革命与建设的实践表明，榜样具有巨大的教育力量，效仿榜样典范在任何时候都可以被称为进步而有效的道德实践。而以团结教育青年为己任的共青团，在运用榜样示范这一传统的方法上，有着辉煌的历史和骄人的成效。1963年2月15日，共青团中央发出《关于在全国青少年中广泛开展"学习雷锋"的教育活动的通知》。3月5日，《中国青年报》《人民日报》等报纸发表了毛泽东、刘少奇、周恩来、朱德、邓小平等中央领导人号召向雷锋学习的题词，由此学习雷锋的活动在全国青少年中迅速展开并形成高潮，雷锋也成为影响无数青年成长的道德榜样。

改革开放以来，共青团着眼于社会主义核心价值体系建设，着眼于社会公德、职业道德、家庭美德、个人品德的建设，着眼于公民思想道德素质和社会文明程度的提升，在继承和发扬传统经验的基础上，开拓创新，通过不断的丰富榜样示范教育的方式与方法，不断挖掘、培育和宣传青年先进典型，倾力展现当代青年的精神风貌，激励广大青年励志自强、提升素质、奉献社会。并由此推出了多层次多类型且具有强烈时代感的先进典型，得到了社会各界的广泛关注和青年的高度认同，起到了很好的教育作用。总结这段辉煌的榜样教育历史，可以发现其中的三个脉络。

1. 顺应时代呼声，大力弘扬典型人物高尚品质

改革开放的初期，刚刚从十年"文革"动荡中走过来的青年，思想仍处于迷惘、困惑甚至怀疑状态中，面对即将开启的改革开放的大潮，他们迫切需要找到人生的发展方向和精神力量。而就在此时，张海迪以及张华

① 冯小茹、郭明真、胡湘明：《榜样示范在未成年人思想道德建设中的作用》，《山东省青年管理干部学院学报》2004年第6期。

事迹的出现，无疑为整个社会注入了新的强心剂。

张海迪，5岁因患脊髓血管瘤导致终身截瘫。从那时起，开始了她独特的人生。15岁时，跟随父母，下放山东省聊城，给当地的孩子们当起了老师，自学针灸医术，为乡亲们无偿治疗。张海迪怀着“活着就要做个对社会有益的人”的信念，以保尔为榜样，勇于把自己的光和热献给人民，她以自身的行动，回答了亿万青年关心的人生观、价值观问题。1983年，《中国青年报》发表《是颗流星，就要把光留给人间》，张海迪名噪中华，被誉为“八十年代新雷锋”和“当代保尔”。邓小平亲笔题词：“学习张海迪，做有理想、有道德、有文化、守纪律的共产主义新人！”随后，张海迪成为全国人民的道德力量。张华系解放军第四军医大学学生，1982年7月因跳入化粪池营救一位不慎落入池中的老农而献出自己宝贵的生命，年仅24岁。张华的英雄行为和高尚品格，在全社会产生强烈反响，引发了一场“人生价值如何衡量”的全国范围大讨论，对当代青年树立正确的人生观价值观产生了重大影响。1982年11月25日，中央军委发布命令，授予张华“富于理想勇于献身的优秀大学生”荣誉称号。总后勤部党委作出关于开展向张华同志学习的决定。2009年9月10日，在中央宣传部、中央组织部、中央统战部、中央文献研究室、中央党史研究室、民政部、人力资源社会保障部、全国总工会、共青团中央、全国妇联、解放军总政治部等11个部门联合组织的“100位为新中国成立作出突出贡献的英雄模范人物和100位新中国成立以来感动中国人物”评选活动中，张华被评为“100位新中国成立以来感动中国人物”。

2. 以先进人物或集体评选为动力，引导激励青年健康成长

先进人物的评选对于当事人具有表彰激励作用，对于整个社会来说又具有榜样带动作用。改革开放以来，我国社会进入了一个飞速发展的年代，来自社会各阶层各领域的具有时代感的先进人物不断涌现，这是时代

回馈社会的表现，也是社会不断发展的精神财富。作为具有鲜明的政治性、先进性和群众性的社会群团组织，共青团没有辜负国家与时代的期待，积极投身改革开放的大潮，以自己的行动的展示，当之无愧地成为先进青年的代言人。自20世纪90年代至本世纪初，通过独立发起或联合设立的形式，共青团爆发式地推出了一系列先进人物或集体的表彰活动，有效地推动了各行各业青年比学赶帮、健康成长的进程。

这其中主要有以用先进事迹感召、激励广大少年儿童积极投身于“中国少年雏鹰行动”中自学、自理、自护、自强、自律，成长为社会主义的合格建设者和接班人做好全面准备为目标的“十佳少先队员”（1989年）评选活动；以营造崇尚杰出、追求卓越的良好社会氛围，培养跨世纪的青年人才大军，实现中华民族的全面复兴作出积极的努力为目标的“十大杰出青年”评选活动；以服务农村经济发展、服务青年致富并带动全体农村青年为目标的“农村青年星火带头人”（1990年）评选活动；以提高青工整体素质、培养企业新一代合格劳动者为目标“青年岗位技术能手”（1994年）评选活动；以引导广大职业青年弘扬良好的职业道德，创造一流的工作业绩为目标的“青年文明号”（1994年）评选活动；以激励当代青年报效祖国、热爱人民的崇高理想，艰苦奋斗、无私奉献的高尚情操，锐意进取、勇于探索的创新精神，不畏艰难、不折不挠的坚韧品格，爱岗敬业、脚踏实地的实干作风为导向的“中国青年五四奖章系列”（1997年）评选活动。

3. *以社会融合的方式，寻找并挖掘社会的闪光点和感动点*

和传统的由权威发布塑造的典型榜样相比，用身边人、身边事教育青年显得更为可信和真实，尤其是在价值多样化、信息传递快捷的社会体系里，“高大上”的典型塑造，已日渐脱离青年的视野。追求真实、追求可亲可敬、贴近现实的闪光点已成为当代青年的价值需求。而要挖掘和塑造这样的典型，只有走社会融合的方式，通过与社会各阶层各团体的协作和与青年的社会互动，方能实现。在此方面，共青团进行了有益的探索与尝试。

2008年，由于北京奥运会志愿者的出色表现，一些擅长外语、擅长交流的青年志愿者，被国外媒体誉为“鸟巢一代”。一个富有热情、尊重规则、充满人文情怀的新一代中国青年呈现在世人面前。这和当时社会充斥着的对80后、90后是“喝可乐要加冰”的一代，甚至是“被宠坏了的一代”等消极评价形成鲜明对比。国内的主流媒体和机构及时跟进，对此进行了大量的正面报道与跟踪。“他们在2008年北京奥运会上的集体亮相，让国际社会看到了充满活力的中国，看到了富有热情、尊重规则、充满人文情怀的新一代中国青年”①；同年11月在郑州召开的“第四届中国青少年发展论坛”上，有关专家学者（如孙云晓）以“‘鸟巢一代’塑造中国新公民形象”为题，给予了及时的学术回应。由此不断发酵，一个鲜活的、积极的80后青春形象呼之欲出。而与其他任何学习的榜样所不同的是，这一形象不是他人，而正是这一代青年自己。

2014年10月，为在全社会弘扬爱岗敬业、创业创优、诚实守信、崇义友善、孝老爱亲等社会主义核心价值观，引领广大青年见贤思齐、崇德向善，争做社会主义核心价值观的倡导者、实践者。共青团中央在全社会发起了百名“向上向善好青年”推选活动。与以往推选活动所不同的是，这次推选是自下而上，由青年自己发现、自己投票的活动，发现即分享，分享即学习。自活动启动以来，得到社会公众和各级团组织积极响应、热情参与，自下而上层层推选产生363名“全国向上向善好青年”候选人，自3月20日起在人民网、中国青年网、中青在线等网络平台展示典型事迹、接受公众投票，参与投票数达4200万人次，活动页面总

① 杜韵竹等：《鸟巢一代横空出世》，《中国青年报》2008年8月23日第3版。

浏览量达1.6亿次。

（五）共青团探索运用互联网思维，力争在虚拟空间凝聚青年、影响青年

如果20年前有人描述人类“数字化生存”还带有预言性质的话，那么，由互联网、移动互联网能等技术带来的社会网络化、信息数字化、交互实时化的现实，已经成为真实而普遍的生存方式。据《2014年中国互联网络发展状况统计报告》，截至2014年12月，我国网民规模达6.49亿，全年共计新增网民3117万人。互联网普及率为47.9%，较2013年底提升了2.1个百分点。而中国青少年网民规模已经达到2.77亿，占整体网民的42.7%，占中国青少年总人口的79.6%。

如此迅猛的技术革命，对共青团来说，既是良好发展机遇又是严峻工作挑战。

首先，互联网的诞生为共青团工作的创新提供了有效的手段。美国未来学家托夫勒说：“谁掌握了信息，控制了网络，谁就拥有整个世界。”移动互联网的运用和进一步的发展，创造了超乎想象的信息流，给当代中国尤其是青年发展带来深刻变革。面对新时代、新背景、新形势，共青团要完成组织使命，扩大党执政的青年基础，就必须探索团的工作新观念、新模式、新内容。在许多青年人眼中，不懂得移动互联的人是正在落后于时代的人，不接纳移动互联观念的组织是会被时代迅速抛弃的组织。

其次，虽然网络给人们带来了诸多便利，但也应该看到，网络上的一些极端思维、错误思潮、网络色情、网络暴力、网络诈骗等充斥网络，对于涉世未深、辨别力弱、抵抗力差的青少年来说，很容易被网络有害信息直接“撂倒”，甚至被引诱和教唆犯罪。此时的网络非但没成为未成年人的“知己、朋友、老师”，反倒变成了“侵害他们的匪徒和妖邪”，互联

网已经成为意识形态、舆论斗争的主战场[①]。

另据中国青少年犯罪研究会最新资料统计表明，我国青少年犯罪总数已经占到了全国刑事犯罪总数的70%以上，其中青少年犯罪80%与网络有关[②]。可以预见，如果任由网络有害信息肆意蔓延，任由网络环境恶化升级，将会有更多未成年人的价值取向遭到扭曲。因此，如何在这纷繁网络世界中勇于担当、唱响主旋律，在多元意识中树立社会主义核心价值，成为共青团亟待解决的课题。

围绕着上述两大命题，共青团付出了巨大的努力，取得了非凡的成就。

1. 青年至上，创建并逐步夯实新媒体的基础性、常态性工作

新媒体的基础主要表现在网络网站的建立与维护。而网站的建立必须以青年至上为导向。掌握青年，意味着掌握庞大的客户群体，就能够凝聚用户，推送思想，创造价值。要改善并提高团组织的吸引力、凝聚力和战斗力，用行政命令或者简单粗暴的方式要求青年参加某些活动，只会适得其反，让青年远离团组织、抗拒团组织。共青团按照互联网的生态法则，为青年搭建信息平台和服务平台，让其感受到团组织的贴心和温暖，让其对团组织中有着源源不绝的“黏性”。

自20世纪90年代以来，全团在建立各大综合网络平台的基础上，不断巩固发展原有的新媒体宣传、团属网站建设、新媒体活动、文化活动等项目，团属网站建设、手机短信群发平台、各类新媒体主题活动等基础性、常态性工作取得新进展。

加强常规网站建设。各地省级团组织普遍建成了面向青年、融入青年的网站，地市级、县级团的领导机关建成了团的工作网站或青年网站。比

① 李若鹏：《网络文明从青年开始》，《人民日报》2015年4月7日第5版。

② 莫秀庄：《与网络有关的青少年犯罪问题的法律控制研究》，《法制与社会》2014年第33期。

如，北京共青团目前已建设北京共青团网站、志愿北京、北京青基网、北青网、北京市青联网站、北京市学联、青檬网络、创业北京、千龙网、北京禁毒在线、北京青年宫网站、北京青商会网站等主题网站10多个。上海团市委建设了工作网站和面向青年的网站，所创办的上海青年电子社区日均访问超过10万人次。安徽共青团建设了工作网站和面向青年的网站，其中安青网具有较强实力，月度覆盖人数达到500万。广东共青团创办“广东青少年网络电台”网页日均访问量达到20万次。湖北共青团建设了一大批有关青年创业就业、志愿者等工作类、服务青年类网站。

加强手机媒体平台建设。各省级团委普遍建成面向青年或团干部的手机报平台，地市级、县级团的领导机关根据自身情况建立手机报或手机短信群发平台，开通的地市级手机报、手机短信群发平台共计517个。比如，河北团省委有两个手机报，其中“常青藤手机报”受众超过3万人，指导各地市、县开通手机报或手机短群发平台54个。山西共青团“红色传递”手机平台覆盖全省3800万手机用户，地市级手机报或手机短信群发平台数量6个，县级12个。浙江团省委有3个手机报，其中“青农手机报”和“家校通”影响较大，覆盖人数分别为44万和200万。指导地市、县级团委开通了手机报和手机短信群发平台，地市级23个、县级111个。山东团省委主办的“青春山东”手机报覆盖人数1444万，指导市、县级团委普遍开通了手机报或手机短信群发平台，地市级17个、县级155个。广东团省委有4个手机报，其中“青工学堂”覆盖人数达到20万。指导市、县级团委普遍开通了手机报或手机短信群发平台，地市级68个、县级202个，覆盖青年人数达300余万人。沈阳“V爱时空”志愿服务手机平台覆盖30万人。南平团市委推出的手机机器人“青青”覆盖本市青年超过16万人。

探索建设小型化、分散化、社区化的基层新媒体阵地建设。各级团组织通过建设即时通信群组、社交网站主页、论坛、短信群发平台等，努力构建起小型化、分散化、社区化的新媒体阵地。比如，北京共青团积极推进北京青少年网络文化发展中心建设，进一步推动青檬网络电台、青檬手机报、“青年说”、12355北京青少年服务台等团属新媒体的建设与发展，推动北青报和BTV青年频道的数字化转型，积极打造北京共青团服务青少年的新媒体品牌。天津共青团建设天津企业共青团QQ群，利用QQ群的便捷、高效等优点，发布工作文件，收集工作信息，讨论工作思路，增强团干部感情联络。福建全省各类以工作项目、青年群体开设的QQ群达90个，及时发布有关的工作信息，开展工作交流、收集工作材料等。河南全省超过80%的县市区团组织建立了飞信、手机短信、QQ群、微博群等新媒体阵地，使用QQ群开展工作达到100%。贵州各级团组织建QQ群300余个、网络社区论坛251个，全省团组织通过QQ群等即时通信群组、社交网站主页、论坛、短信群等开展工作、联系青年。

2. 用“微时代”营造大环境，构建共青团微博工作体系

移动互联网使人类社会进入全媒体的时代，是“时间无屏障”“空间无屏障”“资讯无屏障”的状态。这种特殊的交互性，消解和改变了团组织的传统优势地位，思想的权威逐步失去，“去中心化”“去权威化”“个体多元化”等大行其道。讲大道理，板着脸灌输价值观念的工作做法已不适合当下青年群体。各级团组织借鉴和学习移动互联网的商业模式，通过青年人熟悉的语言习惯和表达方式，把思想教育的内容和正确的价值观念用通俗、形象、生动的形式表现出来，用一个个精彩的故事讲述引导着青年伟大中国梦的实践。

各级团组织依托中央重点新闻网站、国内主要门户网站和地方主要新闻网站等微博服务平台，积极构建共青团微博工作体系。广泛动员各级团组织和团干部开通组织或个人认证微博。目前，共青团系统在新浪、腾讯

两个网站的微博总数已达2.2万个[①]，在全国政务系统微博中仅次于公安系统的2.6万个，位居第二。其中，全国30个省级团委（西藏除外）及其所有地市级团委均已开通官方微博；除西藏、甘肃部分县级团组织外，其他省份已经全部实现共青团“县县开博”，初步构建起省、地市、区县三级微博工作体系。

在微博上主动贴近青年网络话语体系和表达方式。各级团组织和团干部通过原创发布、转发点评、微直播和微访谈等多种形式，与青年网民进行直接、平等的交流沟通，增强共青团微博与青年的互动。比如，山东团组织开展的“我想对雷锋说”微话题讨论，参与人数超过820万；黑龙江发起的“为最美女教师祈福”活动，被转发近400万次；浙江的省、市、县三级全面开通官博，共开通官方和个人认证微博1044个，“感谢吴斌，传递祝福”活动参与人数达13万人；广东开通官方微博和个人认证微博872个，团省委每月至少利用微博开展一次以上的微话题、微访谈活动，其中“我的青春我的团”活动参与人数近300万人。

注重结合团的工作来提高微博吸引力。各级团组织努力打造本地微博的特色内容，把团的重点工作和活动，特别是与青年关联度高、互动性强的活动，借助微博平台予以生动呈现，使微博平台成为共青团面向青年重要的组织和动员方式。目前，广东团省委在2个网站的官方微博粉丝总数达177万；山东、贵州、四川、吉林、安徽5个团省委官方微博的粉丝总数都在50万以上；深圳、金华、成都、石家庄、杭州、九江6个地市级团委官方微博在新浪、腾讯2个网站粉丝总数达20万以上。

通过关注青年思想热点来营造良好舆论氛围。各地团组织的微博重点关注青年对重大理论和社会现实问题的关切，适时发出正面理性声音，引

① 黄小希：《各级团组织和团干部开通组织或个人认证微博2.2万个》，新华网［2012-10-26］，http://news.xinhuanet.com/newmedia/2012-10/26/c_113507424.htm

导青年形成正确的社会观察结论，使团组织微博成为传播积极健康向上信息和文明理性表达意见的新平台。目前，共青团微博初步形成一批网上意见领袖，在青年中具有一定影响。专职团干部个人认证微博中，有9人在两个网站的粉丝总数超过20万，其中团中央宣传部网络处副处长王郁松粉丝接近300万左右，他们及时发现涉及共青团组织和本地的网上热点，回应关切、解疑释惑。

3. 合作办好一大批有特色、有影响的共青团电视栏目和节目

各地团组织加强与在本地青少年中具有广泛影响的电台、电视台的合作，面向青少年推出一批集思想性、娱乐性为一体的电视栏目和节目，在合作作品或栏目上显著标明共青团标识，这些电视栏目的收视率不断增强，扩大共青团组织在青少年中的影响力。

目前，省级团组织与本地电视台合作开办长期、固定电视栏目总数达39个；地市级团组织与本地电视台合作开办长期、固定电视栏目达到179个。

北京共青团与北京电视台合作创办国内第一家青年频道，以“正值青春”为口号强力打造“青春中国”价值品牌，栏目节目全天播出，其中《青年榜样》等多档节目取得收视率3%左右的良好效果。

辽宁共青团与辽宁青少年频道建立长期固定合作关系，与辽宁卫视等开展《第一时间》《红色力量》等两档栏目合作，省内地市普遍与当地电视台开展栏目合作，开办合作栏目、系列节目30余个。

安徽共青团联合中央电视台《致富经》栏目、《热线12》栏目、安徽卫视《天下安徽人》等栏目开展了5个专题节目合作。

吉林共青团与吉林教育电视台合作创办了互动纪实类栏目《成长》，与吉林电视台合作推出《圆梦大学》《青春足迹》两档专题。

山东共青团与山东卫视制作特别节目《歌声传奇》《成长关注》等两

档专栏，与山东广播电台联合制作《我的青春梦想》等两档特别栏目。

贵州共青团与贵州电视台联合打造《创业起跑线》贵州省青年创业能力大赛，以电视大赛形式选拔优秀青年创业者。

此外，湖南团省委推出的《成人礼》、湖北团省委推出的青年求职栏目《天生我才》、山西团省委推出的青少年维权节目《小郭跑腿》、重庆团市委推出的少先队专属栏目《领巾飞扬》等，都在当地青少年中产生了较大影响。

4. 不断推出深受青少年欢迎的文化精品

各级团组织和团属文化单位加强与文化领域各种专业力量、市场力量合作，创作、生产、推广符合青少年特点、有效诠释和传播社会主义核心价值体系的图书、影视、歌曲、动漫、游戏等各类文化精品。

辽宁共青团推出6部动漫，网络电影《微博》、网络电影《你是青年，你就是沈阳》等21部影视作品，17首歌曲，30余册图书，2个游戏。

吉林共青团自主创作影视宣传片《关爱农民工子女》，推出《阳光之声》等4首歌曲，《智慧少年》等3套系列丛书，联合社会力量创作了1部动漫《和家有乐之动漫说法》。

安徽共青团联合社会力量推出反映党、团、队知识题材的动漫作品《旗帜》等7部动漫、3部影视、1首歌曲、6本图书。其中联合安徽出版集团推出《青少年不可不知》系列图书，畅销20余万册。

广东共青团联合社会力量推出《红领巾心向党》等2部动漫、《东园·启航》等12部影视作品、《青年志愿者之歌》等17首歌曲、《举手之劳——“托举哥”背后的故事》等20种图书期刊、《青春逗》等3款游戏及1首诗歌、1部歌舞剧、3种邮品等。

四川共青团联合社会力量推出1部动漫；14部影视作品，其中包括少先队主题微电影《微笑》、关注留守学生系列电影《空房子》等，在各级团组织广为传播；18首歌曲；30册图书，被纳入中小学馆配图书书目；4款游戏产品，包括《雷锋棋》《四川共青团卡通扑克》，受到广大青少年的欢迎。

云南共青团推出动漫3部、影视12部、歌曲14首、图书12部、游戏2款、其他电子文化产品12款等，其中部分MV作品《党啊祝福你》在央视播出，下载量达到30万次。

陕西共青团推出动漫2部；影视7部，其中《美丽的山茶花》《云烟深处》《沈星纪录片》在全国公映；歌曲5首；图书12部；舞台剧等其他产品10部。

武汉共青团推出的微电影《我的城管女友》《岸边的记忆》网络点击量达30万次。

截止到2014年5月，全国省级、地市级团组织与社会力量合作，共推出图书355册、影视230部（其中电影29部、电视作品33部、微电影90部、公益广告及宣传片等78部）、歌曲230首、动漫142部、游戏33款，广播剧、舞台剧等其他文化产品108个。

5. 发挥网络的集聚效应，打造服务青年健康成长的互动平台

移动互联网的一个重要特征是提供了多维多向、充满诱惑的平台。在平台上，人人都有麦克风，人人都成为信息源，每个人既能单向度的发声，也能双向的互动，更能一对多或者多对多交流，成为信息的接受者和信息的制造者。对于共青团而言，在组织动员的前期，利用这种观念，在微博、微信、网络社区上进行预热和观念的导入，形成青年人的网上集聚行为，最终形成线下的实质性动作。

2015年4月，共青团中央办公室建设的面向全国青年的大型社交互动平台“青年之声”正式开通，由此标志着共青团在运用网络技术推进服务青年成长、服务共青团事业的进程中，进入了一个新的发展阶段。“青年

之声”平台的运行机制为“三微一体”，即以PC端与移动端相结合，微博为运行平台、微信为配合平台、微邦为通信平台。基于青年需求，组建了成长、健康、创业、志愿、心理、国学、就业、维权、婚恋以及爱心传递服务的十大服务体系。致力于搭建共青团组织与青少年的网络沟通平台，实现线上与青少年的即时沟通交流；搭建青少年需求服务平台，最大限度解决青少年在成长成才过程中遇到的各种问题；搭建联系青少年的工作组织平台，创新原有组织方式，以网络“家”的概念凝聚联系不同领域、不同行业的青少年群体。

正像“青年之声”开通第一天，团中央书记处第一书记秦宜智在回答了第一位“青年之声”网友提问时所讲：“共青团中央开通的“青年之声”平台，一方面是团中央联系青年的新媒体网络桥梁，另一方面也是青年的社交互动平台。通过这一平台，我们将进一步拓宽为青年成长成才、创业就业服务的渠道。欢迎青年朋友们通过‘青年之声’，与我们保持密切联系，及时反映你们成长过程中遇到的新情况、新问题，我们将坚持虚功实做、难事长做，和全国青年朋友们一起努力，真正把共青团建设成为温暖的‘青年之家’”[①]。

随着“青年之声”在全国各地的分网站的相继开通，吸引全国青年网民的广泛关注。截至2015年8月31日，“青年之声”平台阅读量已突破4亿，问题留言总计9.1万条，共回答网友问题数量7286条[②]。

---

① 马云飞：《团中央书记处第一书记秦宜智答网友提问》，《中国青年网》［2015-04-02］，http：//qnzs.youth.cn/2015/0428/1155273.shtml

② 共青团中央办公厅编：《青年中‘沉默的声音’值得关注——‘青年之声’互动社交平台4000个样本分析报告》，《全团要讯》第14期（2015年7月17日）。

三、改革开放以来共青团培育青少年价值观的不足与反思

共青团在培育和践行社会主义价值观的历史进程特别是在火热的改革开放年代，继往开来，继承并创立了一系列成功经验，为新时期的社会主义精神文明建设作出了应有贡献。但这一过程并非一帆风顺，其间也暴露了曲折与隐忧。正确面对这些不足，是进一步做好青年思想凝聚工作，有效地担当起引领青年社会主义核心价值观重任的保证。

（一）培育和践行社会主义核心价值观的方式方法依然单一

1. 重说教轻引导

说教，即比喻生硬地、机械地空谈理论，或在实践中多表现为口号式、表面化的说服与教育，在特定条件下也是思想教育和理论教育的重要手段；引导，是指通过行为帮人走出困境，或是带着人向某个目标集体行动，通过行为的帮人走出困境。前者具有强制性或控制性，而后者具有非强制性或非控制性。对于不同青年群体采取不同的教育策略是当前思想教育基本要求，但对于具有强烈独立意识和价值差异的青年群体，选择引导策略已被证实是当下青年思想教育的有效方式与方法。一项调查显示①，在“党课团课、报告会、座谈会、研讨会、辩论会、班组学习讨论、交流谈心”哪种交流方式最受青年欢迎的问题中，认可党课团课的占12.96%；认可报告会的占16.57%；认可座谈会、研讨会的占20.53%；认可辩论会的

① 孙巍峰：《河南共青团“思想凝聚工作”专题调研报告》，河南共青团网［2012-12-03］，http：//www.hntszlg.org/html/201212/12/3/201212031013590.shtml

9.85%；认可班组学习讨论的占8.14%；认可交流谈心的占22.32%。总体可见，越是贴近青年与青年面对面的交流，在青年群众中越受欢迎。

也正因如此，全团曾大力推进以引领或引导为主要手段的青年思想凝聚活动，并为此创造性地提出了一系列分类指导或引导的工作方法，如通过开展趣味性强、内涵丰富的各类活动的方式，加强思想引导工作；通过新技术新媒体的运用，开展思想引领；通过增强政治参与、社会参与丰富青年的社会阅历；通过评价与激励机制的确立，有效引导规范青年的行为习惯，但在实际操作执行中仍难免流于说教或沦为说教。

之所以如此，原因如下：一是有的团组织和团干部习惯于“做报告”“发表重要讲话”的工作机制，例会、动员会、专题报告会、主题活动大会等会议形式是工作的主要载体，并由此形成固定的工作模式并养成了一定的官僚主义作风；二是有的团干部对理论的把握不够准确或对青年“吃”不准，因而无法激发青年探索问题的积极性，更无法回答来自青年的现实疑问，于是只能单纯的一般性地进行政策性说教；三是一些团干部对现实宣传方式方法和媒体技术的运用不熟练，无法和青年形成有效沟通。

2. 重疾风暴雨式突击轻和风细雨式潜移默化

疾风暴雨是在特定条件下所采取的带有突击性、集中性、全体性解决问题的方式方法，对于解决高、难、险、急、重等特点的任务具有一定效果，在中国的政治活动和生产活动中曾起到过重要的作用。由于共青团工作机制等原因，导致了共青团比任何社会组织更倾向于采取疾风暴雨工作模式：一是以重大政治、政策事件为中心的突击模式，如以党的代表大会及党的重大决策为契机的大型组织活动；二是以重大社会事件为中心的突击模式，如以汶川发生强烈地震而开展的组织救助活动；三是以重大节日为中心的突击模式，如以学雷锋纪念日、春节等大型节假日为节点而开展的学雷锋活动和送温暖活动。应当承认，这些活动方式对于广泛动员广大青年，积极投身社会变革，进而有效引领时代潮流，具有重要的工具性价值。然而在实践中，也会有意无意地衍生出一些不容忽视的行动后遗症：如为好大喜功而追求轰动效应，注重媒体宣传而忽视行动的落实；为应付检查和汇报，注重策划设计而忽视实际的执行（甚至有策划而无执行）；为急功近利，而注重行动的开始而忽略行动的持之以恒和善始善终，最终沦为流于形式的虎头蛇尾。事实证明，对一个以需要长期精神历练和行为养成为代价的价值观形成过程来讲，仅靠这种短时间的猛烈“轰炸”式的培育，显然是无益的，反而更易助长逆反心理，造成对引导工作的反感和厌恶。

与疾风暴雨式的“轰炸”式相比，和风细雨式的潜移默化更适合价值形成过程，对在独立性、自主性及多样性达到极限的当代新新人类的价值的形成来说，尤为如此。近些年来，共青团也创造出了许多方式方法，如通过开设校园文化节、艺术节，开办论坛，举行科技、文艺、体育活动，举办“青春诗会”“青年歌手大赛”“青年书法大赛”，打造“潮文化”等文化活动，实现融思想性、知识性和趣味性于一体，导人于无形的潜移默化功效，使青年在自己所喜爱的活动中受到思想的熏陶。然而调查发现，这些受青年欢迎的培育方式在实际运用当中，其教育效果并不十分理想，最终流于集市般的喧闹。其主要原因表现为适合群体有限（多集中在校园青年群体中）、活动周期长、整合要素多以及隐性操纵控制和引导难度大等方面。由此，如何运用潜移默化之力培育和造就社会主义核心价值观，任重而道远。

3. 重组织化培育轻社会化协作

共青团拥有8900多万团员、300多万个基层组织，根据民主集中制的组织原则，建立起来的从中央到地方直至基层的组织系统。这一系统的建立对于确保团结带领全国广大青年跟党走，为建设中国特色社会主义社会具有重要的战略意义。发挥各级团组织的组织作用，进而凝聚和引导青年，也是共青团培育和践行社会核心价值观的重要渠道，如近几年开展的青年志愿者活动、青年文明号活动、青年清朗网络活动等活动均是由团组织或团组织与政府部门联合发起并实施的大型实践和教育活动。

然而，社会主义核心价值观是一种源于生活但又高于生活的社会主义主流价值追求，既提炼了中华五千年悠久历史沉淀的优秀文化的精髓，又融汇了现代社会衍生发展的时代精神内核，其产生、发展、成熟的过程正是中国共产党带领广大人民群众在进行社会建设和改革的火热的生活实践中取得的，因此，回到现实生活世界中来，在实现真实的生活环境中探寻价值观的根源并汲取及营养，不失为推进社会主义核心价值观教育的一种重要路径①。正是在这一背景下，共青团组织的社会化并通过团组织的社会化广泛融入社会已成为组织发展趋势。尤其是如何采取社会化大协作的方式、走社会协作的道路，将社会主义核心价值观培育和践行渗透至社会各个领域，是当前各级共青团组织面临的重要课题。

虽然近些年，各级共青团组织开始尝试运用社会化协作的策略，培育和践行社会主义核心价值观，并创造了一些成功优秀案例，但因受共青团自身资源的有限性、自身工作的浮躁性影响，依然难以全面实现融入广大青年特别是基层青年，以及社会各阶层、各团体组织。据某省共青团工作开展类型调查来看，地市级以上团委运用社会协作手段开展活动的比例低于30%；地市级以下团的组织机构运用社会协作方式开展活动的比例低于15%②。而其中即便一些团组织虽有社会协作动作，但也多限于与政府部门间的协作，对于共青团——社会团体、共青团——民间自组织等模式的协作可谓凤毛麟角。

① 冯留建：《社会主义核心价值观培育的路径探析》，《北京师范大学学报（社会科学版）》2013第2期。

② 孙巍峰：《河南共青团“思想凝聚工作”专题调研报告》，河南共青团［2012-12-03］，http：//www.hntszlg.org/html/201212/12/3/201212031013590.shtml

（二）正视核心价值观培育和践行过程的关系失衡问题

1. 团的中心工作与价值观教育的关系失衡

坚持中心工作与意识形态工作两手抓，这是中国共产党带领人民取得巨大成就的一条重要经验。2013年8月，习近平在全国宣传思想工作会议上发表重要讲话指出，经济建设是党的中心工作，意识形态工作是党的一项极端重要的工作。习总书记深刻阐明了党的中心工作和意识形态工作的定位和关系，为统筹做好党的各项工作提供了重要的遵循。毋庸置疑，作为以党的助手为己任的共青团组织，始终牢记宗旨与使命，为团结和带领广大青年紧紧围绕党的中心工作，做出了卓越的成就。为确保包括中心工作等相关工作在内的工作任务的完成，各级团组织非常注重对全局工作的顶层设计和统筹安排，且根据各自实际情况创造出了具有足够冲击性的工作框架，其中以“核心”“统揽”“纲要”“指导思想”“基本原则”“主要目标”“×位×体”“×轮驱动”“××模式”等辞藻充斥其中，工作安排之周密由此可见一斑。

然而在这炫目光耀规划的背后，仍暴露出一些不容忽视的问题。一些团组织和团干部特别是基层团组织，由于兼职过多、事务繁杂，在实际工作中依然会迷失方向。要么只埋头中心工作，整日忙于事务，要么只顾宣传教育工作，顾此失彼、缺乏均衡发展理念，结果导致思想教育工作忽冷忽热、忽弱忽强，极大地削弱了思想教育工作本身的公信力和严肃性。

2. 核心价值观教育与尊重青年主体地位的关系失衡

在核心价值观引导的过程中，理所当然青年是主体。然而，在以往的实践中青年的主体地位常常被淡化甚至遗忘。引导工作中的居高临下、颐指气使，引导工作中的动辄指责、单向苛求，引导工作中的拔苗助长、越组代庖，无不出自对青年主体地位缺乏尊重。价值观教育与尊重青年主体地位的关系失衡，目前表现最为集中的是价值观教育同尊重青年合法权利的关系失衡；价值观教育同尊重青年人格的关系失衡；价值观教育同尊重青年原有价值存在的关系失衡[①]。

培育和践行社会主义核心价值观，并非排斥个人的合法权利，而是要在维护个人合法权利的基础上，引导青年将个体的自我利益与整体的人民利益相结合，将个人的前途命运与国家和民族的前途命运紧密相连，弘扬的是融自我价值于社会价值之中，最生动的信条是“人人为我，我为人人。”离开对个人合法权利的尊重，离开对青年成长发展过程中切身利益的关心和维护，不作分析地宣扬无我、忘我甚至亡我，结果只能增添青年对引导工作的疏远、反感和厌恶。

培育和践行社会主义核心价值观，一定要建立在尊重青年人格之上。青年人正处于自我意识不断强化时期，有很强的自尊心和自信心，最怕别人低看自己，最不高兴被别人说不行。这种自尊的心理，在当今崇尚自我、张扬个性的新生代中更加明显，他们对伤害人格尊严的人和事更为敏感，特别反感。因此引导工作要十分注意信任和尊重：要用心发现他们身上健康向上的积极因素，充分肯定，强固放大，多加勉励、激励、鼓励，助其扬长避短，强长抑短。即使是必要的批评和警示，也要使其感受到温情的关心和信任，促其自我修正；切忌冷漠寡情的指责和“攻其一点，不计其余”的苛求；要采取循循善诱的方式，启发他们通过自己的思考，把外在的规范和要求内化为自己的思想和信念，切忌人为的拔高和命令式的强制。

在现实社会中，作为特定主体的青年，其性格、品质、精神状态以及生活的环境具有多样性和差异性，他们怀有各不相同的诉求和需要、受

① 刘国新：《价值差异与社会主义核心价值观构建》，《中共南昌市委党校学报》2015年第6期。

到各种历史文化宗教背影的影响，基于这种主体在政治、经济、文化、宗教、习俗等方面的多元化需求，自然就产生多样化的价值存在，而这种多样化的价值存在是一个根植于民间的自下而上的生成过程。与此对应的是社会主义核心价值观，则具有一定的自上而下的规定性的特点，是站在国家治理层面而向广大民众提出的一种思想要求，具有高度统一性和规定性。当这种高度统一的价值要求遭遇具有不同价值存在的青年，难免引起价值冲突。因此，在培育和践行社会主义核心价值观过程中，正视并尊重青年个体间的价值差异，关注广大青年群众的现实需求，努力向他们的切身利益靠拢，是夯实和巩固社会主义核心价值观的社会根基和群众基础重要保障。

（三）价值观教育的辐射力度呈现递减趋势

由于组织覆盖的减弱、青年群体社会离散度加大等原因，共青团培育和践行青年社会主义核心价值观的辐射力度随青年的社会层级下移而呈递减态势。基层团组织特别是农村基层团组织整体薄弱的状况目前还没有得到根本性改变，大多数只是在形式上存在，开展活动较少，团组织与农村青年发生联系的频次低，实际作用发挥有限①。2012年团中央对东、中、西、东北部地区7个县团组织和青年状况进行深入的全样本调查显示，7个县的2846个村团支部上半年平均开展活动2.2次，平均每次活动只覆盖13人。在某省的一份针对团干开展思想引领工作的调查报告中显示，在“分类引导青年工作哪类群体工作难度最大”的问题中：选国有企业青年的有38人，占7.38%；非公企业青年的有104人，占19.93%；农村青年的有111人，占21.40%；大学生群体的有96人，占18.45%；外出务工青年群体的有

① 《陆昊在“大团委”建设工作电视电话会议上的讲话》，中国青年网［2012-10-16］，http：//renwu.youth.cn/dtw/ttjd/201210/t20121026_2553774.htm

171人，占32.9%。

另据相关调查显示，一些非公企业建团仍存在空白，乡镇、村级团组织吸引力凝聚力较差，基层团干兼职过多、村级团组织空壳化严重，仅有19%的青年认为团组织的作用较大，反映出来自基层青年村级团组织的声音正在减弱甚至消失，共青团基层组织的引领作用正面临严重考验。

之所以产生上述结果，既有经济社会变革带来的青年聚集方式的改变，以及团组织建设覆盖力度锐减等原因，还和在核心价值观培育中的创新性不足、团干责任意识和使命意识缺乏等内在因素有关。

（四）对特殊地区青年的价值干预缺乏有效应对

这里的特殊地区青年，是指虽同属中华人民共和国，但因法律、民族和行政体制的划分而形成的享有特殊公民政策的青年，如港澳台地区、少数民族地区等属地的青年。

按照中华人民共和国相关法律和政策规定，属于这一地区的青年享有充分的自主权和自治权，国家应尊重他们的信仰选择。但随着全球一体化时代的到来，区域间的文化交往、意识形态领域的相互渗透与相互影响已成不可阻挡之势，尤其在中华人民共和国同一片蓝天下，占据主导地位的核心价值观理应覆盖到特殊区域的亚文化和次级价值观上。

回顾这些地区的社会意识形态的发展史，总体上是独立而平稳的，但2013年酝酿兴起的香港“占中”行动，的确给我国核心价值观的建设提出了严峻挑战。如何处理弘扬中国核心价值观与尊重本地价值选择的关系，应成为新时期国家发展战略的重要部分。有关资料显示，参与“占中”这类活动的组织者、骨干有低龄化趋势，他们当中绝大多数是青年人，其中不少是在校青年学生，且在骚乱中充当打头阵的角色。而导致这一行为的直接原因是本地在政治、经济、文化方面的独立诉求，也就是人们称之为

"港独"，而其背后的深层根源则是回归祖国以来，对自我身份认同的危机以及对国家核心价值的背离[①]。面对这严峻的政治形势，共青团需要回答两个问题，一是能否有所作为，二是怎样作为。

对于第一个问题的回答，应该是肯定的。因为无论从全球一体化下的文化的交流互动角度看，还是从人类个体间的意识互动来看，对一个区域实施意识形态上的干预或影响是无时不在的；从信息的交互影响看，一个区域的社会是否稳定已不单是其自身的问题，还会波及其他地区甚至全社会的发展与稳定，因此对一个危险地区的价值干预也是必要的。

对于第二个问题的回答，则需要反思以往的做法。事实上，在香港回归祖国的初期，内地与香港在文化等意识形态领域的交流是丰富多彩的，但多限于浅层次的交流与沟通，加之一段时期蜂拥而至的内地游客给香港带来的压力，使得中国意识对香港的植入并不成功，反而带来了对内地的逆反。因此，站在整个中华民族复兴的角度，如何吸取教训，探索更有效的方式方法，将核心价值观的建设延伸到祖国各个角落，是值得以青年为工作对象的共青团积极思考并勇于担当的现实课题。

① 《记者吴薇对香港前民政事务局局长何志平的专访》，《环球时报》2015年1月22日军事版。

第四章
少先队的探索与思考

□ 陈卫东

中共十八大以来，培育和践行社会主义核心价值观成为新时代精神文明建设的主题。如何在全体国民中，特别是广大青年和少年儿童中行之有效地倡导和践行社会主义核心价值观也成为新的时代课题。中国少年先锋队是中国共产党领导下的最广泛的少年儿童群众组织，是我国广大少年儿童学习共产主义的学校，是建设社会主义和共产主义的预备队。新中国成立以来，在党的领导和共青团的带领下，少先队组织不断发展壮大，成为一代又一代少年儿童健康成长的摇篮，在培养和造就合格的社会主义事业建设者和接班人的教育实践中发挥着十分重要的作用，形成了一系列行之有效的教育方式方法，积累了引导少年儿童健康成长的丰富经验。总结这些历史经验，对当前及今后更加有效地在少年儿童中培育和践行社会主义核心价值观是有益的参考和启示。

一、少先队组织是中国少年儿童运动的产物

少先队是五四运动以来中国共产党领导下的中国少年儿童运动的产物，有着光荣传统和悠久历史。少先队的历史发展脉络与中国共产党领导全国各族人民开展中国革命和建设事业的伟大历史进程是一致的。无论是革命年代，还是建设时期，在儿童的教育和保护方面，少先队都发挥了十分重要的作用。

少先队的早期形态是中共领导下的革命儿童组织。1922年，在党领导下的安源路矿工人罢工中诞生了中国最早的革命儿童组织——安源儿童团。儿童团的主要任务是，在罢工斗争中，带领团员们做力所能及的事情，在实际活动中锻炼成长。儿童团组织在罢工斗争中不断壮大和发展。在1925年的五卅运动中诞生了上海劳动童子团。劳动童子团的团员们一面积极参加游行示威，一面上街募捐，支援工人的罢工斗争。在1926年的省港工人运动中，很多工会组织都建立了劳动童子团。建立革命儿童组织成为党领导中国革命的一个重要方面。“这一个组织形式（童子团），是扩大在童工中共产主义教育与组织童工参加斗争的最好办法，青年团应当严重注意在全国各地普遍地发展与建立。”（中共中央政治局给团中央的信）

大革命时期（1924—1927年）国共合作掀起了中国革命的高潮，中国的工农革命运动得到了蓬勃发展，儿童运动和革命儿童组织也得到快速发展。1926年7月，共青团中央召开了三届三次会议，通过了历史上最早的儿童运动纲领性文件——《儿童运动决议案》。决议指出，教育正在成长的青年男女儿童，养成他们勇敢牺牲的精神和团体生活习惯，经过他们

去影响现代社会的生活，训练他们成为将来继续斗争的战士，是共产主义青年团极重要的使命。儿童运动对象有如下三种：（1）工厂童工和工人子弟；（2）乡村农民子弟；（3）小学学生及街市贫苦儿童。[①]本次会议后不久，团中央正式公布了《劳动童子团简章》。该章程规定，本团以养成劳动儿童团体生活的习惯、勇敢牺牲的精神替劳动阶级服务为宗旨。这个章程不仅指导了当时的儿童运动，也对以后的革命儿童组织乃至现在的《中国少年先锋队章程》的制定都产生了一定的影响。大革命失败后，革命儿童组织也遭到了破坏，儿童运动也陷入了低潮。

土地革命时期（1927—1937年）中国共产党走上了独立领导武装革命的道路。随着革命根据地的建立和苏区政权的巩固，少年儿童运动也得到了迅速发展。在中央苏区及大多数根据地，建立起了统一名称的共产主义儿童团，也称作共产儿童团。到1930年，各苏区共产儿童团团员总数已达70万人。儿童团的性质也更加明确。1934年，毛泽东同志在中华苏维埃共和国中央执行委员会与人民委员会第二次全国苏维埃代表大会的报告中指出："苏区很多地方的儿童们，现在是用了大部分时间受教育，做游艺，只小部分时间参加家庭的劳动，这同国民党时代恰好相反了。儿童们同时又组织在红色儿童团之内，这种儿童团同样是儿童们学习共产主义的学校。"

这一时期，共青团非常注意总结儿童团的教育经验，不断改进教育引导的方式方法。共青团第五次全国代表大会通过的《儿童运动工作决议案》指出："我们应采用各种体育式的、游艺式的组织，把他们组织起来，用合乎儿童兴趣的各种方法教育他们的阶级意识。""我们在儿童运动中须以积极启发式的、合于儿童心理的各种方法教育儿童群众，施以共

① 中国新民主主义青年团中央委员会办公厅编：《中国青年运动历史资料（1926—1927）》第3集，内部资料1957年，第216—217页。

产主义的教育，灌输浅近的政治常识，打破一切旧礼教的习惯，训练儿童的活动能力，养成儿童有团体生活之观念和习惯。”①

抗日战争时期（1937—1945年），在中国共产党倡导的抗日民族统一战线旗帜下，广大少年儿童积极地投入到了抗日救国的历史洪流中。在中国共产党领导的敌后抗日根据地，建立了抗日儿童团组织。据统计在当时的陕甘宁边区有7万多儿童团员，华北、西北抗日根据地的儿童团员有60多万。儿童团员在抗战服务和文化宣传以及组织群众上夜校，领导儿童课外活动等方面都发挥了积极作用。党对儿童和儿童组织寄予了非常高的期望。毛泽东在1938年为《边区儿童》题词时指出：“儿童们团结起来，学习做一个自由解放的中国国民，学习从日本帝国主义压迫下争取自由解放的方法，把自己变成新时代的主人翁。”②

在当时青年团组织的领导下，抗日儿童团组织制定了《抗日儿童团章程》。该章程非常重视对儿童进行信条教育，即在儿童中开展“五要五不要”教育：要服从组织，要忠实团结，要坚决勇敢，要艰苦工作，要努力学习；不要自私自利，不要互相打骂，不要胆小害怕，不要说空话假话，不要自高自大。

解放战争时期（1946—1949年）的儿童组织是在抗日儿童团的基础上发展起来的。当时仍然没有全国性的统一的领导系统和组织名称。有的地区叫做儿童团，有的叫少年先锋队但都是在当地青年团组织的领导下活动。在中国共产党的坚强领导下，广大解放区的儿童也积极加入到解放全中国的战斗中。这一时期非常重视对儿童进行军事教育。1946年11月，陕北边区青联在《给中小学生的一封紧急信》中指出：“各完小、民小、中

① 共青团中央青运史档案馆编、胡献忠主编：《中国共青团历次全国代表大会概览》，中国青年出版社2012年版，第159、160页。

② 共青团中央、中共中央文献研究室编：《毛泽东邓小平江泽民论青少年和青少年工作》，中央文献出版社、中国青年出版社2000年版，第28页。

学可以分别组织儿童团、少先队或其他军事训练组织，进行军事教育，开展军事活动。”儿童团也为解放战争的胜利做出了应有的贡献。

随着解放战争的胜利和新中国的建立，我国进入到社会主义改造时期（1949—1957年）。新中国的建立宣告了中国人民完全站起来了，中国广大少年儿童的命运也发生了根本变革。在中国共产党的领导和关怀下，中国少年儿童有了自己统一的组织。1949年1月，中共中央颁布了《关于建立中国新民主主义青年团的决议》。决议把建立新中国的少年儿童组织列为团的四项任务之一：“领导少年与儿童工作，吸收7岁到12岁的儿童参加儿童团，吸收13岁到17岁的少年参加少年先锋队，较小的农村则合组为少年儿童团。”[①]同年10月13日，中国新民主主义青年团中央正式颁布了《关于建立中国少年儿童队的决议》。这标志着全国少先队组织的正式诞生。这一天也成为少先队建队纪念日。此决议指出，中国少年儿童队是在中国新民主主义青年团领导下的少年儿童组织，吸收9岁到15岁的少年儿童参加。这个组织是在学习和各种集体活动中，团结和教育少年儿童，培养他们成为爱祖国、爱人民、爱劳动、爱科学和爱护公共财物的新中国的优秀儿女。

1953年6月，中国新民主主义青年团第二次全国代表大会举行。为了更确切地反映中国少年儿童队的性质、任务和适应少年儿童们的愿望，大会一致通过把中国少年儿童队改名为中国少年先锋队。同年8月，团中央颁布了《关于“中国少年儿童队”改名为“中国少年先锋队”的说明》。该文件指出，“先锋”这一富有教育意义的称号加之于少年儿童组织，主要是教育少年儿童学习先锋们的榜样，继承他们的事业，沿着党为我们开辟的道路勇敢前进。

① 团中央青运史研究室、中央档案馆编：《中共中央青年运动文件选编》，中国青年出版社1988年版，第710页。

综上所述，历史充分表明，少先队组织是中国共产党缔造和领导下的具有广泛群众基础的少年儿童组织，教育培养和思想引领是少先队最重要的使命，而少先队的教育和思想引导始终围绕不同时期党的中心任务，给少年儿童以初步的共产主义意识启蒙，养成良好的集体主义纪律意识和集体生活习惯。这种教育引导也可以看成是对少年儿童进行主流思想和主流价值的教育，主要是通过少先队的活动和组织教育来进行的。

二、新中国成立以来少先队的重大教育实践活动

随着新中国的建立，广大少年儿童有了自己的统一组织——中国少年先锋队。新中国成立以来，少先队在党的亲切关怀和共青团的直接领导下，紧紧围绕党和国家的工作大局，根据少年儿童的身心特点，在不同时期开展了一系列有代表性的教育实践活动。这些教育实践活动富有时代特点，是帮助少年儿童树立理想信念，进行思想政治教育的主要形式。这些教育活动无疑都对不同时代少年儿童的成长产生了重大影响。近年来随着改革开放事业的不断推进，我国经济的快速发展和教育改革的不断深化，少先队的教育实践活动更是与时俱进，不断推陈出新，创造性地推出了多种主题教育实践活动。

（一）新中国成立初期的“小五年计划”教育实践活动

1950年4月，第一次全国少年儿童工作干部大会召开，明确了少年儿童队的任务是广泛团结教育新的一代，开展社会服务工作，是他们成为具有正确思想意识与革命气质、具有文化科学基础知识和健康的体魄的新社会未来的主人和新中国的优秀儿女。

1953年6月，中国少年儿童队正式改名为中国少年先锋队。同年11

月，第二次全国少年儿童工作会议召开。会议提出了要探讨儿童教育的正确原则，要注意培养少年儿童具有独立性、主动性和积极性的好品质，使他们不盲从、不依赖，在任何困难情况下都乐观向上。

1955年3月，第三次全国少年儿童工作会议提出了进一步活跃和丰富少年儿童的课余活动，开展种植活动和社会公益劳动及科学技术、文艺和军事体育等活动的要求。同年，江苏省宜兴县等地少先队提出了开展“小五年计划”活动的倡议，得到了全国响应。

1955年11月，团中央、教育部发出了《关于支持全国少年儿童开展“小五年计划”活动的联合指示》，号召全国9周岁以上的小朋友都参加这项活动。该文件指出：“通过这一活动，我们可以培养少年儿童的爱国主义思想、社会主义劳动观点，并且可以使他们在劳动中学到实际的生产知识和技能，同时还将为祖国增加一些财富。”

“小五年计划”活动的主要内容包括：栽培植物（如种向日葵、蓖麻、植树、采集树种等）；饲养动物（如养鸡、养鸭等）；帮助农业生产合作社和家庭做事情（如拣粮食、积肥、捕捉害虫、推广新品种等）；帮助学校制作简单的教学实验用品（如采集标本、制造模型、仪器等）；绿化环境（如在村前村后、河边、路旁、住宅和学校周围种树、栽花等）；做小先生扫除文盲（如教爸爸妈妈和左邻右舍识字，给识字班读报等）。

这些活动之所以取名叫“小五年计划”，因为它反映了少年儿童帮助实现第一个五年计划的美好心愿，使少年儿童的公益劳动和第一个五年计划联系起来，对少年儿童有很大的号召力和鼓动力量，同时也可以让他们体验和学习制订计划和执行计划。

在各级共青团组织和教育部门的组织领导下，全国“小五年计划”活动开展得有声有色、生动活泼。少先队员们收集废金属、种植油料等支援社会主义建设，如浙江省于潜县武山小学的少先队员们自采树种，建立

“少年苗圃”；吉林省榆树县十二区中心小学的少先队员们捕捉了1700多只老鼠；河北省少先队修筑了“红领巾水库”；黑龙江省少先队员为国家建造了一个“少先队拖拉机站”。

“小五年计划”活动是少先队在全国范围内开展的第一次大型主题教育实践活动，不仅取得了一定的物质成果，更重要的是培养了少先队员热爱祖国、关心社会主义建设、努力实践的好思想和好作风。

（二）20世纪60年代广泛开展全国少年儿童学雷锋活动

雷锋是新中国成立后，涌现出来的众多模范代表人物之一，在中国可谓是家喻户晓，童叟皆知。1940年，雷锋出生于湖南的一个贫苦农民家庭，7岁就成了孤儿。解放后，在人民政府的关心和帮助下，雷锋被送到了当地小学读书。小学期间，他参加了儿童团，并担任了儿童团团长。17岁时加入中国新民主主义青年团。1960年，他参加了解放军，多次立功受奖，被评为“模范共青团员”和“节约标兵”。他还被聘为部队所在地辽宁省抚顺市建设街小学、本溪路小学少先队校外辅导员。雷锋经常利用业余时间组织少先队员活动，讲革命故事，带队员们唱歌、跳舞、做操。1962年，雷锋被评为抚顺市优秀校外辅导员。不幸的是，同年8月，雷锋在一次意外事故中以身殉职。雷锋的事迹引起了广泛的社会关注。

1963年2月，共青团中央发出了《关于在全国青少年中广泛开展“学习雷锋”教育活动的通知》。稍后，团中央又作出了《关于追认雷锋同志为全国优秀辅导员的决定》。团中央在该文件中高度赞扬了雷锋在担任少先队辅导员工作中不辞辛劳、勤勤恳恳的政治热情和对共产主义事业的责任感。高度评价了他坚持以共产主义精神教育少年儿童，在队员心中播下革命的种子；处处以身作则，以无产阶级的思想作风影响少年儿童成长；热爱少年儿童，循循善诱，耐心细致地帮助他们进步的优秀品质。

1963年3月5日，毛泽东亲笔题词“向雷锋同志学习”公开发表。一场轰轰烈烈的“向雷锋同志学习”的活动在全国开展起来。广大少年儿童也深度参与到学雷锋的活动中，通过多种形式学习雷锋的精神。他们听雷锋的故事，读雷锋的日记，看雷锋的电影，朗诵歌颂雷锋的诗歌，与雷锋班通信，举行学习雷锋的主题队会等等。

1963年4月，共青团中央转发了抚顺市团委《关于在少年儿童中开展“学习雷锋，做革命事业接班人”活动的初步总结》，要求各地参照这些经验，把学习雷锋活动广泛深入地开展起来，并要求广大少先队员在活动要努力做到思想像雷锋，行为像雷锋，学习像雷锋，在校有服务岗，在家有劳动岗，在社会上有利民岗，学习和发扬雷锋助人为乐的共产主义精神。此后，学雷锋活动在少年儿童中得到了普遍深入持久地开展。学雷锋活动也成为了一种传统，一直坚持到现在。

学习雷锋教育实践活动，开展范围之广，持续时间之长，在青少年思想道德教育领域是非常难得一见的，对几代少先队员的成长产生了深远影响。至今，团队组织仍然在坚持开展学雷锋活动。

（三）改革开放初期开展“我们爱科学”与“创造杯”教育实践活动

“文化大革命”期间，少先队组织被“红小兵”代替。1978年12月，中共十一届三中全会的召开，标志着“文化大革命”的彻底结束和社会主义建设新时期的开始。在十一届三中全会召开之前，青少年的教育工作就受到了党和国家的高度重视，实现了拨乱反正，少先队组织也得到了恢复和发展，少先队的教育实践活动又重新焕发了生机。

1978年4月，邓小平在全国教育工作会议上指出：“革命的理想，共产主义的品德，要从小培养。我们党的教育事业历来有这样的优良传统。革命战争年代，儿童团员、共青团员创造了可歌可泣的英雄事迹。全国解放以后，我们的教育工作，我们的青年团、少先队的工作，发扬光大了过去的优良传统。在很长一段时间里，广大青少年好好学习，天天向上，爱祖国、爱人民、爱劳动、爱科学、爱护公共财物，英勇机智地同敌人、坏分子作斗争，树立了一代新风。学校风气的革命化促进了社会风气的革命化。这种风气不仅是中国历史上从来没有过的，而且受到了世界人民的赞誉。我们希望从事教育工作的同志，各个有关部门的同志，整个社会的家家户户，都来关心青少年思想政治的进步，把被‘四人帮’破坏了的优良传统恢复和发扬起来。……我们要大力在青少年中提倡勤奋学习、遵守纪律、热爱劳动、助人为乐、艰苦奋斗、英勇对敌的革命风尚，把青少年培养成为忠于马克思列宁主义毛泽东思想的优秀人才，将来走上工作岗位，成为有很高政治责任心和集体主义精神，有坚定革命思想和实事求是、群众路线的工作作风，严守纪律，专心致志地为人民积极工作的劳动者。”①

会后，各级各类学校的教育教学工作逐步恢复了正常秩序。1978年10月，经党中央批准，共青团十届一中全会做出了恢复中国少年先锋队名称的决定。同期，第六次全国少先队工作会议确定了新时期少先队工作坚持德、智、体、美全面发展的方针，贯彻“五爱”教育，把全体少年儿童组织起来，把少先队工作活跃起来，为把少年儿童培养成为献身人民、热爱科学、具有民主精神和健壮体魄的新一代，造就一支朝气蓬勃的四化建设预备队。会议还明确要求，少先队要引导少年儿童爱科学、学科学、用科学，培养民主精神，让少年儿童做自己组织的主人等重点任务。

1979年，江苏省常州市等地少先队组织在全国科学大会精神的鼓舞下，发出开展“我们爱科学”教育实践活动倡议，得到了全国少先队员的积极响应。随后，少先队组织在全体少年儿童中，开展了读一本科技书，

① 《邓小平文选》第2卷，人民出版社1994年版，第105—106页。

讲或听一个科学故事，做一项科学小实验，制作一件科技小作品，做一项科学小实验，制作一件科技小作品，用科学解释一种自然现象，了解一门科学发展前景等实践教育活动，在少年儿童中形成了爱科学、学科学的良好风气。

随着新时期社会主义建设事业的发展和改革开放的不断深入，20世纪80年代，邓小平提出了教育要面向现代化、面向世界、面向未来，培养青少年成为“有理想、有道德、有文化、有纪律”的四有新人的总体要求。1981年1月，中共中央在2号文件中指出：要加强各级各类学校的政治教育、形势教育、思想教育和人生观教育、道德教育；要大力加强共青团、少先队工作和学生会工作；要努力使我们的青少年成为有理想、有道德、有知识、有体力的人，立志为人民做贡献，为祖国做贡献，为人类做贡献，从小养成守纪律、讲礼貌、维护公共利益的良好习惯。

少先队根据这些精神和指示，把培养适应21世纪需要的具有创造性的新一代作为重要目标。1984年7月，少先队队员及辅导员代表大会召开。邓颖超代表党中央在会上作了《未来需要你们去创造》的讲话，明确提出了少先队要树立创造的志向，培养创造才干，开展创造性的活动。此次会议结束后，少先队组织开展了“创造杯”主题竞赛活动。全国各地的少先队员走访创业者，设计队活动，开展了“小主人在行动”“四有小金星”“小骏马在腾飞”“小主人的小目标”等活动，对培养少年儿童树立创新意识，锻炼创新能力起到积极的促进作用。“创造杯”活动突出了时代性，具有时代内容，体现了时代精神，为少年儿童的思想教育提供了广阔的课堂和丰富的素材；突出了实践性，让少年儿童既动手又动脑，身体力行，积极参加校内外的各种实践活动；突出了自主性，尊重和信任了队员，少先队员成为活动的主人；极大地激发了少先队组织的活力。

（四）20世纪80年代末和90年代初开展学习少年英雄赖宁活动

1989年春夏之交的六四风波，让全党上下和社会各界对青少年的教育进行了深刻的反思。邓小平指出，十年最大的失误是教育。这个失误是指政治思想教育的失误，政治思想教育阵地无产阶级不占领，资产阶级就会去占领。因此，应进一步深化“四有新人”教育，加强青少年的思想政治教育工作，让共产主义信念，社会主义理想和爱国主义精神从小在少年儿童心中扎根，有了这个牢固的基础，才对资本主义腐朽的东西有免疫力。

1989年10月12日，在少先队建队40周年前夕，江泽民在中南海怀仁堂接见了首届全国十佳少先队员和少先队工作者。江泽民在会见中指出，我国有一亿三千万少先队员，这在全世界是独有的。谈到十佳少先队员的事迹时，他说，我们在战争年代有在火热的斗争考验中涌现出来的少年英雄刘胡兰，毛主席为她题词“生的伟大，死的光荣。”和平时期，同样也有考验。赖宁就是经受了考验的一位少年英雄，值得我们所有人很好地学习。如果所有的少年儿童都做社会主义事业的接班人，都能像赖宁那样有坚强的毅力，见义勇为，对社会主义那样热爱，对人民那样热爱，我国的国家是不可战胜的。

随后，他又致信全国少先队员和少先队工作者。他在信中说，今天的少年儿童将要担负起21世纪建设社会主义祖国的重任，培养接班人必须从小抓起。少先队的工作正是塑造未来建设者的工作，为了中国光明的未来，对少先队工作，不仅共青团和教育系统应该管，全党都应该管，全社会都应该管，要为少先队创造条件，解决困难，让少先队组织发挥好团结、教育、引导广大少年儿童的作用。希望少先队按照党对下一代的要求，坚持不懈地对广大少年儿童进行基础的共产主义教育。希望全国的少先队员们像赖宁学习，向先进看齐，树立革命理想，培养高尚道德，学好文化科学知识，锻炼强健体魄，按照邓小平同志的教导，成为有理想、有道德、有文化、有纪律的无产阶级革命事业的接班人。

在此背景下，1989年11月，全国少工委一届七次全委扩大会议专门研究了学赖宁活动。会议要求“全队动员，学习赖宁”，在学习活动中“把握好榜样的时代特征”，做到学英雄见行动，像当年学雷锋那样学赖宁。会议通过了《关于广泛开展学习赖宁活动的决议》。会后，学赖宁活动在全国轰轰烈烈地开展起来，不少省、自治区和直辖市的政府将学赖宁活动纳入本地精神文明建设规划。

在1990年召开的全国少代会上，学习赖宁得到了进一步强调和深化。江泽民在会上发表《向赖宁学习，做社会主义事业接班人》祝词，指出，赖宁是新的历史时期在党和人民培育下成长起来的优秀少年。他短暂而又光辉的生命体现了当代少年儿童的发展方向，他的事迹深刻地反映了当代少年儿童朝气蓬勃、奋发向上的精神风貌。赖宁是雷锋精神的延续和发扬。赖宁用实际行动实践了“人民利益高于一切”的行为准则，为全国少年儿童树立了学习的榜样。党和国家希望全国少年儿童进一步向赖宁学习，向赖宁那样热爱祖国，热爱人民，热爱劳动，热爱科学，热爱社会主义。江泽民同志在祝词中提出了四条具体希望：第一，要树立崇高理想和远大志向；第二，要培养优良的道德品质；第三，要学好文化科学知识；第四，要锻炼强健的体魄和良好的心理素质。

学赖宁活动对少年儿童的影响深远。据统计，至少有100万中学少先队员，2000万小学少先队员参加了《中国少年报》组织的学赖宁竞赛。在学赖宁活动中，有1万名队员获得全国学赖宁奖章，3000名辅导员被评为学赖宁优秀辅导员，100个县以上队组织被评为先进集体。

（五）跨世纪中国少年雏鹰行动

1992年邓小平南方谈话发表及中共十四大召开后，中国改革开放掀起一轮新热潮。全国少工委根据新时期我国青少年教育的总体要求和目标，以及团中央十三届二中全会提出的《在建立社会主义市场经济体制进程中我国青年工作战略发展规划》的总要求，结合新时代少年儿童的特点和现状，在1993年10月推出了“跨世纪中国少年雏鹰行动”，并下发了相关文件。该文件指出，生存和发展是当代少年儿童教育的一个重要主题；实行开放教育，是现代教育的重要特征；加强实践锻炼，是现代教育的重要环节；提高少年儿童整体素质，是现代教育的根本目标。“雏鹰行动”是“跨世纪青年人才工程”的重要组成部分，是少先队落实《中国教育改革发展纲要》的重要举措，是劳动实践活动的深化和拓展，是深入进行爱国主义、集体主义、社会主义教育的重要途径。“雏鹰行动”以实践活动为基本途径，以培养少年儿童的生存与发展意识的技能训练为基本内容，以技能系列奖章为主要激励措施，其宗旨和目标是引导和帮助广大少年儿童学会生存，自理自律；学会服务，乐于助人；学会创造，追求真知，提高全面素质，为成长为我国21世纪建设的生力军打下良好基础。

“雏鹰行动”的基本内容包括两个方面：

一是培养健康向上的人格意识。包括：振兴中华的爱国意识，即具有对祖国悠久历史的自豪感，对祖国壮丽山河的热爱感，对祖国辉煌未来的信心感，树立为建设家乡，富强祖国，振兴中华而奋发成才的志向；自律自强的生存意识，即独立思考的习惯，自信进取的心理，勇敢顽强的意志，遵守社会规范的自觉意识；团结协作的群体意识，即具有对社会对集体对他人的责任心，尊重他人，善于合作相处，富于友爱和同情心，乐于助人；追求真知的创造意识，即具有浓厚的学习兴趣，热爱科学，勤于观察，善于思考，敢于提出问题，勇于探索和实践。

二是学习初步的生存与发展技能。包括：生活技能，即少年儿童在自理自护等方面所应知应会的知识能力；劳动技能，即少年儿童应学会一定的劳动知识和从事力所能及的劳动的能力，诸如公益劳动、家务劳动、生产劳动的知识与能力；服务技能，即少先队组织少年儿童从事志愿服务所具有的能力，其能力依服务他人、服务社会、服务集体的要求进行培养；创造技能，即少年儿童在学习和实践活动中追求真知，学习创造的能力，包括科技制作、小发明、小创造和文化艺术等方面的技能。

“雏鹰行动”开展的实践教育活动主要有四项：（1）以科技和创造为主要内容的“启明星科技活动”，（2）以生存教育为主要内容的“五自（自学、自理、自护、自强、自律）学习实践活动”，（3）以团结互助为主要内容的“手拉手互助活动”；（4）以文化艺术为主要内容的“百花园文化艺术活动”。

为配合各项教育实践活动的开展，“雏鹰行动”专门设立了“雏鹰行动”奖章，健全激励机制，建立既有少先队特点，又与教育行政部门有关规定相衔接的奖励体系，与中小学素质教育很好地融合。

1994年1月，团中央下发了《关于印发全国少工委〈跨世纪中国少年雏鹰行动〉的通知》，正式在全国范围内开展“雏鹰行动”，作为少先队适应新时期教育工作需求，进一步加强少先队工作的重要突破口。此后，“雏鹰行动”在全国蓬勃开展起来，而且不断深化，积累了在新的时代条件下开展少先队教育的鲜活经验，取得了众多教育成果。

1994年5月24日，江泽民为“跨世纪中国少年雏鹰行动”题词：“自学、自理、自护、自强、自律，做社会主义事业合格建设者和接班人”。党和国家领导的关心和期望，进一步推动了“雏鹰行动”的深入发展。至今，“雏鹰行动”仍在少先队中广泛开展。

（六）“新世纪我能行”体验教育教育活动

2000年6月1日，在少先队第四次全国代表大会上，胡锦涛代表党中央致辞。他在致辞中说，少年时代是美好人生的开端，远大的理想在这里孕育，高尚的情操在这里萌生，良好的习惯在这里养成，生命的辉煌在这里奠基。……党和人民相信你们，一定能够走好人生的第一步，一定能够成长为有理想、有道德、有文化、有纪律的社会主义新人，一定能够肩负起建设有中国特色社会主义伟大事业的神圣使命。你们一定能行！“你们一定能行”寄托了党中央对少先队的殷切期望，第四次全国少代会后，少先队在全国范围内开展了“新世纪我能行”体验教育活动。

2000年10月，团中央、全国少工委颁发了《关于动员和组织少先队员在实践中体验的实施意见》，指出，体验活动是新的教育载体，它的基本内容是通过开展符合少年儿童身心发展规律的具有少年儿童情趣和时代气息的实践活动，帮助少年儿童从家庭生活、学校生活、社会生活和大自然等各个方面，寻找一个“岗位”，扮演一个角色，获得一种感受，明白一个道理，养成一种品质，学会一种本领，从而提高自己的全面素质。

2002年3月，为贯彻落实《公民道德建设实施纲要》精神，探索少先队开展思想道德教育的有效方式，培养少年儿童形成良好的行为习惯，深化少先队体验教育，团中央、全国少工委联合制定下发了《关于加强少年儿童思想道德教育，深入开展体验教育的意见》。《意见》指出，少先队思想道德教育的实施目标是，体现时代要求和少先队教育特色，使少先队员听党的话，爱祖国、爱人民、爱劳动、爱科学、爱社会主义，逐步树立正确的世界观、人生观和价值观；使少先队员具有诚实、勇敢、活泼、团结的优良作风和胸怀祖国、放眼世界、拥抱未来的宽广胸怀，逐步培养志存高远、眼光远大、积极进取、健康向上的人格；遵守法纪和社会公德，逐步形成良好的行为习惯。少先队开展的少年儿童思想道德教育，既要符合少年儿童德育的一般规律，又要突出少先队教育特色，应遵循基础性原则、主体性原则、实践性原则、针对性原则和社会性原则；应以人与人的关系，人与社会的关系，人与自然的关系，人与自我的关系等四个方面关系的体验为主要内容，分别以形成人对人、人对社会、人对自然和人对自我的态度为核心，以感知人对人，人对社会、人对自然、人对自我的最基本的知识和培养相关能力为基础，通过反复体验养成良好的行为习惯。

体验教育活动引导和组织广大少年儿童在家庭生活、学校生活、社会生活和大自然的亲身体验和感受中，把做人做事的道理内化为健康的心理品质，转化为良好的行为习惯。体验教育的大力实施，增强了少年儿童思想道德教育的针对性、实效性和主动性。

（七）“民族精神代代传”主题教育活动

从2003年10月起，为贯彻落实中共十六大精神，中宣部、中央文明办、团中央、教育部和全国少工委联合在少年儿童中开展了“民族精神代代传”主题教育活动。活动以弘扬和培育“爱国主义为核心的团结统一、爱好和平、勤劳勇敢、自强不息的伟大民族精神”为主题，以丰富多彩的体验教育为活动载体，教育引导少年儿童了解民族精神的丰富内容，感受民族精神的伟大力量，体验民族精神的时代内涵，逐步树立民族自尊心和自豪感，从小立志为实现中华民族的伟大复兴做好全面准备。

该教育活动的形式是，引导少年儿童以少先队中队、小队的组织形式，开展以“中国了不起，中国人了不起，做个中国人了不起”为主要内容的系列活动，让少年儿童在生活实践中寻找自己认为能体现中国了不起的一件事，发现其中蕴含的民族精神；寻找心中了不起的中国人，寻找和发现其身上表现出来的民族精神；做一件事，从中体会应该怎样做一个中国人，从小立志做一个了不起的中国人。

（八）争做“四个好少年”教育活动

2009年，胡锦涛在《致中国少年先锋队建队60周年的贺信》中对新时期、新阶段的少先队和少先队员提出了新的期望和要求。他在贺信中指出，少先队是我们党在新中国成立伊始创立的少年儿童群众组织。60年来，在党的领导下，在共青团的带领下，少先队主动适应时代要求，充分发挥自身优势，广泛开展一系列适合少年儿童特点的活动，为促进少年儿童健康成长发挥了不可替代的重要作用。60年来，在党的阳光雨露哺育下，在星星火炬照耀下，一代又一代少先队员开启了人生的奋斗航程，逐步成长为党和人民需要的合格建设者和可靠接班人，为推进我国社会主义革命、建设、改革事业作出了突出贡献。

胡锦涛在信中勉励广大少年儿童说，经过60年的奋斗，中国特色社会主义事业取得了举世瞩目的巨大成就。要实现中华民族伟大复兴的宏伟目标，还需要一代又一代人长期艰苦奋斗。今天的预备队必将成为明天的生力军。希望全国少先队员牢记党和人民的重托，在德、智、体、美等方面全面发展，争当热爱祖国、理想远大的好少年，争当勤奋学习、追求上进的好少年，争当品德优良、团结友爱的好少年，争当体魄强健、活泼开朗的好少年，时刻准备着为建设富强民主文明和谐的社会主义现代化国家贡献智慧和力量。

在党和国家领导人的亲切关怀和殷切期望下，少先队组织充分发挥组织优势和教育特色，结合当代少年儿童的特点，在少年儿童中开展了争做“四个好少年”的教育实践活动。该活动主要从以下几个方面开展：

1．组织争当“四个好少年”学习讨论。基层学校少先队大队特别是中队、小队，通过队会、队日活动、队前教育、国旗下的讲话等方式，向全体少先队员讲解争当“四个好少年”的要求，重在讲解“四个好少年”的具体内涵。根据不同年龄段少先队员的特点和实际，开展“人人争当好少年”讨论活动。通过学习讨论，让少先队员原原本本知道争当“四个好少年”的具体内容，了解党、团、队的特殊关系，逐步认识和理解争当“四个好少年”与自身成长的密切关系。

2. 制订争当“四个好少年”具体计划。发动每一名少先队员围绕争当“四个好少年”的整体目标或一个方面、几个方面的具体目标，从日常生活、学习实际出发，在辅导员老师、家长和小伙伴的帮助下，制订符合自己实际、有针对性、经过努力可以做到的计划。鼓励基层学校少先队中队、小队制订争创“四个好少年”集体的计划，在基层少先队组织中形成从队员到集体都朝着“四个好少年”方向去努力的生动局面。

3. 开展争当“四个好少年”主题实践。鼓励基层少先队大队特别是中、小队组织和红领巾小社团围绕争当“四个好少年”的标准，在学校、家庭、社会和大自然的各个领域，踊跃开展主题实践活动。鼓励少先队员们从思想、精神、品格、体魄、性格等方面，自己设计、自主创造、主动开展主题鲜明、力所能及、生动活泼、丰富多彩的少先队活动。主题实践活动要体现少年性、群众性，注重形成真实自然、具体有效的典型案例。

4. 进行争当“四个好少年”大力宣传。基层少先队组织将争当“四个好少年”的要求置于校园、教室、少年宫、社区活动中心等地醒目位置。利用红领巾广播站、电视台、网站、宣传栏、黑板报等各种校园文化载体和活动阵地，通过讲故事、编童谣、唱歌曲以及动漫、短视频等多种少先队员喜欢、熟悉、常用的形式，发挥先进模范、公众人物、家长等作用，集中宣传争当“四个好少年”的要求，持续宣传活动开展情况，使少先队员都知道，使全队都动起来。

5. 树立争当“四个好少年”先进典型。基层少先队组织开展寻找身边的榜样活动，将争当“四个好少年”的标准具体到少先队员每天的生活、学习中去，具体化为真实鲜活的事例和少先队员可学的榜样。结合各级“优秀少先队员”“优秀少先队集体”评选，树立争当“四个好少年”活动中涌现出来的先进典型，充分发挥榜样的示范和带动作用。

综上，新中国成立以来，少先队在党的关心和共青团的带领下，根据不同时期的要求，开展了许多教育主题鲜明、形式活泼、范围广泛的教育实践活动，在少年儿童思想道德教育和能力素质培养等方面都发挥了十分重要的作用。

三、新中国成立以来少先队教育的主要经验

新中国成立以来随着少先队事业的不断发展，共青团、全国少工委等少先队领导组织机关在不同时期对少年队工作及教育的经验进行了总结。对这些经验的总结，成为推动少年队事业和少先教育活动不断深入发展的重要力量。

（一）少先队建队15年工作经验总结

1965年4月，共青团九届二中全会专题研究讨论了少先队工作，做出了《高举毛泽东思想伟大红旗，为培养少年儿童成为无产阶级革命接班人而奋斗》的决议案。决议对新中国成立以来少先队工作及少年儿童的教育引导进行了全面总结，认为少先队的工作经验主要在以下方面：

1. 必须以阶级斗争为纲，以社会主义和资本主义两条道路斗争为纲，发展少年儿童运动。

2. 必须带领少年儿童到三大革命运动中锻炼成长。带领少年儿童从

小参加革命斗争，让他们经风雨、见世面，引导他们学习为人民服务，培养改造世界的志气，从小就与工人阶级和农民群众接近，锻炼革命和建设的才干。

3．必须全面贯彻执行党的教育方针，正确处理德育、智育、体育三方面的关系。德育、智育、体育都是少年儿童健康成长不可缺少的组成部分，在工作中要全面安排，不可偏废。

4．必须充分发挥少年儿童的积极性、主动性，这是群众路线在少年儿童运动中的体现。应该让少年儿童在自己的组织里当家作主，学习为国家为集体办事情，学习过民主集体生活，锻炼独立思考和独立活动的能力，生动活泼地得到发展。必须正确处理成人与儿童的关系，少年儿童的活动需要成人帮助和指导，但必须防止包办代替。

5．必须充分照顾少年儿童的特点。要坚持正面教育、启发诱导、多加鼓励的原则。活动内容要适合他们的体力和知识水平。要注意照顾少年儿童的兴趣爱好，采用具体形象的办法。要防止简单粗暴、单调枯燥和照搬成人的做法。

6．必须坚持团结教育全体少年儿童的原则。建立少先队组织的目的，就在于通过她团结教育整个少年儿童一代。不能把少年儿童组织当做少数先进少年儿童的组织，而把许多少年儿童排除在组织之外。对于剥削阶级家庭出身的少年儿童，不能同剥削阶级分子同样看待，也应吸收他们参加少年儿童组织，加强对他们的教育。

（二）12城市青少年思想道德教育座谈会对少先队工作的总结

粉碎“四人帮”以后，邓小平在全国教育工作会议上指出，“革命的理想，共产主义的品德，要从小开始培养”。为了贯彻党中央关于抓好青少年共产主义道德教育的指示精神，1979年6月，团中央连续两次召开由北京、上海、天津、武汉、太原等12个城市团委负责同志参加的思想道德教育座谈会。座谈会对少先队在青少年思想道德教育中的作用及教育方法进行了分析总结。

会议认为，少先队是学校教育不可缺少的组成部分，团干部和辅导员应充分发挥少先队组织作用，对少年儿童进行共产主义品德教育。要从大处着眼，从小处着手，点点滴滴，潜移默化；要运用生动活泼的方法，要与开展丰富多彩的教育活动紧密结合起来进行；要培养中、小队集体，运用集体的力量来启发少年儿童的自觉精神；要积极大量地发展少先队，把孩子组织起来再教育，敞开大门，不要把孩子长期关在门外。

会议认为，采用评比竞赛的方法，适合少年儿童心理特点。竞赛本身就包含着积极向上、追求进步的教育作用。竞赛中应注意，不搞形式主义、大轰大嗡、繁琐哲学；要提倡文明礼貌、遵守纪律，不要搞唯唯诺诺、惟命是从；不要嫌弃后进生，要发动少先队组织满腔热情地关怀后进同学。

这次座谈会为20世纪80年代少先队工作的全面活跃，教育活动的蓬勃发展，在思想上、组织上和舆论上奠定了基础。

（三）“六一”茶话会党中央对少先队教育方法的肯定

1980年6月1日，党中央书记处在中南海怀仁堂举行“六一”茶话会，邀请了北京市中小学教师、少先队辅导员代表参加。中央领导同志在茶话会上发表了对少先队的重要讲话。会议指出，少先队寓教育于丰富多彩的活动之中，对孩子有很大的吸引力，是一个更加广阔的课堂，少先队开展的天文、地理、动物、植物、化学、生物、文化艺术等生动活泼富有乐趣的各种活动，对发现培养人才幼苗有着无法代替的特殊作用，做好少先队工作的关键是要建设一支优秀辅导员队伍。

（四）《关于加强少先队工作的决议》对少先队工作及教育方法的总结

1981年8月，共青团十届三中全会通过了《关于加强少先队工作的决议》，对建队32年来的经验进行了总结。决议指出，党中央历来关怀和重视对下一代的培养教育，对少年儿童工作作了一系列极为重要的指示，并采取了相应的一些重大措施，为少年儿童工作和少先队工作指明了方向，为全团带队创造了极为有利的条件。少先队辅导员直接担负带领少先队的任务，是搞好少先队工作的关键。把全体少年儿童组织起来，是少先队组织发展工作必须遵循的方针。

决议认为，开展丰富多彩的活动，是少先队团结教育少年儿童的根本途径。没有活动，就没有教育；没有活动，就没有少先队。全团必须尽最大努力，按照德、智、体全面发展的要求，以“五爱”为内容，带领少先队开展各种活动。要进一步加强和改进少先队的思想教育工作，使少年儿童的健康成长始终具有正确的政治方向和强大的推动力量。

（五）《关于在全国少先队员中进一步加强共产主义教育的意见》提出三方面教育结合

1986年3月，全国少工委在《关于在全国少先队员中进一步加强共产主义教育的意见》中提出，共产主义思想的基础教育就是通过“五爱”为基本内容的思想品德教育，以爱国主义为起点的共产主义思想教育，以学英模为主要内容的革命传统教育，以“人民利益高于一切”为最高准则的集体主义品德教育相结合，共同促进。

（六）全国少工委一届三次全委会扩大会议提出针对独生子普遍性弱点进行有针对性教育

1986年11月，全国少工委召开了一届三次全委扩大会议。会议提出要进一步深化少先队教育活动。要坚持“面向新世纪，造就新主人”的思想，进一步扩展围绕基础共产主义教育所开展的创造性活动，使基层的少先队活动普及化、常规化和系统化。在教育中，要重点进行具体、形象的理想教育，进行集体主义的品德教育，进行革命传统教育和学习英模活动，针对大量独生子女普遍性弱点，加强劳动教育，培养热爱劳动、尊重劳动的良好习惯，提高自立、自理的生活能力。此外，少先队在建设中要做到“五有”：有组织、有辅导员、有活动、有阵地、有制度。

（七）《关于加强少年宫工作的意见》提出加强少年儿童校外教育

1987年2月，国家教委、团中央下发了《关于加强少年宫工作的意见》。意见提出，少年宫的工作，要从全面培养教育少年儿童出发，不仅要通过各种活动给少年儿童以科学技术、文学艺术、体育等方面的各种知识，培养各方面的技能技巧和才干，而且还要十分重视对少年儿童加强共产主义思想品德教育。少年宫的工作和活动，必须有利于少年儿童身心的健康发展，符合少年儿童生理、心理发展的规律，根据少年儿童的年龄特点、知识水平、理解能力、兴趣爱好、身体条件，研究全面改革和对外开放带来的新情况、新问题以及当代少年儿童的思想特点，采用少年儿童喜闻乐见的形式去吸引和教育他们，注意防止成人化，不断改进教育内容和教学方法。

（八）全国少工委《关于深化少先队教育活动的若干意见》总结了深化少年队工作和教育的10条基本经验

1987年6月，全国少工委颁发了《关于深化少先队教育活动的若干意见》。该文件认为：1．少先队要坚持不懈地对少年儿童进行基础的共产主义教育；2．要保持教育内容的完整性；3．要保持教育活动的连续性，要提倡活动的系列化；4．要坚持正面教育的原则；5．要突出少先队组织的教育特色；6．要正确运用激励措施；7．要处理好教育活动和基础建设相辅相成的辩证关系；8．要处理好创造性活动和共产主义教育活动的关系；9．要处理好自我教育效果和社会教育效果的关系；10．要充分重视社会各方面对少年儿童的影响，把少先队活动渗透到家庭教育中。

（九）少先队工作学会理论研讨会提出重视商品经济对少先队教育的影响

1988年11月，少先队工作学会理论研讨会在重庆召开。会议重点研讨了商品经济的发展对少年儿童思想的影响及少先队的教育对策。会议认为，少年儿童生活在改革开放、商品经济日渐成为社会主导经济的社会大变革中，他们的文化生活、消费水平、群体结构、价值取向、追求目标等都发生了深刻变化。少先队教育必须把握时代脉搏，适时调整和改变教育内容、教育方法和教育渠道。为此，要努力促进少先队教育社会化，充分发挥少先队组织教育的特殊作用，坚持全面发展的教育，在培养少年儿童集体主义意识和社会行为规范的同时，培养他们的竞争意识，发展他们的个性。

（十）全国少工委八次全委扩大会议对榜样教育进行理性思考

1990年9月，全国少工委八次全委扩大会议在贵阳召开。会议总结评比了各地开展的学赖宁活动，研究进一步深化学赖宁活动的规划。时任团中央书记处书记的李源潮在会上作了《论少先队榜样教育——关于学赖宁的理性思考》的报告。他在报告中指出，榜样教育是思想品德教育的人格化载体；榜样教育是引导社会思想的重要杠杆；少先队的榜样教育是多层次的；榜样教育的动力源于社会任务的需要；榜样教育要循序渐进；少先队的榜样教育具有社会整体性；组织榜样教育的关键在于骨干的形成；榜样教育需要理论的指导；榜样教育中有辩证法。

（十一）全国少工委二届二次全委扩大会议提出加强劳动实践教育

1991年8月，全国少工委二届二次全委扩大会议在山西太原举行。时任团中央书记处书记的李克强在会上发表了重要讲话。他指出，少先队工作应该紧密配合党的中心工作的深化，为培养新型劳动者多做工作。他指出，当代少年儿童有很多优点和长处，但也存在自理和自立能力比较差、劳动观念比较淡薄，甚至有些存在“骄”“娇”二气等弱点，通过劳动实践教育是解决这些问题的有效途径。这次会议成为深化少先队工作指导思想的一次重要会议，既为劳动实践活动的广泛开展做了深刻的思想准备，也为后来的雏鹰行动和少先队素质教育活动奠定了思想基础。

（十二）全国少工委二届四次全委扩大会议提出新时期少先队工作的新定位

1993年10月，全国少工委二届四次全委扩大会议在云南昆明召开。时任团中央书记处书记的袁纯清在大会上发表重要讲话。他指出，少先队工作正处在转折发展的好时期，挑战是必然的，挑战中要看到团队工作所具有的社会、历史、组织、资源和政治优势。要按照“三个面向”和市场经济的要求，深化少先队工作指导思想，拓新少先队工作的内容和领域。少先队要适应基础教育趋势性变化的要求，适应社会主义市场经济体制和社会发展的要求，要全面体现少先队组织的教育性、群众性、政治性和社会性。据此，他提出，跨世纪少先队工作的基本定位：素质培养应当是少先队的主要任务，能力培养应该是少先队的工作重点，实践应当是少先队的主要工作方式。“三个基本定位”的提出，为“跨世纪雏鹰行动”提供了指导思想和理论依据。

（十三）全国少工委三届四次全委扩大会议总结“雏鹰行动”经验

1998年12月，全国少工委三届四次全委扩大会议在江苏无锡召开。会议总结了“雏鹰行动”开展五年来的经验，明确了将“雏鹰行动”作为基础教育实施素质教育的重要组成部分，以“五自”作为深化“雏鹰行动”的基本内容，以“雏鹰争章”素质教育系列活动作为深化“雏鹰行动”的基本导向，以“手拉手”互助活动作为“雏鹰行动”的一个重要载体，以“雏鹰假日小队”作为深化“雏鹰行动”校外活动的基本组织形式，以社会化的工作机制作为深化“雏鹰行动”的基本保障。

（十四）全国少工委发文提出少先队为中小学生减负

2000年1月18日，全国少工委下发了《关于发挥少先队组织优势，减轻中小学生过重负担的通知》。《通知》指出，“减负”是一项长期而艰巨的任务，少先队要树立全面实施素质教育的思想，广泛开展符合少年儿童特色的具有现代教育理念的活动，突出品德教育和创新精神与实践能力的培养，帮助更多的少年儿童参与其中，使之更广泛深入地感知、认知和体验，把“减负”贯穿到少先队各项工作中。

（十五）《关于进一步加强少先队工作的意见》提出少先队工作的新要求

2000年5月，团中央、教育部联合发布了《关于进一步加强少先队工作的意见》。该文件指出，少先队要以提高国民素质和民族创新能力为根本宗旨，以对少年儿童进行爱国主义、集体主义、社会主义教育为核心的思想品德教育为灵魂，以培养少年儿童创新精神和实践能力为重点，促进全体少年儿童主动地全面发展，充分发挥少先队在素质教育中的作用。

（十六）第四次全国少代会提出少先队工作和教育的“七个必须”

2000年6月，第四次全国少代会在北京召开。时任团中央书记处书记赵勇在少先队工作报告中系统全面地总结了建队以来少先队的工作经验。他指出，少先队光荣的历史昭示我们：必须按照党所指引的方向，在共青团的带领下，把培养社会主义事业的合格建设者和接班人作为根本任务。必须把广大少年儿童组织起来，在集体中互相学习，共同进步。必须坚持全面发展的育人方针，着力提高少年儿童的综合素质。必须发挥少先队员的主体作用，使他们真正成为少先队的主人。必须以实践育人为基本途径，积极引导少年儿童在实践中立志向、学知识、长本领。必须竭诚为少年儿童健康成长服务，不断增强少先队组织的吸引力和凝聚力。必须加强与教育部门的协作，充分调动社会各方面的积极性，为少年儿童的学习进步营造良好的环境。

“七个必须”准确地概况和回答了党所领导的少年儿童群团组织的一般理论，是对少先队的性质、组织原则、教育特色、教育方法、工作指导思想等的理性总结，大大丰富和发展了少年儿童群团组织理论和少年儿童教育思想。

进入21世纪以来，少先队工作继续保持着旺盛的生机，广大少先队工作者在总结历史经验的基础上，不断提出少先队工作和教育的新思想、新方法和新途径。比如：团队一体，全队抓基层，政治社会化与少先队员的教育引导等等。

综上，不难看出，新中国成立以来，对少先队工作及少先队教育活动的理性总结和概况具有显著的与时俱进特点，经验总结往往是提出新思想，推出新活动，开创工作新局面的基础和先导，可以说是少先队理论建设的重要成果。

四、少先队教育经验对培育少年儿童核心价值观的启示

中共十八大以来，我国社会主义建设和改革开放进入到了一个新的时期。面对社会道德领域和意识形态领域长期存在的问题及面临的新挑战，党中央提出了进行社会主义核心价值观建设的新课题和新要求。在青少年中进行社会主义核心价值观教育则是重中之重。2014年5月30日，习近平在北京市海淀区民族小学主持专门座谈会，讨论在少年儿童中培养社会主义核心价值观的问题。他在听取完出席座谈会的少年儿童代表、辅导员代表、教师代表、家长代表及其他参与座谈的人士的发言后，指出，社会主义核心价值观体现了古圣先贤的思想，体现了仁人志士的夙愿，体现了革命先烈的理想，也寄托着各族人民对美好生活的向往，要在全国人民中培育和弘扬，特别要注重从少年儿童抓起。

他强调，少年儿童培育和践行社会主义核心价值观，要适应自身年龄

和特点，做到记住要求、心有榜样、从小做起、接受帮助。要把社会主义核心价值观的基本内容熟记熟背，融化在心灵里，铭刻在脑子中，结合学习和生活等实践不断加深理解。要学习英雄人物、先进人物、美好事物，在学习中养成好的思想品德追求。要从自己做起、从身边做起、从小事做起，一点一滴积累，养成好思想、好品德。要听得进意见，受得了批评，在知错就改、越改越好的氛围中健康成长，努力做最好的我。

习近平指出，让社会主义核心价值观在少年儿童中培育起来，家庭、学校、少先队组织和全社会都有责任。家长要时时处处给孩子做榜样，用正确行动、正确思想、正确方法教育引导孩子。要注意观察孩子的思想动态和行为变化，善于从点滴小事中教会孩子欣赏真善美、远离假丑恶。学校要把德育放在更加重要的位置，全面加强校风、师德建设，根据少年儿童特点循循善诱、春风化雨，努力做到每一堂课不仅传播知识、而且传授美德，每一次活动不仅健康身心、而且陶冶性情。少先队要坚持开展组织教育、自主教育、实践活动，把广大少年儿童团结好、教育好、带领好。全社会都要了解少年儿童、尊重少年儿童、关心少年儿童、服务少年儿童，为少年儿童提供良好社会环境。对损害少年儿童权益、破坏少年儿童身心健康的言行，要坚决防止和依法打击。

习近平总书记关于培育少年儿童社会主义核心价值观的谈话是站在新的时代高度，对少年儿童教育的思考，也是对我国少年儿童教育经验的科学总结。从习近平总书记的谈话中，不难看出少先队不仅要在培育少年儿童社会主义核心价值观的时代任务中承担重要职责，而且还具有某种得天独厚的优势，少先队的很多好经验、好做法都得到了总书记的肯定。这些好经验和好做法是少先队在长期开展少年儿童教育实践中积累和发展起来的。这提示我们，少先队教育引导少年儿童的历史经验对当今培育少年儿童社会主义核心价值观具有重要的参考价值和较大启示意义。

第一，培养社会主义核心价值观的根本目和少先队教育的根本目的是一致的，出发点和落脚点都是培养社会主义事业可靠的建设者和接班人。从历史看，贯穿于少先队工作的主线和核心目的是培养社会主义事业可靠的建设者和接班人，基本途径是通过开展一系列主题鲜明且具有明显时代精神的教育实践活动，培养广大少年儿童对共产主义的基本意识，对党和国家的朴素情感和对社会主义事业的基本价值认同，同时兼顾培养具有适应未来社会发展需要的基本素质和能力。也就是说，少先队的教育实践活动更主要的目的和意义在于对少年儿童进行意识启蒙、思想道德教育和价值认同教育。因此，少先队教育本身含有丰富的价值教育。这不仅体现在教育内容上，也体现在教育方法、途径和具体的活动设计上。也就是说，可以把社会主义核心价值观看做是具有新的时代价值的教育内容，少先队可以很自然地纳入这些内容，渗透和融入整个教育实践活动中，对广大少年儿童进行核心价值观的意识启蒙教育，思想引领、实践体验和价值认同教育。

第二，少先队教育是一种组织化教育，既有常规教育活动，也有专门教育活动和不同形式的主题教育活动。因此在少先队的常规教育中，比如日常行为规范教育中，渗透社会主义核心价值观的基本内容和基本要求，就很容易被少年儿童记住，并且在日常学习和生活中践行。因此，少先队有必要按照社会主义核心价值观的基本内容和基本要求，对常规常识教育进行完善和补充，通过中队、小队的日常教育和组织活动让少年儿童熟知，逐步养成相应的良好行为习惯。

第三，榜样教育是少先队教育的一大特色。社会主义核心价值观培养，既要掌握其基本内容，更要领会其精神实质，还需要有行为自觉。少年儿童的学习和成长既需要成年人的教育引导，也需要自我的努力和锻炼，还需要有同伴的积极影响。少先队是儿童的群众组织，具有不同特点的儿童汇聚在一起，为同伴间的相互影响和共同成长进步创造了有利条件。“见贤思齐”是少先队的榜样教育的生动写照。在社会主义核心价值观培育中，少先队通过树立一些典型，帮助少年儿童找到身边的榜样，通过榜样的示范，带动少年儿童的整体进步是完全可以做到的，也是可以做好的。

第四，少先队教育本质上是一种集体教育和自我教育的有机结合。少先队的实践活动既是个人体验和实践，也是群体的体验和实践。互相学习、互相帮助、互相监督，大手拉小手，共同进步、共同成长是少先队集体教育和自我教育相统一的完美体现。这种教育环境必然会形成一种带有集体性的价值取向、文化态度和行为方式。社会主义核心价值观培育，既需要形成共同的价值取向，也需要有共同的行为准则，还需要有遵守准则的行为。因此，需要个人的积极投入，同时也需要群体的共同努力、相互监督。这种教育环境正是少先队教育的一大优势。

第五，少先队的历史经验表明，少先队的真正主人是少年儿童。因此，少先队的教育实践活动非常注重少年儿童主体性地位和主动性的发挥，反对成人化。在社会主义核心价值观的培养中也要反对成人化。但这并不是要否定成人和辅导员的作用。在教育活动设计、教育形式的选择等方面，应该强调儿童参与，成年从旁辅助，让少年儿童在快乐中学习，在实践体验中变化，在自我砥砺中践行。

下篇

◇ 引领青年思潮：时代变迁的晴雨表

◇ 唱响时代强音：口号的变革与启示

◇ 选树典型人物：示范的强势与弱化

◇ “互联网＋青年”：传播力决定影响力

第五章
引领青年思潮：时代变迁的晴雨表

□ 陈　亮　徐峻蔚

1978年改革开放以来青年思潮空间异常活跃，各大思潮之间有分歧、排斥、斗争；又有关联、渗透、吸收。如此，共青团工作进入前所未有的挑战与考验，主流价值引领工作需要更多“技术”。社会变迁反映到青年的精神领域，对青年的思想尤其有深刻与深远的影响。当代青年在各种思潮进退起伏中有怎样的回应与追随，共青团组织在其中有发挥着怎样的作用是本章要讨论的内容。本章试着梳理具有广泛性、流行性、代表性的青年思潮，包括：存在主义、自由主义、新自由主义、民族主义、新左派、后现代主义对青年的影响及折射出的青年共同心理，其中最为一般青年追逐的是民族主义和后现代主义（而后现代主义本身就由存在主义和东方哲学作为去哲学基础的）。以青年思潮为线索，看改革开放30多年来共青团的发展道路，鉴青年思潮的起伏，思共青团在引领工作中的思想创新，用社会主义核心价值观同各种青年思潮沟通、对话，在价值观问题上更有效地发挥共青团的引领作用，这些都有待共青团进一步探索。

一、说潮：青年思潮的内在逻辑与外部边界

现代化进程中不同阶层、不同群体的立场、经验、诉求、利益和感受是不同的，由此引发的矛盾和冲突集中反映于此起彼伏的各种社会思潮。社会思潮是社会现实在思想文化领域的反映，青年思潮反映的是其利益诉求和观念倾向。社会思潮作为某种带有趋向性的思想体系，是社会心理演化基础上的思想进路。思潮的本质特征包含“时代的变革”“社会历史走向的诉求”。也就是说，“思潮的产生，必定是为了回答和解决时代的重大问题，如社会的出路，国家民族的前途，兴邦救国的方略等等。”①青年作为社会生活中积极、敏感的群体，对社会思潮扮演着接受者、传播者、践行者的角色。青年思潮是社会变革时代，由一定思想理论引领、反映社会心理演化和历史走向，且在青年群体中影响较大的思想观念或倾向。

青年思潮形成和发展的条件，除了外部的经济、政治、社会、文化的基础以及它们的矛盾运动，内部主要来自青年的群体利益诉求和思想感情，来自这一群体大多数人的共鸣与趋同。一定的社会经济基础、上层建筑相互作用和变革，孕育了青年的社会意识，一定的思想家提出引领社会走向的主张和理论，通过青年知识分子的激辩、发酵、传播，用观念理论影响青年，并在青年中引起共鸣，在青年群体中遂成群体意识，得以以思潮的形式流转。青年思潮的内在逻辑由青年心理形态、青年社会意识、青年成长状况构成。

社会心理学的哲学基础构成了社会意识。社会意识是社会存在的精神

---

① 陈立思：《社会思潮与青年教育》，北京大学出版社2011年版，第8页。

反映；是精神现象的总和，包含人的认识要素、观念形态。社会意识由社会心理、社会思潮、思想体系三个层次组成。作为第二层次的社会思潮，其传播路线有三级：第一级是社会思潮的核心层，也是社会思潮的直接源头。这由学界、政界等有影响力的人士组成，他们是思想库。第二级是知识分子群体。一些思想理论经过他们的消化、吸收，得以进一步发酵、扩撒，通过多种形式（尤其是学术形态和文艺形态）将抽象的理论世俗化、普及化，将“学派”演化为“思潮”。在高校，这个知识分子集中的地方，专家、学者的权威性和理论魅力对活跃的大学生的思想引领起着潜移默化的影响。期间，共青团何为？第三级是普通大众。这一层级是社会的大多数，也是社会思潮的接受者和传播者，历史上大多数的群众运动若没有他们的追随，就不可能发生。[①]

“一个有远见的民族，总是把关注的目光指向青年；一个有远见的政党，总是把青年看作推动历史发展和社会前进的重要力量。”[②]无论什么社会思潮——经济的、艺术的，最终都会反映到政治选择中来，显现出政治思想的内核。苏联解体、东欧剧变、“颜色革命”“六四风波”，概莫如是。这是社会思潮与国家命运的关系。

社会思潮与青年的关系表现为一种症候，它既为青年的社会参与、政治参与提供了契机，又为社会的历史走向起到了推波助澜的作用。青年思潮具有社会性和青年性，是二者的统一。青年思潮和青年“热点”的联系和区别在于：思潮与“热点”都与青年关注的问题有关，是时代的反映；思潮呈现的是观念和理论，热点突出的是现实矛盾和对思想、舆论的反应。

---

① 参见林泰主编：《问道：改革开放以来的社会思潮与青年思想政治教育研究》，中国社会科学出版社2013年版，第9页。

② 胡锦涛：《迈向新世纪创造新业绩——在共青团第十四次全国代表大会上的祝词》，《人民日报》1998年6月20日。

在此，粗略地勾勒一下改革开放以来思潮发生、流转的历史轨迹：

1976年周恩来、朱德、毛泽东三位伟人相继辞世后，10月“四人帮”被隔离审查，政治方向急剧转变，“文化大革命”就此结束，社会变革随之而来。这对中国社会乃至人民的心理带来了巨大而深刻的冲击，特别是在青年知识分子中造成了一次巨大心理挫折，迷惘是那一时期年轻一代的思想基调。1978年底，中共十一届三中全会召开，以此为标志，中国社会进入了一个全新的历史时期。中国的经济结构、社会结构乃至政治体制都已发生了不同程度的变化。国门打开，世界一下子如万花筒般令人眼花缭乱。改革除了给经济结构、社会结构带来深刻变化，也对人们的思想领域、精神面貌产生了巨大的影响，社会变迁深刻地导致了社会心理的变化。中国人平素是“拿来主义”，但任何“拿来”的东西一落到中国的大地，便会被“化”而成为有“中国特色”的思潮。“在这样的社会氛围里，中国思想界随之发生了一次影响巨大的‘移情’现象，当以‘文化大革命’为代表的社会主义完美理想破灭之后，人们需要另一个完美理想填充他们的思想和感情世界。当然，这个新的‘理想国’就是‘西方’。西方意识形态及文化附着在中国对外开放形成的经济流、物质流之上汹涌进入华夏大地。”①面对一些令人耳目一新的新词、新概念，青年有兴奋也遭遇迷惘，“文革”结束后的社会心理，反映在青年身上，存在着既珍惜光阴又怀疑一切，既要求社会变革又害怕被社会遗弃的一些心理特征，中国改革开放的路怎么走，走向何处的问题上，在思想界有过争鸣，一部分优秀青年也参与了思考。我们说思想就是来源于对问题的思考。青年在成长的过程中，面对社会存在各种问题和自己人生阶段的各种矛盾促使他们学会追问，去寻求答案，在提问、学习、寻找的过程中筛选社会思潮并最终形成他们确信的、愿意追随的代表青年立场、反映青年心理和利益的青

① 房宁：《影响当代中国的三大社会思潮》，《复旦政治学评论》第四辑，2006年9月出版，第267页。

年思潮。

20世纪80年代，人道主义、存在主义、自由主义此起彼伏，中国人普遍开始追求人权、民主、自由、个性解放。80年代中国自由知识分子认为，中国社会亟需“启蒙”，以完成五四以来未完成的“启蒙”。他们以自由主义的基本理念启发民众，强调自我意识、独立意识以及公民的权利意识。与此同时，对“人”的价值的肯定，使人道主义重新被发现。

“六四风波”后，自由主义被“打断”。90年代，中国市场经济发展，大众文化兴起，主流意识形态功能受到一定程度的消解，苏联解体、中东巨变，国际环境变化，90年代后期，一方面自由主义思潮回升，另一方面民族主义思潮崛起，挑战自由主义，批判全球化，批判西方主导的世界经验、政治秩序，以及文艺界在1993—1995年的“人文精神讨论”。这些在寻找价值重建时所代表的不同观念的冲突，反映社会转型时期的思想争鸣，已可见后现代的端倪。1995年5月至8月，《中国青年报》等单位开展《中国青年看世界》调查显示反美情绪强烈，对中国现状持基本肯定态度。90年代后半期，批判资产阶级、反思西化潮流、反思传统社会主义、关注“弱势群体”的新左派掀起。新左派其理论上的深入是对现代化和现代性的反思。而90年代的“毛泽东热”、2000年话剧《切·格瓦拉》的成功，则都有新左派思潮的因子。新左派大都是有着西方留学背景的改革开放后成长起来的新生代知识分子。20世纪末，著名的合肥“家乐福”事件和网上民族主义中的“愤青”都引起了社会的强烈关注。后现代主义、消费主义对80后、90后影响颇大。21世纪初，新自由主义和民族主义、后现代主义继续发展。2003年，大学生的民族精神在“抗非典”中发扬，由团中央宣传部、学校部和中国青少年研究中心发起《2003：中国青年看世界》调查，调查面对全国20所高校的青年师生进行。新世纪的头15年，可以明显看到榜样学习让渡给了偶像崇拜，青年的诉求更加务实或者说世俗，有工作可做、有人可爱是人生快乐的基本条件，宗教信仰吸引了一部分青年，他们把参与宗教活动当成一种生活方式和抱团取暖的“家”。

中共十六大报告中指出：当今世界各种思想文化相互激荡。中共中央宣传部编写的《“三个代表”重要思想学习纲要》中进一步指出：“随着世界多极化和经济全球化趋势的发展，世界各种思想文化相互激荡，有吸收又有排斥，有融合又有斗争，有渗透又有抵制。”[①]不同的青年，不同的命运；不同的世界，不同的观念；不同的价值存在诸多分歧，各个利益集团博弈的一些社会思潮不满足于取得话语权，而是积极介入现实，试图影响现实。在互联网时代，思潮的传播更加多样化、立体化、平民化，承认人类历史发展中存在有普遍模式、共同价值、终极标准，也承认每个民族在自身发展过程中的特殊性和阶段性，此乃我们探讨思潮的前提，给出既切合实际又不失理想的发展路径的基础。应当相信中国梦是中国人的，更是中国青年的。在青年的奋斗中规避“社会达尔文主义”“丛林法则”，建设良性竞争的社会环境，提供创新的制度机制，正如习近平所指出的，中华民族伟大复兴终将在广大青年的接力奋斗中变为现实。现在，我们比历史上任何时期都更接近实现中华民族伟大复兴的目标，比历史上任何时期都更有信心、更有能力实现这个目标。

二、弄潮：多元激荡的路径选择与话语转向

在近现代中国，社会变革在思想文化上反映出来的社会思潮往往与西方社会思想文化有密切的关系。从马克思主义在中国的传播追溯到新文化运动、五四运动，再到辛亥革命、戊戌变法、洋务运动，在学习、研究、借鉴西方的过程中，各种社会思潮相互激荡。改革开放后的当代中国，价

① 中共中央宣传部编：《“三个代表”重要思想学习纲要》，学习出版社2003年版，第64页。

值观的多元化得到了包容，各种思潮的斗争也更为尖锐复杂。这一时期的拨乱反正、建立社会主义市场经济、深化改革，都在矛盾与困境中一步步摸着石头过河。

1978年4月《光明日报》发表《实践是检验真理的唯一标准》一文，文章对“两个凡是”的错误方针进行了批判，重申实践是检验党的路线、方针、政策正确与否的基本标准，重新确立并恢复了中国共产党“一切从实际出发，理论联系实际，实事求是，在实践中检验真理和发展真理”的思想路线，为接下来的改革开放提供了理论上和思想上的准备。

1978年5月4日，中共中央发出《关于召开共青团第十次全国代表大会的通知》，着手全面恢复共青团工作。1978年7月，停办12年的中央团校恢复。9月11日，团中央机关刊《中国青年》杂志复刊。复刊号发表了《天安门诗抄》，首次称“四五”运动是一场“伟大壮烈的人民运动”。同年10月、11月，《中国青年报》《中国少年报》相继复刊。

1978年10月16日至26日，中国共青团第十次全国代表大会在北京召开，“为共产主义道德风尚的大发扬而斗争”是谓当时重要任务。与此同时，学雷锋、树新风、“五讲四美”的倡议得到了各界的响应，青年“争当新长征突击手”“全民文明礼貌月活动”蓬勃开展，使青少年的精神面貌为之改观。

1978年12月，标志我国进入改革开放和社会主义现代化建设的新的历史时期的十一届三中全会在北京召开。会议全面总结了中国共产党在领导人民进行社会主义革命和建设的经验教训，清理了思想上“左”的错误，开启了将工作重点转移到以经济建设为中心的历史进程。期间纠正“文化大革命”的错误，把颠倒的是非重新颠倒过来，一大批冤假错案得以平反昭雪。围绕对“文化大革命”和毛泽东的评价展开的社会思潮，形成了这一时期反思和探索的理论成果。[①]而青年一代在“文革”中深受创伤，青年问题在1980年以“人生观的讨论”引起了全社会的关注。

（一）从“伤痕文学”到“潘晓来信”以及存在主义的幽灵

20世纪70年代末到80年代初一批反映“文革”对青年戕害的文学作品诞生。刘心武的小说《班主任》在《人民文学》1977年第11期发表，小说塑造的班长谢惠敏是被视为品学兼优的好学生却又是在“四人帮”“左”倾教育下的精神受害者，她的精神创痕比起小流氓宋宝更加令人警醒，小说揭露了“文革”对青少年灵魂的扭曲，发出“救救被‘四人帮’坑害了的孩子”的时代呼声，充满强烈的批判性。1978年8月11日《文汇报》刊登的短篇小说《伤痕》由大学生卢新华创作，反映“文革”中的知青生活和青年思想的内伤。“伤痕文学”由此得名。随后，揭露“文革”历史创伤的小说纷纷涌现，其中艺术成就相对较高的有冯骥才的《铺花的歧路》、张贤亮的《灵与肉》、周克芹的《许茂和他的女儿们》、张弦的《被爱情遗忘的角落》、从维熙的《大墙下的红玉兰》、郑义的《枫》等。伤痕文学的精神实质是彻底否定“文化大革命”。虽然从文学艺术的角度看伤痕文学其局限十分明显，但它却是摆脱“文革”假大空模式的文学先声。个人价值的重新发现和肯定，人道主义的张扬得到了青年的追捧。

那时的文学对青年影响极大，可以说是文学的黄金时期。文学作为宣

---

① 1981年6月中共十一届六中全会通过《关于建国以来党的若干历史问题的决议》，回应了否定毛泽东和毛泽东思想的历史地位的错误思潮。《决议》指出：“毛泽东同志是伟大的马克思主义者，是伟大的无产阶级革命家、战略家和理论家。他虽然在“文化大革命”中犯了严重错误，但是就他的一生来看，他对中国革命的功绩远远大于他的过失。他的功绩是第一位的，错误是第二位的。他为我们党和中国人民解放军的创立和发展，为中国各族人民解放事业的胜利，为中华人民共和国的缔造和我国社会主义事业的发展，建立了永远不可磨灭的功勋。他为世界被压迫民族的解放和人类进步事业做出了重大贡献。”

泄情感、反映生活的方式是青年的首选。通过文学艺术，对“文革”的反思在继续。

“文革”的政治斗争中，像张志新、遇罗克这样的优秀青年付出了宝贵的生命，更多的青年经受了生活的磨练，他们不再盲从，不再迷信，敢于独立思考。但不可否认青年在人生道路有彷徨有苦闷，十年动乱，理想破灭，国家的前途、共产主义的目标都变得虚无缥缈起来，生活的漩涡中他们声言“看透了”“看穿了”，人生没有了意义。

1980年5月《中国青年》杂志发表了一封署名潘晓的读者来信：《人生的路呵，怎么越走越窄……》。信中诉说了一个普通青年的人生境遇和内心迷茫，并发出“人生的意义究竟是什么”的天问。信反映了从“文革”中走出来的一代青年在原有价值观被打碎之后的真空，以及对人生的重新思考的觉醒。不到半年的时间里，编辑部收到了6万多封就此问题的讨论信件，人生的大讨论也从《中国青年》蔓延到全国。对人性与社会性的关系、公共性与个体性的关系、利己与利他的关系、理想与现实的关系进行了青年自己的见仁见智和喜忧参半的讨论，提出了“任何人，不管是生存还是创造，都是主观为自我，客观为别人”的见解。“潘晓讨论”虽说并不深入，结论也过于简单仓促，问题并未得到圆满解决，也未必谈得上真正的思想启蒙，却无疑是改革开放初期思想解放大潮中的标志性事件之一，显现了社会变迁中中国青年精神史的逻辑演绎。[①]对此，1980年7月29日《人民日报》发表评论员文章《人生观的讨论值得重视》，指出：“长时间来，我们的思想政治工作中有一个通病，就是不从实际出发，不敢讲真话，说教多，启发少，批评多，引导少，空洞的大道理多，实事求是的分析少。”“潘晓讨论”被称之为一代青年的思想“初恋”。28年后的2008年，当《中国青年》前社长兼总编辑关志豪回望当年毅然决定要发

① 陈亮：《社会变迁与中国青年的精神史演进》，《当代青年研究》2010年第11期。

表这封信时说道："产生巨大反响是意料和情理之中的，那一代年轻人从小受的是全红的理想主义教育，他们就像关在一间封闭的小屋子里，窗外是一簇人为摆放的鲜花，只有袭人的花香和恋花的蜂蝶，但当他们有朝一日走出这个房间，发现世界不只是一个窗户那么大小，也不只有鲜花和蜜蜂，世界很大，也很复杂，有阳光也有阴暗，有鲜花也有毒草。因此，困惑是必然的，思索也是必然的，困惑和思索说明这代青年开始清醒、开始独立、开始前进。他们大有希望。"①

"潘晓讨论"涉及到人的主体性的确立，萨特的《存在主义是一种人道主义》成了80年代中期掀起的"文化热"中青年的必读书目之一。对人道主义和异化问题的讨论对接了存在主义思潮在青年中流行。

存在主义是20世纪上半叶西方最具代表性的哲学思潮，之所以在"文革"之后的青年中流行，恰巧与存在主义当初在产生的历史背景有了某种暗合。存在主义产生于第一次世界大战后的德国和第二次世界大战后的法国。随着两次世界大战的结束、现代文明的到来，欧洲进入了历史中的非宗教阶段。问题是在人们打破宗教至高无上、无所不包的框架后，拥有了自由的权利、进步的科技，却同时发现自己的无家可归。人似乎是人类社会中的"局外人"，是一个支离破碎的存在物。存在主义试图用理论来化解人的异化感觉。存在主义强调以人为中心、尊重人的个性与自由，认为人在无意义的宇宙中生活，人的存在本身并无意义，人却可以自由地为自己做出选择，并对自己的选择承担责任。

源于克尔凯郭尔的神秘主义、尼采的唯意志主义、胡塞尔的现象学的存在主义的思想，经由存在主义的创始人海德格尔和将存在主义发扬光大的萨特，成为全球性的一种社会思潮。萨特一本薄薄的《存在主义是一种人道主义》随着西方思想文化经典作品的译介而在中国青年中风靡。存

① 《1980年引发全国关注的"潘晓讨论"》，《北京日报》2008年12月11日。

在主义哲学提出了三个基本原则：一是“存在先于本质”，首先是人的存在、露面、出场，然后才说明人的自身。存在，首先是“自我”的存在，是“自我感觉到的存在”，否则一切皆无所谓存在。人的“自我”决定自己的本质。二是“世界是荒谬的，人生是痛苦的”。一切都是荒谬的。世界给人的只能是无尽的苦闷、失望。穷人如此，富人亦如此。三是存在主义的精义，即“自由选择”。在事物面前，人如果不能按其个人意志作出“自由选择”，便失去了“自我”，也就不能算是真正的存在。萨特的存在主义哲学不仅是存在主义文学的思想核心，而且成为了后现代主义文学各个流派的思想基础。存在主义指出，人的价值高于一切。个人与社会是对立的，但也是可交流，互相不能脱离。人是被动地来到世界上的，“被扔”的感觉时时与客观事物和社会相对立，并威胁着“自我”。在存在主义哲学中被人误读最深的是萨特在他的剧本《禁闭》中有一句存在主义的名言：“他人即地狱”。“他人即地狱”并不是说人与人是永远难以沟通的关系，而是说把“我”这个自由的主体变成了僵化的客体是他人的目光，而且他人的目光还迫使“我”多少按他们的看法来判定自己，以修改自己对自己的意识。而“我”对别人也是如此。这一时期从人的主体性的确立到异化问题的讨论在青年大学生中展开。

（二）从自由主义想象到对西方社会文化的迷恋

1978年12月，中共十一届三中全会拉开了改革开放的大幕。1984年10月，中共十二届三中全会通过《关于经济体制改革的决定》，标志着经济体制改革的全面展开。面对一个生机勃发的社会，80年代中国自由知识分子认为，中国社会亟需“启蒙”，以完成五四以来未完成的“启蒙”。他们以自由主义的基本理念启发民众，强调自我意识、独立意识以及公民的权利意识。与此同时，对“人”的价值的肯定，使人道主义重新被发现。

他们以西方自由主义的基本理念启发中国民众，特别呼唤知识阶层的独立意识、自我意识和权利意识。电视政论片《河殇》在1988年由中央电视台播出可谓影响极大，宣布象征中国传统的“黄色文明”的死亡，新生属于西方资本主义的“蓝色文明”。自由主义在80年代的中国被赋予了“真理性和正义感”，青年大学生更是接受者。

作为改革开放以来伴随着中国知识界对极“左”时代文化专制主义的批判与反思而出现的自由主义思潮，提倡人的权利意识，提倡民主法治精神，批判文化专制主义。从西方自由主义理论中获得思想资源的自由派知识分子，率先呼唤人的尊严、价值、自由、启蒙与思想解放。表现在青年文化上，青年喜欢听流行歌曲，穿喇叭裤，男青年留长发，女青年烫卷发，把港台明星视为新偶像。在经历十年“文革”的思想禁锢后，青年将目光移向国外，重新审视西方，也重新发现了世界。“自由主义它在经济上要求市场机制，与计划体制相对而立；它在政治上要求代议制民主和宪政法治，既反对个人或少数人专制，也反对多数人以‘公意’的名义实行群众专政；在伦理上它要求保障个人价值，认为各种价值化约到最后，个人不能化约、不能被牺牲为任何抽象目的的工具。”①

1986年9月中共十二届六中全会通过的《中共中央关于社会主义精神文明建设指导方针的决议》，提到反对主张把资本主义一套制度都拿过来的“资产阶级自由化”。资产阶级自由化思潮利用我国社会中的各种矛盾，以改革之名攻讦中国共产党，攻击社会主义制度，抓住青年崇拜西方社会的心理，蒙蔽充满爱国热情的青年，以致在1989年春夏之交爆发“六四风波”。

“六四风波”之后，文学艺术作品“躲避崇高”，思想界“告别革命”。《我们有什么样的一代》是1993年2月23日《中国青年报》上的一

① 朱学勤：《书斋里的革命》，长春出版社1999年版，第426页。

个大标题。编者按中用5首流行歌曲来概括当代青年的心态：第一首是崔健的《一无所有》，第二首是《心中的太阳》，第三首《妹妹你大胆地往前走》，第四首是《跟着感觉走》，第五首《半梦半醒之间》。从这些青年喜爱的影视作品歌曲中，可以看出青年怀揣梦想而又无力、困惑的状况。《一无所有》是1986年为纪念“国际和平年”而举行的中国百名歌星演唱会中崔健迈出摇滚乐的第一步，同时也吼出了中国的摇滚乐时代。有意味的是到了2014年，崔健因《一无所有》的歌词未通过审查而退出央视春晚[①]。《心中的太阳》唱的是一长串的“我不知道”，想大胆往前走，怎么走？在半梦半醒之间跟着感觉走。世纪末情绪在弥漫。

当历史不是一面镜子，不是客观事实，而是“任人打扮的小姑娘”，就有可能走向历史虚无主义。各种假历史之名的“戏说”就是如此。恩格斯在《社会主义从空想到科学的发展》一文中指出：“以往的全部历史，除原始状态外，都是阶级斗争的历史；这些互相斗争的社会阶级在任何时候都是生产关系和交换关系的产物，一句话，都是自己时代的经济关系的产物；因而每一时代的社会经济结构形成现实基础，每一个历史时期的由法的设施和政治设施以及宗教的、哲学的和其他的观念形式所构成的全部上层建筑，归根到底都应由这个基础来说明。”[②]

（三）从新自由主义的导向到民族主义的高调

和80年代的自由主义启蒙不同，新自由主义是属于经济的思潮。作为完成形态的国际垄断资本的理论体系的新自由主义思潮，核心内容是经

① 《〈一无所有〉未通过审查 崔健退出马年央视春晚》，《华商晨报》（西安）2014年1月18日。

② 《马克思恩格斯选集》第3卷，人民出版社1995年版，第739页。

济的自由化、私有化、市场化、全球一体化。自“华盛顿共识”①出台之后，新自由主义势如破竹，国际垄断资本迅速开辟全球空间，原苏联等东欧国家公有制经济基础被摧毁。经济市场化波及全球，市场机制的资源配置制度被各类经济模式的国家所接受，国际垄断资本运作有了可靠的制度性保障。经济自由化进程中，金融自由化更是为人关注，成为国际垄断资本控制全球经济的一个重要杠杆。作为现代经济命脉的金融，通过金融自由化和金融国际化将世界经济体系牢固地置于自己的掌控中。

新自由主义的全球一体化是经济体制、政治体制和文化体制的“一体化”。中国要发展，中国不会拒绝参与经济全球化，如果说经济全球化是世界经济体系发展的一个阶段，是人类社会生产力发展到一定程度的必然结果，然而我们必须对其背后的新自由主义及垄断资本的国际扩张保有高度警惕。

世纪之交和新世纪的一大特色，是中国青年大学生爱国主义和民族主义的高涨。随着全球化浪潮的冲击，许多青年尤其是大学生开始认真思考：全球化是否能带来“全人类的利益”？20世纪形成的国际格局所带来的后殖民主义倾向，是否“地球村主义”“世界主义”的迷雾？或者说是西方利益的思想工具？这些都应从我们本民族的利益、本国的安全为逻辑起点加以梳理、思考、应对。在中国人如何避免自我淘汰的忧思中，促使中国青年爆发强烈的爱国主义、民族主义思潮，并以此对一统天下的自由主义提出挑战，且努力消解自由主义在中国民间的影响力。在80年代人们

① 华盛顿共识（Washington Consensus）是1989年提出的针对拉美国家和东欧转轨国家的、新自由主义的政治经济理论。指位于华盛顿的三大机构——国际货币基金组织、世界银行和美国政府，根据20世纪80年代拉美国家减少政府干预，促进贸易和金融自由化的经验提出来并形成的一系列政策主张。该共识包括十个方面：1.加强财政纪律，压缩财政赤字，降低通货膨胀率，稳定宏观经济形势；2.把政府开支的重点转向经济效益高的领域和有利于改善收入分配的领域（如文教卫生和基础设施）；3.开展税制改革，降低边际税率，扩大税基；4.实施利率市场化；5.采用一种具有竞争力的汇率制度；6.实施贸易自由化，开放市场；7.放松对外资的限制；8.对国有企业实施私有化；9.放松政府的管制；10.保护私人财产权。（参见百度百科）

很难想象十年后曾有“共识”中国思想界出现了剧烈分化，最终呈现出多元化走向。作为回应全球化压力的民族主义思潮的崛起就是其中之一。

一直以来，怎样看待美国，怎样看待日本，很大程度反映的是怎样看待这个民族意识的“试金石”。《中国青年看世界》在1995年5月至8月由《中国青年报》等单位针对中国青少年进行的政治观、国际观进行的一次调查，调查试图通过中国普通青年对西方、对美国的看法，把青年的国家民族意识反映出来。调查结果中最明显的一个指标是青年的反美情绪，此数据与80年代以来青年的出国潮形成鲜明的对比。美国方面也十分关注这次调查，甚至将其作为调整对华政策的一个论据。正如中国社会科学院房宁教授所指出：“这次调查的意义在于，它使人们觉察到，中国政治风向在悄悄地发生变化，透过青年人国际观、美国观的变化，人们清楚地看到：90年代的青年已经改变了80年代的否定性倾向，转而对中国现状持有基本肯定的态度，对国家和社会出现了较高的认同，对中华传统文化、风俗和中华民族的特性、历史也持有基本的肯定态度；对中国的国际地位、国际形象的信心增强，对国际关系持有现实主义的认知。一句话，中国青年心中久违的民族意识在复苏。”[①]随后1996年至1999年的三年里，《中国可以说不》《妖魔化中国的背后》《全球化阴影下的中国之路》的畅销，不啻成了中国新一代青年民族意识的觉醒的表征。由《中国可以说不》开始，民族主义议题大规模地进入了公共话语领域。

总括起来，当代中国的民族主义诉求是主张适度开放、抵制西方话语霸权；寻求“效率”与“公平”的均衡；建立亚洲经济圈；发展中国的战略产业，建构民族新文化。民族主义是把双刃剑，当“愤青”的过激民族主义行为表现出“极端民族主义”和“狭隘民族主义”时，中国政府就要理性地对待国内民族主义情绪，尽量对其负面作用给以控制。与此同

① 房宁：《影响当代中国的三大社会思潮》，《复旦政治学评论》第四辑，2006年9月出版，第273页。

时，针对中国市场化改革进程中出现的广泛而急剧的社会分化，出现了反思传统社会主义理论和实践，反思、批判所谓“现代化”“现代性”问题的“新左派”思潮。“新左派”以中国“弱势群体”的代言者自居，所谓“弱势群体”，指市场化进程中利益受损的那部分群体。改革的深化意味着市场化程度的加深，而中国的弱势群体人口比例也在上升，这是令人担忧的一个状况。

“新左派”呼吁公众的监督权，要求对改革进行监督，对财富分配进行监督，对社会公平进行监督。青年大学生在关注弱势群体，积极投入志愿者服务的同时，持续强烈地反对腐败，并对党和政府反腐败的前景寄予较高的期望。

（四）从后现代主义的立场到普世价值的宣扬

后现代主义反权威、反中心、反“元解释”，十分符合青年“反叛者”的角色。后现代主义不是洪水猛兽，而是人类历史上一次伟大的革新，是人类重新认识世界、认识自我的积极姿态。后现代主义将个人经验、背景、意愿和喜好在知识、生活及文化上置于优先地位，对给定的文本、表征、符号给出多元的解释可能。自然，由于后现代主义反对“罗格斯”，主张“无中心”的多元价值取向，使得以往的价值评判标准模糊化、消解化，变成“怎么都行”。后现代主义令人们的思想不再拘泥于诸如社会理想、国家前途、传统道德、人生意义这些现代主义观念，而是倡导思想的彻底解放，主张人对自我有更深刻的了解。有人在当代青年的后现代风格中看到消极颓废、悲观失望的情绪，青年的苦闷、孤独、找不到出路表现为玩世不恭和放荡不羁并非能被成人社会完全接受。但青年却在用自己的力量影响、带动整个社会风尚，后现代的青年文化被越来越多地融入了大众文化中，同时又与大众文化拉开距离，再创生新的文化形式。

精英文化的终极，现代理想主义的式微，解构、拼贴、仿拟、戏说、重复、错位等艺术手法的运用，构成了后现代驳杂的景观。事实上，后现代主义对当代的冲击可谓是全方位的，国学热的之乎者也、成功学的市场逻辑、心灵鸡汤的抒情、娱乐至上的碎片、财富梦的追逐，在后现代的大旗下色彩纷呈。

后现代主义迎面扑来，这从80年代中后期的青年文学艺术作品中已初露端倪——星星美展，八五新潮，后现代诗歌创作，王朔小说等，到了90年代已是风靡全国，当代艺术被接受。后现代主义结束了20世纪的政治神话，同时以不可阻挡的势头在21世纪将“圭臬已死”的宣言覆盖人们的视野。如果我们把依靠元话语使自身合法化的科学称为“现代”，那么，“简化到极点，我们可以把对原叙事的怀疑看作是‘后现代’。”[①]利奥塔说：“现代主义与后现代主义之间并没有一层铁幕或一道中国的万里长城隔开；因为历史是一张可以被多次刮去字迹的羊皮纸，而文化则渗透在过去、现在、未来的时间之中。”[②]但是，我们不能将后现代主义简单化，简单化的结果看起来让人便于了解或理解后现代为何物，实际却是将其庸俗化了。如果没有看到后现代主义对现代主义的批判与解放——将高雅文化从象牙塔的特权中解放出来，植入更广阔的世界，使其走向多元，而非与现代主义绝对的二元对立，它挑战、反抗、否定的是事理性主义、英雄主义、理想主义、浪漫主义的特权和霸权——也就意味着抹杀和葬送了后现代主义的先锋性。应当看到，后现代的历史性出场，使“隐性的焦虑时代”变成了“显性的焦虑时代”[③]，后现代带来的多重立场，似乎一切都依赖于你我的定义。然而，后现代并非表面上的“万事无所谓”，它

---

① ［法］让-弗朗索瓦·利奥塔尔：《后现代状态》，车槿山译，南京大学出版社2011年版，第4页。

② ［法］利奥塔等：《后现代主义》，赵一凡译，社会科学文献出版社1999年版，第118页。“羊皮纸”是指原先书写的文字可以刮去而重复多次，但每次都会留下依稀可见字迹——原注。

③ ［美］罗洛·梅：《焦虑的意义》，朱侃如译，立绪文化事业公司2004年版，第4页。

在意的是各种可能性的探寻。在这样的大背景下，宗教于其中也静悄悄地变化着，它的神秘面纱正向年轻一代揭开。一个“后宗教时代”的到来意味着信仰更加多元，宗教更加宽容，当寺观教堂成了青年学习与社交的文化场所，传统宗教的神圣与庄严也就让渡给了世俗与亲和。因此，它是宗教在后现代社会语境下对自身发展的反思和推进，打破“神圣”与“世俗”的疆界，其叙述话语和风格都良好地适应了资本自由市场。后宗教时代并非宗教的自我否定或宗教的自我消亡，而是于新的历史条件中做出新的宗教伦理的回应。简言之，“后宗教时代”亦即宗教的世俗化时代。

娱乐、反叛、迷惘、求索是青春的主要特征。对信仰的找寻和遴选是当代中国青年的生活方式之一，而这份选择的功利性、世俗性、随意性、游戏性、时尚性正构成了后宗教时代的景观。这里言及的“信仰”是一个宽泛的概念，它不仅是一种思维方式，也是一种生活方式，它是人与神的关系，也是人与人的关系，更是人与自我的关系。神学哲学家蒂利希说：“在大众化的宗教用语里，很难找到一个词像“信仰”那样，更容易引起误会、曲解和疑问了。”[①]任何信念一旦被信仰化就有可能变为一种泛宗教，或者说就具有了宗教特性，而信仰正是“宗教的核心”。也就是说，宗教首先是人类的精神行为，信仰是人类精神行为的核心。蒂利希在《文化神学》中指出：“当代心灵对宗教的不合理的、强制性的肯定和否定”，都将“威胁着我们的精神自由”[②]哲学史上的信仰主义认为，信仰先于、高于知识，科学交给人们知识，但并不能给予人们的归属感，唯信仰可以解决这个问题。今天我们看到科学、理性与宗教、信仰正在走出绝对的二元对立，调和不是不可能的。

走出意识形态视角下的“普世价值”，还原普世价值的真正含义。普

---

① 参见[美]蒂利希：《信仰的动力》（Dynamics of Faith ,Happer & Row ,Publishers ,1957），“序”。转引自张志刚：《宗教是什么》，北京大学出版社2008年版，第272页。

② 何光沪选编：《蒂里希文集》，上海三联书店1999年版，第379页。

世价值是普遍适用的价值观。它超越民族、种族、国界和信仰，为全人类共同拥有的价值观，是衡量是非善恶的最低尺度，或者说是人类道德的共同底线。公平、正义、自由是普世价值观的三个基本要件，三者相互依存不可分割。作为既有整体性又有相对性的一组概念，"公平"乃竞争社会机会均衡、基本人权对等；"正义"按美国学者约翰·罗尔斯的解释，应指所有社会价值的平等的分配以及除非对其中的价值不平等分配合乎每一个人的利益；"自由"一则指人的基本权利和自由意志，二则指每个人的自由是在他人自由前提下的自由。共产主义社会将预示人类获得自由和全面的发展。

2015年，一场关于共产主义的争论在互联网上不期而至。

2015年9月7日《学习时报》全文发表了习近平总书记在与中央党校第一期县委书记研修班学员座谈时的讲话，习总书记强调，我们不能因为实现共产主义理想是一个漫长的过程，就认为那是虚无缥缈的海市蜃楼，实现共产主义是我们共产党人的最高理想，而这个最高理想是需要一代又一代人接力奋斗的。我们现在坚持和发展中国特色社会主义，就是向着最高理想所进行的实实在在努力。9月11日《北京日报》发表了题为《让共产主义理想照亮漫漫前行路》一文，"面对复杂严峻的世界形势，艰巨繁重的发展任务，多元多变的思想潮流，我们比以往任何时候都更需要点亮理想之灯、拨正信仰指针。①

共产主义是一种政治信仰，是人类最崇高的社会理想和社会形态，是马克思、恩格斯站在无产阶级的立场上，对人类社会特别是资本主义社会进行科学研究后，揭示的人类社会的一般规律和发展方向。共产主义最根本的特征表现为：物质财富极大丰富，消费资料按需分配；社会关系高度和谐，人们的精神境界都有极大提高；实现从必然王国向自由王国的飞跃。

① 凤凰网资讯[2015-09-11]，http://news.ifeng.com/a/20150911/44629368_0.shtml

共产主义已走过100多年的探索之路，它早已不单纯是一份理想、一种学说，而成为深刻影响。从最初作为学说的传播到后来作为推动人类社会历史进程的重要力量的运动的兴起，其发展其高潮有低谷，共产主义是人类大同的实现，是共同富裕的实现，不可能一蹴而就。

2015年9月12日，破土网整理《人民日报》对习近平在县委书记研修班上讲话的报道，题为《习近平做出重大理论表态：搞中国特色社会主义是为了实现共产主义》，文章一经发出很快就受到了大量关注，单篇文章点击量将近23万，引来6000多条转发和100多条评论，因评论太多，新浪不得不关闭了此条微博的评论功能。在众多的评论中，企业家任志强的评论尤为引人注目，并引发了网络上的波澜。

2015年9月21日共青团中央官方微博发布题为“信仰”的微博，指出：“对于我们共青团人来说，共产主义既是最高理想，也是实现过程”，并发起“我们是共产主义接班人”的话题讨论。中国人民大学教授王向明在《中国青年报》推出《理直气壮地高扬共产主义伟大旗帜》：“一些人肆意地攻击和歪曲习近平总书记关于共产主义的一系列论述，说什么这是向‘左’转”、是要再刮‘共产风’‘向后退’‘说空话’”，等等。这些说法，如果不是恶意的诋毁，就只能是浅薄幼稚的无知了。”“事实上，‘共产党’这个名字本身就是一面鲜明的旗帜，它向世人公开地宣示了共产主义的理想。”①

任志强在2015年9月21日的新浪微博就“我们是共产主义接班人”的话题转发并评论道“曾经被这个口号骗了十几年”。此评论一出，一石激起千层浪。他在长微博《“我们是共产主义接班人”？》说：“我们被欺骗了十几年。‘文革’让我知道只有无产阶级专政下的阶级斗争再革命。而没有共产主义接班人！”23日，共青团中央发@共青团景临写的长微博

① 《中国青年报》2015年9月21日第1版。

“与任志强先生榷”并置顶，文中写道：“作为整个共青团组织的一员，有必要认真严肃、平心静气地对任志强先生进行回应”，同时明确指出“共产主义是一个崇高的目标。我们共青团员是共产主义的接班人，是指接过奋斗的班，而不是坐享其成的班。只要我们一代接一代延续下去，共产主义就一定能实现”。

9月23日任志强的回应是一篇《全世界无产者联合起来》的长微博，他写道：“不要以为对党的历史和现状提出批评就是反党。”认为“共产主义在有中国共产党的那天就不是只属于一个民族，一个国家的。共产主义天生就是个国际的主义！能不能实现也绝不是一个政党，一个民族，一个国家的事。”同天《环球时报》发表社评：《共产主义理想没有欺骗中国》。

9月24日法治宣传网有文《请问任志强信仰共产主义骗了你什么》，《光明日报》有文《坚定共产主义信仰是共产党员的永恒课题》。此后，《我们为什么要信仰共产主义》《追寻与守护人类理想的中国逻辑》，破土网一直在跟进，到11月还有系列文章在讨论。

毋庸讳言，共青团在回应各种思潮的挑战时，时常让青年感到“无力”和“缺位”，不能及时跟进。究其原因，有“稳妥”的思维惯性，有“武器”的空洞，更有与青年关系的若即若离。坚持用社会主义核心价值体系引导青年是新时期共青团思想引领的工作重点。以青年为主体的青年观来看青年，就会发觉青年问题都是社会问题。为什么物质生活的丰富并不能带来更多的幸福感？为什么现代化的交往手段越来越便捷，人际关系却越来越虚拟和冷漠？为什么会产生新的读书无用论？寒门子弟的苦读并不意味着人生的上升，阶层固化和高学历犯罪构成了怎样的精神沦陷？面对社会发展的多元，各种思潮的纷呈，如何提高青年的辨别能力，保持政治的敏锐性，共青团扮演的是守灯者，更是擦亮星星的人。

三、领潮：共青团的先进性实践与理性反思

中共十六届六中全会通过的《中共中央关于构建社会主义和谐社会若干重大问题的决定》第一次鲜明提出："坚持以社会主义核心价值体系引领社会思潮"。这是党基于对中国特色社会主义事业新的文化自觉而作出的一个重大判断。共青团做好青年的引领工作义不容辞，团十六大报告指出："社会思想越是多样化，越需要在青年思想教育中唱响主旋律。共青团要旗帜鲜明地弘扬社会主义核心价值体系，引导青年确立正确的价值取向"，用社会主义核心价值体系进一步教育引导青年。共青团中央书记处2015年10月9日在《积极稳妥地深化共青团改革——深入学习习近平同志在中央党的群团工作会议上的重要讲话》一文中指出："坚持虚功实做、难事长做，积极稳妥有序地深化共青团改革，推动共青团事业乘势而上、大步前进，始终紧跟党走在时代前列、走在青年前列。"[①]共青团的先进性实践表现在重视对青年思潮和热点问题的研究，重视教育引导青年的针对性和实效性，严格按照党的要求，使社会主义核心价值体系在青年思想中得到内化，在青年实际行动上得到张扬，以多种形式的活动引导青年，探索共青团体制改革，创新共青团工作，带领青年积极投身社会经济建设。而理性反思是共青团工作开创新局面的起点，要卓有成效地进行青年的思想政治教育，必根据青年的特点在物质层面和思想层面结合上寻找突破口。

经验启示之一：告别传统的"运动式"治理，建设现代的"行动式"机制。

① 《人民日报》2015年10月9日 第7版。

“运动”和“行动”在这里是从社会学的意义上去理解的。简单地说，运动指政治、文化、生产等方面有组织、有目的而规模声势较大的群众性活动（一般用于向群众公开宣扬某种思想、见解、主义的群众活动）；行动是为达某种目的而进行的活动。运动和行动都是一种发动和动员，只是运动相对在规模上更大，统一性更强；而行动具有更多的层次性、个性化，规模也相对要小。

以往我们习惯用“运动式”治理来求得快速和高效，“运动式”治理要求绝对服从行政命令来推动，面上轰轰烈烈，遍地开花，实际上容易造成青年的逆反心理，快速和高效有时更像是一场“政治秀”。现代的管理模式应该更人性化、个性化。共青团从适应社会改革和社会转型入手，动员模式、话语系统有了一些改变，更多的是启动“行动式”机制。为改善社会风气，共青团联合相关单位先后开展了“五讲四美三热爱”和培养“四有新人”的活动。团十三大以来，以“跨世纪青年文明工程”“跨世纪青年人才工程”等富有青年特色的活动，产生了良好的社会效益。“希望工程”“青年志愿者”“手拉手”等活动在《中共中央关于加强社会主义精神文明建设若干重要问题的决议》（1996年）中被予以了充分的肯定。21世纪的共青团工作更是呈现出多维度的开放性特点，“保护母亲河行动”“中国青年科技创新行动”“全国企业青年职工创新创效活动”“服务农村青年增收成才行动”“大学生素质拓展计划”等，实现活动项目化，项目品牌化，品牌产品化。

青年团是“行动的群众组织”，共青团工作从运动到行动，工作的可视性、操作性得以增强，价值引领有了可靠的抓手。另外，新媒体的蓬勃发展成为了解青年思想动态的重要途径，共青团应用新媒体也就成了新形势下引导青年的必然选择。2011年，武汉共青团全面启动纪念“建团90周年”系列微电影活动，通过联合专业力量和市场力量，依托微电影做好引导青年的工作；为贯彻落实团中央《关于在全国青少年中广泛开展“学党史、知党情、跟党走”主题教育活动的通知》，2011年7月，云南团省委主办了“千网联动学党史”活动，用真实的成长故事感召青少年树立积极向上的世界观、人生观、价值观，通过新媒体与嘉宾访谈、与网友互动的形式传播党史知识；2012年2月，团中央印发的《关于在全团广泛运用微博开展工作的实施意见》是共青团应对新媒体、寻找新途径引导青年比较及时的一次；2012年8月广东省中山团市委开通了“中山青年”的官方微信，在微信中建设共青团阵地，这是全团首个、全国第二个实名认证的党政机关官方微信。[①]我们有理由相信，随着共青团自身机制和能力建设的加强，共青团工作载体、工作方式的扩展，在教育引导青年的机遇和挑战中必渐入佳境。对青年的价值引领是个长期的、需要深入人心的工作。因为价值追求必经人的内化方可形成真正的社会共识和人的力量。上海大学陈新汉教授在《怎样形成对社会主义核心价值观体系的确信》中指出：“社会主义核心价值观体系，必须体现社会转型时期价值观变化的新特点：一要体现人文精神的本质，二要赢得社会中大多数人的认同。”“社会主义价值体系要真正成为社会的核心价值体系，必须内化为国民信仰。但是，怎样形成对社会主义核心价值观体系的确信，还要强调可信因素。”[②]当代青年在后现代语境中的信仰焦虑亟需共青团对信仰问题的确信、可信之回应。

经验启示之二：注重青年群体的阶层特点和利益诉求，关怀底层青年的生存困境与成长通道。

当代社会思想语境与精神文化发生深刻变化，青年群体思想活动独立性、选择性、多变性、差异性明显增强。青年对政治、对意识形态到底感

① 参见杨守建主编：《新媒体与共青团工作》，光明日报出版社2013年版，第183—184、199页。

② 潘维、玛雅主编：《聚焦当代中国价值观》，生活·读书·新知三联书店2008年版，第20、22页。

不感兴趣，是要“主义”还是不要“主义”，不同阶层的青年在不同情况下会有不同的表现。共青团的重要职能是引导青年、教育青年，一个有效的办法是分类引导青年。要根据青年群体的阶层特点，对不同青年群体职业背景的差异性、社会阅历的相异性、思想意识的复杂性有充分的认识，将思想领引做到实处，从党政关心、社会关注、青年关切的问题出发服务青年。共青团组织要坚持以理想信念教育为核心，引导广大青年坚定不移地跟党走中国特色社会主义道路。要针对青年在社会观察中看到的现象与所接受的正面教育存在的一些反差，运用各类青年群体习惯的语言和逻辑，把历史和现实、理论和实践、宏观和微观相结合，与青年沟通碰撞，解答青年思想困惑，正确引导青年模糊认识，把党团组织的“大道理”转化为青年易于接受的“小道理”。并按照贴近青年特点、体现时代特色的要求，从形式、手段、途径、载体等方面大力改进创新引导工作，探索将思想引导内容有效传递到青年中去的现实路径①。同时，对青年的价值引领一定要充分考虑到他们的现实需求，团的工作青年群众化，就是使青年团成为青年利益的社会代表；要抓住“痛点”，突出关注青年利益。

价值引领既不能不讲利益，又不能仅为利益。在金字塔式的社会结构中，需要特别关注底层青年的生存困境与成长通道。的确，“在大城市生活久了，不少人看待问题总是带着‘办公室思维’。一些经济欠发达地区，一味地鼓励青年创业，但是忽略了还有很多技校毕业的年轻人，他们更需要就业。还有一些地方，在国家放开二孩政策时考虑如何服务，却忽略了我国平均每天就有5000个家庭离婚，很多单身母亲一个人艰难地带孩子。很多人热衷于分析国际经济形势，但却想不到，为了一年两三千元的低保补助，低保户们会想尽办法与核查的乡镇干部套近乎。”②为此，共

① “陆昊同志在分类引导青年试点阶段性工作会议上的讲话”（2009年11月25日），中国共青团网[2010-02-02]，http://www.ccyl.org.cn/documents/ccylspeech/201002/t20100202_332987.htm

② 章正：《社会底层青年的困窘需要更多关注和破解》，《中国青年报》2015年11月23日第3版。

青团应该少做锦上添花之事，多做雪中送炭之事。比如，进城务工青年在当代中国已形成了一个庞大的群体，关爱他们的子女，解决他们的后顾之忧是共青团关注的一个焦点。共青团发动全社会来关心、爱护农民工子女围绕学业辅导、亲情陪伴、感受城市、自护教育等实行结对帮扶。一个文明的、良性运行的社会是让普通的、底层的青年都找到自己的尊严和价值的社会，青年需要为有希望的生活奋斗，更需要能够获得奋斗的途径，将希望最终成为美好的现实。

对青年价值引领需要突出群体特有的选择和风格，特别研究青年或青少年的话语模式。话语是一种有特定目的和结果的社会实践形式，它同时也是一种思维方式。有同频语言，才能进入他们语境，掌握话语特点，消除沟通交流时的语言障碍，真正了解理解青少年发展状况，更大程度掌握青少年群体政治状态与行为规律。要把价值观念转化为青少年话语模式，被其内化或共享，切实增强青少年思想价值观念教育与引领效果。

经验启示之三：联盟“第三种力量”，实现伙伴式互动与引导式成长。

新世纪以来，青年自发成立、自主发展、自行运作、自我治理且具备一定规模、拥有组织章程和组织框架的青年非政府组织蓬勃发展，越来越多的青年参与其中，组织类型也在日益扩展，于公共事务、社会治理和青年文化中的作用不断增强。随着社会发展，中国的经济成分日趋多元，社会分层越来越显著，代表各阶层利益的新型社会组织应运而生。青年在社会变迁、文化碰撞、网络开放的今天，对社会公益的践行，对个性化生活方式的追求，对群体利益的维护与责任，青年自组织飞速发展。也就是说，青年自组织的形成缘于外部的开放和内部的凝聚。青年之间某种共同利益、共同信念和观点，共同志趣爱好，以及相似的生活经历、社会背景等，都可能形成他们自发组合走在一起的某种桥梁和纽带。

21世纪初，我国主要有四种功能类型的青年自组织。一是沟通关怀功能的社区青年自组织：现代化使农村城镇化迅速发展，人口集中，社区兴起。以志趣爱好相投的青少年为集合在一些社区内部建立各种青年自组织。通过活动的开展实现彼此之间的关怀，消除陌生环境中个体的孤独感、无助感和空虚感。二是利益联合的职业青年自组织：职业青年是工业化、商业化社会进程中主体，职业相同或背景相似的青年，为维护权益、保障利益建立自组织。三是愉悦共享功能的休闲青年自组织：仅以志趣爱好相同而建立的自组织，开展适合自己的休闲活动。四是自主服务功能的公益青年自组织：怀有社会责任感、公益心的青年，通过各种公益事业、志愿服务等活动建立起来的各类自组织。组织成员强烈的社会责任感和奉献精神是他们用爱心行动起来的动力。此类自组织有良好的社会反响，最易得到民众和政府的认可。青年自组织既有地面的平台，也有网络的平台。网络社区、论坛、微博、微信的兴起满足了人们平等交流、获取信息的需要，在沟通与交流中获得归属感。网络青年自组织一方面促使更多的实体性青年自组织借助网络实现组织功能，另一方面提供了更加自由、便捷、虚拟的选择。

共青团应紧扣青年自组织发展的内在需求，在服务大局、服务青年、服务青年自组织发展的有机结合中发挥作用，体现共青团的先进性。在组织架构上，建立服务青年自组织的专门机构，为他们提供服务平台；在服务的项目上，全程跟进，帮助他们提高组织化程度、培训人员，培育有特色的组织文化，同时创造机会加强青年自组织之间的横向交流，发挥共青团的桥梁、纽带作用。以活动为载体，注重时代特征，运用新媒体，及时了解、掌握青年发展状况及思想动态，有效地发挥共青团价值引领的作用。

共青团应与青年自组织合作互补，提升共青团的凝聚力和影响力。青年自组织的产生对共青团组织是个有益的补充。其在沟通与关怀、共享与联合、寻找归属与自主服务等方面同共青团发挥自身优势，联系、服务、凝聚青年的目标是一致的。随着社会的开放，公共空间的进一步拓宽，社会管理的更加科学化、人性化，青年自组织必将成为在社会事务中除国家和市民社会之外的“第三种力量”。共青团应以更加开放、主动的姿态去联盟这种力量，建立合作互补的运作机制。延长手臂，形成链条，扩大影响，关注线上线下的联系与覆盖，增强服务引导的枢纽作用。共同践行社会责任、探寻生活方式，以主流价值观去影响和引领全体青年。共青团作为执政党青年组织，研究、探索党的意识形态在青年中的传播路径也是其价值的体现。

经验启示之四：形成组织力量、市场力量、专业力量合力，加速共青团工作的网络转型。

价值引领需要共青团适时更新互联网思维理念，加速传统工作方式的现代转换，利用、管理好互联网这一个“最大变量”，增强主流媒体的传播力、公信力、影响力特别是舆论引导能力。

2015年共青团的一大品牌工程是“青年之声”。“青年之声”是面向全国青年的大型社交互动平台，于2015年4月28日正式开通上线。该平台的宗旨是“反应青年呼声，回应青年诉求，维护青年权益，服务青年成长”。青年可以点名邀请进驻平台的全国近4000位专家作跨地域、跨层级的专业解答。

中国互联网络信息中心（CNNIC）发布的第36次《中国互联网络发展状况统计报告》显示，截至2015年6月，中国网民规模达6.68亿，其中以10—39岁年龄段为主要群体，比例达到78.4%，且20—29岁年龄段网民占比最大，达到31.4%。“青年之声”平台的运行机制为“三微一体”，即以PC端与移动端相结合，微博为运行平台、微信为配合平台、微邦为通信平台。其基于青年需求建设的十大服务体系分别为青年成长、健康、创业、志愿、心理、国学、就业、维权、婚恋以及爱心传递服务。[①]2015年10月22日，共青团中央在北京召开全团“青年之声”建设推进工作电视电话会议。团中央书记处第一书记秦宜智出席会议并讲话，要求发挥好“青年之声”在全团四维格局中的牵动效应，通过平台建设促进团的工作理念、组织体系、运行机制、工作方法等方面改革创新。[②]

同年11月5日，“青年之声”创业服务联盟工作推进会暨《创业导师秀》首映式在京举行。团中央书记处书记徐晓在首映式上讲话时强调，“依托‘青年之声’互动社交平台，打造创业服务联盟导师团、推出《创业导师秀》栏目，目的是应用‘互联网+’思维和技术，借助创业导师的创业经验和感悟，为青年创业提供实践辅导，帮助青年提升创业能力，实现创业梦想。”[③]至此，“青年之声”自开通以来，平台阅读量达7.39亿次，问题留言总计17.99万条。[④]

互联网成为青年思潮传播最重要的渠道。要积极改变以至超越传统舆论格局，掌握新媒体青年受众的知识结构、兴趣所在和话语方式，寻求应对之策，有效占领新兴媒体这一舆论阵地。处理好主流媒体舆论场和民间舆论场关系，以公共利益为导向，回应热点话题，吸纳民间舆论场意见建议，促进两个舆论场良性互动，引导广大青年自觉传播主流价值观，共同传递社会正能量。更新工作方式方法，发挥共青团对青年思潮的领引作用，协调青年与社会的关系，及时对青年热点问题进行讨论和引导。

总结以上经验启示还应当看到，教育的失误，思想工作的失效，青年工作的失落乃是目前我们要面对的问题和考验。因此有必要进一步在鼓与

---

① 中国新闻网［2015-09-01］，http://news.sina.com.cn/o/2015-09-01/180632265240.shtml

② 秦宜智:《把"青年之声"打造成经得起时代、实践和青年检验的品牌》中国青年网［2015-10-26］，http://news.youth.cn/tbxw/201510/t20151026_7240846.htm

③ 中国青年网［2011-11-07］，http://qnzz.youth.cn/gzdt/201511/t20151107_7285654.htm

④ 中国青年网［2011-11-07］，http://qnzz.youth.cn/gzdt/201511/t20151107_7285654.htm

呼中反思——

首先，深化社会改革，加强综合治理。人是社会环境的产物，良好的社会环境有利于青年的健康成长、积极发展。要改变过于追逐实利的社会风气，清除、惩治政治腐败，让主流价值观的弘扬与社会现实的改善保持在同一的基础上，让青年所受的教育不至于被社会现实碾碎，让每一个有梦想的人都有向上流的通道，如此才能实现真正的“中国梦”。同时，要保持青年政策的连续性、稳定性，力求政策执行的流畅性、有效性。团干部可以是“流水的兵”，青年政策却应该是“铁打的营盘”。以开放的青年观来关心青年，以引导青年、服务青年的管理理念来保护青年的合法权益，相信唯有坚持，才有改变。

其次，激发团组织的工作活力和行动力，增强社会主义核心价值观影响社会现实的力量。团干部要把团的工作看成“亮灯工程”——点亮青年心中的灯，而不只限于照亮自己的路。要走得近青年，携手起青年。如果情人节的一支玫瑰花、圣诞节的一声“哈利路亚”就把我们的青年都吸引过去了，共青团对自身的活动行动是不是值得反思？我们组织的青年活动真是青年的活动吗？还是团干部内循环、自循环的活动？五四是青年节，还是团干部节？共青团需要改进的是活动的系统性、延续性，有时为搞活动而搞活动，过于“应接不暇”就有太“赶”、太“花哨”的嫌疑。群众性是共青团的根本特点，是共青团的天然属性，团组织开展工作和活动要以青年为中心，让青年当主角，而不能让青年当配角、当观众。一旦脱离群众性，就会走向官僚化、空壳化，丧失前进发展的动力。[①]社会主义核心价值观的威力，不仅在于其话语体系及其传播方式，更在于它是否具备影响、干预社会现实的力量。要在理解透、传播好的基础上，充分利用活

---

① 共青团中央书记处：《积极稳妥地深化共青团改革——深入学习习近平同志在中央党的群团工作会议上的重要讲话》，《人民日报》2015年10月9日第7版。

动行动载体，强化项目化、产品化，努力用它来引领社会生活，以学校、社区、新兴领域、网络为主要阵地，不断缩小现实社会与社会主义核心价值观的距离，形成有利于弘扬青年社会主流价值的生活情境和社会氛围，真正形成朝气蓬勃、生动活泼的良好局面。

再次，创新工作模式，要培养一批青年马克思主义者，培养一支有效、高效的思想政治教育工作队伍。不难发现当前中小学思想政治教育与大学思想政治教育面临一个尴尬境地是，青少年在中小学阶段接受共产主义远大理想信念教育，与大学生基本公民素质、行为习惯缺陷的巨大反差；以及当前堪忧的对“走下网络，走出宿舍，走向操场”的补课、无奈与彷徨。青少年身心健康成长有其必然的发展规律，作为培养党的事业接班人、党的助手和后备军的少先队、共青团组织，需要加强研究适合少年儿童循序渐进成长发展特点的少先队、共青团教育的有效内容和方式。此外，在社会思潮竞相登场的不同阶段，几乎每一种观点都有其信奉者，高校是社会思潮集散地，也是引领青年思潮重要阵地。青年学生与思潮关系是研究青年成长的一个基点和窗口。要加强研究，做好意识形态领域动态分析，掌握社会思潮发展态势，重视社会思潮演变趋势的监控；运用主题阅读、小组辩论等方式，加强各种社会思潮的辨析，在比较鉴别中推动高校思想政治理论课教学方法的创新，在青年思潮引领中增强高校思想政治理论课的实效性；推动思想政治理论课教师与辅导员教师联动机制建设，吸引青年教师参与相关主题的讨论和理论研究，培养青年教师及一部分骨干学生成为真学、真信、真用的青年马克思主义者；把高校党、团组织建设成认真学习中国特色社会主义理论体系、坚定中国特色社会主义理想、坚持以社会主义核心观引领青年思潮影响的学习型组织。

每一代青年都有自身的不足和优于上一代人的思维或行为特点，而教育的最高境界是不露教育痕迹的教育。发现青年，研究青年，辩证地看待青年。不简单粗暴地指责青年，不随意给青年贴标签。及时了解、掌握青年发展状况及思想动态，共青团对各种社会思潮的涌入要有到位意识，只有不缺位、不滞后，才能谈领引，才能形成思潮引领独特自转能力，并给“八九点钟的太阳”走向正午的时间。

第六章
唱响时代强音：口号的变革与启示

□ 刘庆宇

回顾共青团90多年的发展历程，在林林总总的思想引领方法中，“口号”作为一种简单朴素、实用高效的宣传形式始终在共青团思想引领工作发挥着凝聚、号召、激励、动员等重要的作用，成为政治史、思想史、文化史、社会生活史中一个不可或缺的部分。即使在互联网时代，口号也因其自身的特性而仍然拥有发展空间。有鉴于此，我们有必要从历史学、传播学的维度，对共青团思想引领口号的嬗变及其规律进行研究，并从中获得对当下思想引领工作的一些启示。

一、口号的涵义及其在中国革命中的演进

口号一词，在古代汉语中同“口占”，指随口吟作诗句，又同“口令”，指口头的暗号。在《现代汉语词典》中，“口号”的解释是：“供口头呼喊的有纲领性和鼓动作用的简短的句子。”[①]《辞海》中的解释更

① 中国社会科学院语言研究所词典编辑室编：《现代汉语词典》第五版，商务印书馆2005年版，第784页。

为详尽："为达到一定目的、实现某项任务而提出的，有鼓动作用的、简练明确的语句，以供口头呼喊。"[①]在日常语境中，口号常与标语连用，构成"标语口号"这一固定搭配的短语。在一些研究中，也往往把标语视为口号，但口号与标语既有共性又有不同。标语是"用简练文字写的（张贴在公共场所）宣传性口号。"标语与口号同样具有简洁凝练的特点、宣传鼓动的目的，但标语一般是静态存在于纸面、墙壁，遣词造句偏重书面化、标准化；而口号则是动态存在于口头、喉咙，表现形式更加口语化、大众化。因此可以认为，口号具有比标语更为灵活和广泛的使用领域，尤其有利于对普遍受教育程度较低的群众进行社会动员。本研究对象限定为狭义的、严格意义的口号，对标语的研究有待进一步的探讨。

最早在中国出现的口号或可追溯到秦末陈胜吴广起义的"伐无道，诛暴秦。"此后，在历朝历代的农民战争中，如"等贵贱，均贫富""均田免粮"等口号都发挥了重要的作用，成为组织民众反抗统治者压迫的利器。而真正现代意义上的口号则出现在五四运动这一中国青年运动史的开端，"废除二十一条""还我青岛""外争主权，内除国贼"等口号回荡在天安门前、东交民巷进而传遍大江南北，口号和青年学生一同登上了历史的舞台。

正是由于口号在五四运动中发挥了直接而重要的作用，中国共青团自诞生之日起便十分重视研究运用口号。1922年5月5日，中国社会主义青年团第一次代表大会在广州东园召开，会场之上，"演说者共十六人，多鼓吹社会革命……直至五时余，始三呼社会革命万岁而闭会。"5月10日，大会选出中央执行委员会后，"就三呼中国社会主义青年团万岁而闭会。"[②]可以认为，"社会革命万岁"和"中国社会主义青年团万岁"就

① 夏征农、陈至立主编：《辞海》第六版普及本，上海辞书出版社2010年版，第2185页。

② 中国新民主主义青年团中央委员会办公厅编：《中国青年运动历史资料（1915—1924）》第1集，内部资料1957年，第126页。

是中国共青团最早的口号。与此同时，团的一大还接受了中国共产党在第一次全国劳动大会上提出的“打倒帝国主义”和“打倒军阀”的政治口号[①]，第一次明确地提出“铲除武人政治和国际资本帝国主义的压迫”。此后，中国共青团高度重视口号的作用，在历次全国代表大会通过的“宣传及煽动决议案”“教育宣传工作决议案”等文件中，都有专门针对口号的篇章。而在北伐战争、土地革命战争、抗日战争和解放战争时期，在非基督教运动、五卅运动、反“围剿”、九一八事变、一二九运动等一系列斗争中，共青团根据不同的环境和对象，直接制定相应的口号大纲，并要求各级宣传部门根据当时当地的具体情况加以灵活运用。团中央通过这些文件，从理论层面上阐述口号的性质、作用，并从操作层面上对在实际斗争中如何制定、使用、根据形势转换口号和实现口号的目标提出了对策。

二、新中国成立以来共青团思想引领口号的变革

1949年之后，随着战局的变迁和政局的演进，中国共产党革旧鼎新的蓝图日益清晰，从革命党向执政党的转变成为必然，这也使得作为党的助手和后备军的共青团必须作出相应的调整，组织运作模式从革命年代以对抗、斗争为主转变为建设年代以合作、建设为主，以适应新时代新环境的需求。

（一）新中国成立初期，青年团提出“一切为了祖国”“一切为了最可爱的人”等口号

1949年1月1日，《中共中央关于建立中国新民主主义青年团的决议》公布。在决议中，明确指出了新民主主义青年团的任务，“就是首先要团

① 中共中央党史研究室著：《中国共产党历史》第1卷，中共党史出版社2011年版，第78页。

结和组织先进青年的积极分子，再经过这种青年积极分子的组织去团结和教育广大的青年群众，和中国人民一道，为了彻底推翻帝国主义、封建主义与官僚资本主义在中国的统治，为了建立新民主主义的中华人民民主共和国，为了全中国和全人类的彻底解放事业而奋斗到底，并在这种实践的奋斗中不断地教育中国的青年。”同时提出了新民主主义青年团的基本任务，“在于有系统地学习马克思列宁主义，从革命实践中不断地教育自己的团员和青年群众，同时应当以马克思列宁主义的精神组织广大青年群众积极地参加我党和人民民主政府所号召的各种运动。”前者作为青年团的最终奋斗目标，而后者则是具体的工作目标。

1949年4月11日，中国新民主主义青年团第一次全国代表大会在北京举行。这是1928年共青团五大召开后，时隔21年再次召开的全国代表大会，也是经过1936年团的改造后，青年团重建的第一次大会。新民主主义青年团一大的召开，标志着中国青年运动进入了一个崭新的历史发展阶段。在4月17日通过的《中国新民主主义青年团工作纲领》中，直接采用了党中央建团决议中关于团的任务与基本任务的表述。而作为具有重要指导意义的政治文化符号，毛泽东和朱德等领袖为大会的题词更容易为广大青年所理解和记忆。毛泽东的题词将青年团的任务指向了学习与生产两个方向：“同各界青年一起，领导他们，加强学习，发展生产。”而朱德的题词则更为具体和细化，也更加具有紧迫性：“由于人民解放战争即将在全国范围内取得完全胜利，领导青年群众积极参加恢复和发展工业和农业生产，已日益成为新民主主义青年团的头等重要的任务。”

可见，在党中央、团中央的方针政策和高层领导的意图中，此时青年团的主要工作重心应该放在团结和组织青年（建团）进行学习和生产（建设）上来。当时的一些口号也从侧面印证了这点：5月召开的第一次全国青年代表大会上，周恩来提出“全国青年团结起来，在毛泽东的旗帜下前进！”的口号[①]；在老解放区山东胶南，团代会提出了“学习不落后，团员在前头”的口号[②]；在尚处于蒋军控制下的广州，华南青年代表会议上提出了“解放华南，建设新中国”的口号[③]。

新中国成立后，正当中国青年怀着美好憧憬，准备为恢复国民经济，重建家园贡献青春的时刻，一场战争猝不及防地来到了身边。“抗美援朝，保家卫国”成为最为紧迫和重要的工作任务，“一切为了祖国”“一切为了最可爱的人”，成为青年最有力的行动口号。在此大背景下，共青团的工作重心由团结、学习、生产转移到爱国主义教育和参军参干运动上来。

面对在青年中广泛存在的亲美、崇美、恐美的思想状况，团中央在全国青年中开展了规模空前的以仇视、鄙视、蔑视美帝国主义为中心的宣传活动，各地学生组织了时事报告、座谈会、讨论会，结合亲身体验展开了对美帝国主义的控诉活动。北师大的青年学生在党、团和学生会的帮助下，理清了学习和运动的矛盾，主动喊出了“美国鬼子滚出朝鲜去！”“援助朝鲜人民就是保卫自己！”的口号，同时提出“把自己已经解决了的问题，帮助群众来解决”“在向群众宣传中来教育自己”等口号。[④]仅北京一地的不完全统计，先后共有3万多名大中学生到全市各区、工厂及郊区80%的农村进行了时事宣传。

1950年12月2日，青年团中央发出《为号召青年团员参加各种军事干部学校告全体青年团员书》，立刻得到了各地青年的热烈响应，有学生坦言：“过去工作中你们（指团员）多是拉夫，但这次做到了思想领导，使我们自觉自愿来参加工作。”[⑤]上海组织了10万学生参加了以动员参加军

① 《周恩来选集》上册，人民出版社1980年版，第343页。

② 共青团胶南县委编：《共青团胶南县志（1938—1988）》，内部资料，第8页。

③ 张江明、林木声主编：《广东青年运动史（1919—1949）》，广东高等教育出版社1994年版，第364页。

④ 丁浩川：《抗美援朝运动在北京师大》，《人民教育》1950年第2期。

⑤ 中央团校青年工作教研室等编：《共青团工作学习参考资料》第1册，内部资料，第110页。

事干部学校为中心口号的一二九示威游行，全国参与到参军参干活动的青年超过120万人，报名人数在25万以上，而其中半数以上都是党团员①。

随着抗美援朝运动的深入发展，青年团提出“抗美援朝爱国运动要和经常工作结合”，越来越多的团员青年以积极参加爱国劳动竞赛和爱国丰产运动的形式，自觉地在本职工作岗位上以实际行动来保家卫国。青年工人高呼“工厂就是战场，机器就是武器”的口号，积极投入“爱国主义生产竞赛”②。淮南新庄子矿团员青年提出“煤矿当战场，工具当刀枪”的口号，举行对美、日帝国主义的控诉，进行抗美援朝爱国教育，九天中接连出现五个生产新纪录。③辽宁安东青年工人在工厂转移搬迁工作中提出口号：“拆机器不损坏一个零部件，不丢失一个螺丝钉。搬迁不影响支前生产，一切为了前线。”④陕西长安农民团员青年组织起变工队、互助组并开展生产竞赛，提出“多产棉油，支援前线，打败美国侵略兵”的口号⑤。山西共青团在学生团员中提出了“为保卫和建设祖国而团结同学，学好功课”的口号⑥。西南区提出学生工作总的口号为：“加强反美爱国运动，支援农村土地改革，为开展新民主主义学习而奋斗。”⑦

在抗美援朝的时代背景下，青年团自觉坚持中国共产党的领导，发动青年参与了土改、镇反、“三反”“五反”等一系列社会运动。通过运动的教育和锤炼，青年团在青年中的影响逐渐扩大，威信日益提高，“争取

① 参见李艳等编著：《共青团重大活动回顾（1949—1966）》，中国青年出版社2008年版，第5—6页。

② 冯文彬：《中国新民主主义青年团中央委员会书记冯文彬的广播词》，中国人民保卫世界和平反对美国侵略委员会编：《向光荣的中国人民志愿军致敬》，人民出版社1951年版，第19页。

③ 《抗美援朝爱国运动要和经常工作结合》（社论），中国青年报1951年5月4日。

④ 刘仲文：《抗美援朝时期的安东青年团》，《鸭绿江畔的丰碑：辽宁抗美援朝纪实》辽宁文史资料总第29辑，辽宁人民出版社1990年版，第41页。

⑤ 陕西省地方志编纂委员会编：《陕西省共青团志》，陕西人民出版社2007年版，第329页。

⑥ 编委会编：《山西资料汇编》，山西人民出版社1960年版，第98页。

⑦ 西南团史编写委员会编：《青年团西南工委大事记（1950—1954）》，内部资料，第26、40页。

立功入团”成为许多青年积极参加运动的口号。[①]但是，由于此类运动涉及范围广、持续时间长，且运动的主导者并非完全是青年，共青团同工会、妇联等人民团体一样，在运动中通常扮演协助和追随的角色，因此往往不能提出带有青年团特点的思想引领口号，而只能是原封不动地照搬来自党和政府的各种口号。如陕西省委宣传部制《关于土地改革的标语口号》，针对青年的口号仅有一条，且同发动妇女的口号基本一致，只是将妇女替换为青年：“农民青年（妇女）们！动员起来，参加土地改革，积极生产！”[②]而在像“识字扫盲”这类主要以青年为目标的运动中，则往往能够因地制宜提出符合客观实际的口号，如内蒙古呼伦贝尔盟团委就农村青年识字扫盲提出“做啥学啥，锄杆当笔，地皮当纸，边学边做”的口号并要求成立邻居组，地头组等，进行有组织的学习，取得了良好的效果。[③]

（二）社会主义大规模建设期间，青年团提出“把青春献给祖国”“一切为了社会主义”“到最艰苦最需要的地方去”“向科学进军”等口号

1953年1月1日，《人民日报》发表题为《迎接一九五三年的伟大任务》的社论，指出“1953年将是我国进入大规模建设的第一年”，此时的新中国，在内部，土地改革任务基本完成；在外部，抗美援朝胜局基本确定。面对新的形势和新的问题、新的矛盾，党在过渡时期的总路线逐渐成形。

在这种背景下，1953年6月，中国新民主主义青年团第二次全国代表大会在北京召开。这次大会是青年团在祖国开始进入有计划经济建设时期

① 刘仲文：《抗美援朝时期的安东青年团》，《鸭绿江畔的丰碑：辽宁抗美援朝纪实》辽宁文史资料总第29辑，辽宁人民出版社1990年版，第333页。

② 《关于土地改革的标语口号》，《陕西政报》1950年第6期。

③ 呼盟团委史志编辑办公室编：《呼盟共青团工作大事记（1945—1987）》，内部资料，第5—6页。

的誓师大会，时任团中央书记处书记的胡耀邦作了题为《团结全国青年在建设祖国伟大行列中奋勇前进》的工作报告，报告确定了青年团在新的历史时代的任务是："团结全国各族青年为建设祖国而忘我地劳动，为建设祖国而奋发地学习……为逐步实现国家工业化和逐步过渡到社会主义而奋斗。"[①]毛泽东接见大会主席团时发表了《青年团的工作要照顾青年特点》的重要讲话，提出青年团要"围绕党的中心，按照青年特点，开展独立活动"的工作方针。在这一方针的指引下，青年团带领广大青年投身恢复国民经济的战场，围绕青年团自身组织建设、社会主义经济建设、青年思想教育等工作开展了一系列具有鲜明特色的团的独立活动，同时也在活动中产生、归纳了一系列的思想引领口号。在1957年青年团三大上的报告中，胡耀邦总结二大以来的青年工作时指出："在建设社会主义的伟大斗争中，我国青年的任务可以用三个口号来概括：积极劳动，努力学习，加强团结。"[②]

1954年4月，青年团中央召开组织工作会议，着重研究了如何进一步加强团的组织建设，发挥团的组织作用及干部工作问题。胡耀邦在会上提出了著名的"背靠党委，面向青年"的青年工作口号。他指出，团要根据过渡时期总路线来充实团的基本工作，要改变以往各级团委的工作"面向党委，背向青年"的错误做法，既要紧紧围绕党的中心工作，又要根据青年的特点，开展丰富多彩的独立活动。此后，这一口号便成为指导青年团工作的一个主要原则和基本经验。

1954年5月，胡耀邦在纪念五四运动35周年大会上发表讲话指出，把我国建设成为一个伟大的光辉灿烂的社会主义国家是我国青年的历史任务。"我们青年为这个伟大的事业所鼓舞，提出了'一切为了社会主义'

---

① 本社编：《团结全国青年在建设祖国的伟大行列中奋勇前进》，中国青年出版社1953年版，第39页。

② 本社编：《中国新民主主义青年团第三次全国代表大会文献》，中国青年出版社1957年版，第19页。

的口号。这是一个神圣的口号，它表达了青年热爱社会主义的感情，代表了青年为实现社会主义而斗争的决心。”[①]1956年9月24日，胡耀邦在中共八大上代表青年团发言：“一切为了社会主义”“祖国要我到哪里就到哪里”“不怕困难，向困难进军”已经成为广大青年的行动口号。[②]被反复宣传的“一切为了社会主义”成为社会主义建设时期最为流行的思想引导口号。

第一个五年计划的重点是优先发展重工业。一代青年从祖国工业化大局出发，从全国人民的根本利益出发，响应号召参加国家工业建设。江西省各厂矿、企业中的青年职工，在“一切为了社会主义”“把青春献给祖国”等口号鼓舞下，积极参加劳动竞赛，涌现出无数青年模范和青年先进生产者。[③]“把青春献给祖国”“一切为了社会主义”“到最艰苦最需要的地方去”等口号，也鼓舞了大批高等学校和各类专业技术学校的毕业生服从国家分配，踊跃奔赴祖国各地工业建设的最前线，成为支援国家重点建设运动的主力军。

1954年1月，在北京展览馆的建设工地上诞生了第一支青年突击队，在团中央“重点试建，逐步推广”的方针指导下，各地先后建立和发展了青年突击队。武汉大桥工程局汉阳工程段青年突击队在长江大桥建设工地提出了“不怕风雨、不怕泥泞、不分昼夜、修好涵洞”的口号。[④]黑龙江双鸭山矿区青年突击队提出口号：“党指向哪里，我们就战斗在哪里。哪里有困难，突击队就干在哪里。”[⑤]在众多青年突击队典型之中，张百发

① 《胡耀邦在“五四”纪念大会上的讲话》，新华通讯社编：《新华社新闻稿》1954年第1437期。

② 胡耀邦：《引导我国青年向最伟大的目标前进》（1956年9月24日），《胡耀邦文选》，人民出版社2015年版，第19页。

③ 《江西省在工业、农业生产中出现了大批青年先进人物》，新华通讯社编印：《新华社新闻稿》1955第1738期。

④ 本社编：《做一个青年积极分子　全国青年社会主义建设积极分子介绍》，中国青年出版社1955年版，第8页。

⑤ 政协双鸭山市委员会文史资料研究委员会编：《双鸭山文史资料》第7辑，内部资料1992年，第128页。

青年突击队最为重视口号的作用，他们在各不同时期都有自己的口号："搞好质量是首要，为国节约用旧料；工种之间团结好，尊师苦学要做到；配料尺寸必要准，提前工期最要紧；安全千万莫大意，处处地方要小心""身为钢筋工，各行都学通；学成多面手，永远不窝工。"在被团中央树立为学习的榜样和追赶的目标之后，"学百发、赶百发"随即成为更多青年突击队的行动口号。[①]截至1955年9月底，全国工矿企业、建筑等行业建立青年突击队1597个，参加人数31518人。

与此同时，农村青年突击队也蓬勃发展起来。福建沙县动员团员青年为改良土壤10万亩而斗争，提出了"改良土壤如战斗，青年团员打先锋"的口号。[②]河南陈留县青年突击队的口号是："青年男女总动员，突击浇麦齐上前，千人千双手，万人万条担，到处挖土井，遍地打下泉，不怕天寒地冻，克服千难万难，比一比谁是英雄谁是好汉，看看谁当优秀社员！"山区岗地的青年也并不落后，他们的行动口号是："令河水上山，要岗地丰产！"[③]广东中山新平乡第九农业生产合作社的青年突击队提出"保证质量，不争工分"的口号，在农业生产活动中做出了显著的成绩，甚至得到了毛泽东的赞扬："青年是整个社会力量中的一部分最积极最有生气的力量。他们最肯学习、最少保守思想，在社会主义时代尤其是这样。"[④]

"农业战线是我们青年可以为祖国大显身手的战场。"如何充分发挥农业战线上亿万青年的力量？胡耀邦指出："我们要组织青年为农业多做贡献，就要提出切实可行的口号和要求来。"[⑤]当时，农业生产合作社

① 本社编：《"多面手"的旗帜：张百发青年突击队》，建筑工程出版社1958年版，第19、26页。

② 中共福建省委办公厅编：《福建农业合作化运动》第1册，福建人民出版社1956年版，第210页。

③ 中共河南省委办公厅编：《向社会主义前进的河南农村》，河南人民出版社1956年版，第278页。

④ 中共中央办公厅编：《中国农村的社会主义高潮选本》，人民出版社1956年版，第248页。

⑤ 严如平：《耀邦同志教我读书》，《百年潮》2000年第8期。

的发展如火如荼，许多地方提出了“做一个好社员”的口号，得到了广大青年社员的热烈响应，胡耀邦在全国青年社会主义建设积极分子大会的报告中提出，应该把这个口号变成全国农村青年的口号。[①]1955年7月，在北京市第三届团代会上，胡耀邦亲临会议，并做报告，号召有志青年到农村去，到边疆去，到祖国最需要的地方去，开发边疆，把千年沉睡的大地建设成繁荣昌盛的乐园。[②]北京青年率先响应号召，举起了“青年志愿垦荒队”的旗帜，在他们的带动下，成千上万的热血青年告别家乡，投身农业生产和边疆建设，从这时起一直到知识青年上山下乡的终结，“到农村去，到边疆去，到祖国最需要的地方去”的口号影响广泛而深远，甚至在60年代由音乐家朱践耳谱曲，改编为歌曲广为传唱。[③]

1955年，毛泽东向全国人民发出了在12年内绿化祖国的号召，1956年3月，陕西、甘肃、山西、内蒙古、河南五省区青年造林大会在延安召开，胡耀邦在会上作题为《青年们！把绿化祖国的任务担当起来》的报告，向全国青少年传递了毛主席“绿化祖国”的号召。各地青年将植树造林和建设家乡、建设未来的幸福生活联系起来：内蒙古青年提出了“三年绿化黄河岸，荒滩变为红柳滩”的口号。[④]上海崇明少先队员提出“为崇明披上绿衣，为人民增加幸福”的口号，收集树种，每人种树2—5棵。[⑤]在革命乐观主义精神鼓舞下，青年团也提出了诸如“要给沙漠披上绿衣”“要让黄河变成清水”等比较激进的口号。[⑥]

1955年9月，胡耀邦在全国青年社会主义建设积极分子大会报告中指

---

① 胡耀邦：《中国青年为实现第一个五年计划而斗争的任务》，《人民日报》1955年9月21日。

② 黑龙江青运史工作委员会办公室、共青团黑龙江省委青运史研究室编：《青年志愿垦荒队》，内部资料1989年编印，第453页。

③ 中国共产主义青年团北京市委员会、北京市学生联合会编：《大学生歌曲选》第2集，北京出版社1963年版，第13页。

④ 《内蒙古青年在五省（区）青年造林大会鼓舞下将掀起造林热潮》，《新华社新闻稿》1956第2103期。

⑤ 金大陆主编：《上海青年志》，上海社会科学院出版社2002年版，第480页。

⑥ 《青年们，努力绿化祖国》，《人民日报》1956年3月2日。

出："向文化进军，向科学进军是落在我们这一代青年身上的一个极其重大的历史任务……我们必须在这种困难条件下一步步前进，顽强努力，来拿下一座座文化和科学的堡垒。"1956年1月，周恩来在知识分子问题会议上正式向全党全国人民发出了"向科学进军"的号召。广大团员青年随即在共青团的带领下投身这一活动之中，"向科学进军"成为知识青年、在校学生乃至在职青年的行动口号。然而，随着政治形势的变化和"左"的思想影响，对"向科学进军"的口号逐渐出现了不同的声音。1957年1月15日，中央高层领导召集团中央书记处书记胡耀邦、胡克实、章泽等人讨论团三大报告稿时提出意见：青年团在教育工作中的主要口号应是：破资本主义思想，立社会主义、共产主义思想。所谓带头作用，模范作用，首先应该表现在这方面。[①]10月31日，中国青年报发出社论——《我们的口号是："又红又专"》，"向科学进军"的口号很快被对"先专后红"和"只专不红"的批判浪潮淹没，活动草草收场，没有取得预期的效果。

列宁说过："在一个文盲充斥的国家内，是建设不了共产主义社会的。"解放初期，文盲在全国人口中的比例极高，农村人口中的文盲高达80%以上，而在农村青年中，文盲半文盲的比例占到了70%。如此庞大的文盲队伍，对于建设新民主主义社会和实现国家工业化，是一个不利因素。由此，党和人民政府全力推进了以农村为重点的扫盲运动，青年团协助党和政府，在扫盲运动中发挥了积极作用。1955年12月，团中央作出了《关于在七年内扫除全国农村青年文盲的决定》，决定在全国范围内掀起"扫除文盲，普及文化"的高潮。革命老区山东莘县作为扫盲典型，在其工作经验中介绍，为了激发鼓励广大青年的学习积极性，共青团提出了许多生动有力的口号：如"苦学苦练，争取作个文武双状元""合作社好是好，没有文化不好搞""把自己的文化教给大家，建设社会主义的新国

① 中共中央文献研究室编：《刘少奇年谱（1898—1969）》，中央文献出版社1996年版，第384页。

家”“只要有决心，万事不难人，苦学又苦练，二年能当文化人”“学习别放松，一气学成功，学写又学算，办社不作难”“你包教，我保学，同心协力来合作”“冬闲变冬忙，田间变课堂”等等。[①]通过这些简单易懂、合辙押韵的口号，带动了大量青年识字脱盲。据不完全统计，截至1957年，全国共扫除文盲约3000万人，其中青年即占2000余万人。

（三）社会主义曲折探索时期，共青团提出“哪里有困难，我们就到哪里去”“学雷锋，看行动”等口号

由于错误的高估了社会主义革命和建设高潮的形势，1958年5月，中共八大二次会议正式提出“鼓足干劲，力争上游，多快好省地建设社会主义”的总路线，“大跃进”在全国全面展开。以高指标、瞎指挥、浮夸风、共产风为主要标志的“左”倾错误严重泛滥开来。全民大炼钢铁和农作物产量指标浮夸以及农村的人民公社化运动等一系列违反经济规律的做法造成了国民经济比例的严重失调，加之自然灾害的影响，随之而来便是国民经济的三年困难时期，国家和人民遭受了重大损失。虽然党中央及时纠正了“左”倾错误，决定实行“调整、巩固、充实、提高”的国民经济方针，但“左”的影响仍然存在，直到1966年“文化大革命”爆发，持续整整十年的动乱使党、国家和人民遭到严重挫折和损失。

1958年1月，共青团三届二中全会在北京召开。胡耀邦代表团中央做《共青团一九五八年的任务》工作报告。报告指出“1958年团的工作最首要最中心的任务，就是要动员全国团员和青年，鼓起革命劲头……为社会主义的生产大跃进做出更大的贡献。在生产跃进的新形势下，我国青年的战斗口号是：政治加技术，干劲加钻劲，做到多快好省，促使生产跃

① 孙秀泉：《莘县是怎样开展扫盲运动的》，本社编：《农业生产大跃进中的突击力量　农村共青团组织的工作经验》，中国青年出版社1958年版，第419页。

进。”[①]应该说，这个口号还是比较客观和中肯的，没有片面追求速度，而是对各方面的因素都有所考虑和照顾，有代表反映：“今年的建设新高潮是有充分的思想基础，有响亮的口号，有明确的目标，有先进的计划，也有具体的措施。”[②]

这在各地共青团在各条战线的生产实践中也得到了认证。在农村中，共青团主要抓了6个项目：兴修水利、增积肥料、改良土壤、植树造林、消灭四害、扫除文盲。在工业领域，抓住反对浪费、节约材料，突破定额、创造新纪录，学习先进经验，掌握多种技术，遵守劳动纪律，爱护机器设备等几个重要环节，根据不同行业的具体需要，组织青年职工开展生产活动。

围绕这些工作，各地共青团根据自身特点提出了许多生动鲜活、富有感染力和凝聚力的口号。在青年突击队中，最普遍的口号就是：“哪里有困难，我们就到哪里去。”[③]充分体现了青年人不畏艰险勇于担当的革命乐观主义精神和英雄气概，而这正是口号得以发挥作用的根源所在。胡耀邦在团的三届二中全会上的总结报告指出：“英雄气概永远都是需要的。我们不能放松，不能丢掉这个口号。”但是在“大跃进”的时代背景下，其中的一些口号难免带有浓重的“跃进”色彩。例如有些地方团委在兴修水利工作中提出“把高山打出水来”“把地球打透”“地硬硬不过决心”等口号；[④]有的农业低产县团委提出：“是山也要搬，是海也要填，地处

① 共青团中央办公厅编：《中国共产主义青年团第三届中央委员会第二次全体会议文件汇编》，中国青年出版社1959年版，第11页。

② 共青团中央办公厅编：《中国共产主义青年团第三届中央委员会第二次全体会议文件汇编》，中国青年出版社1959年版，第446页。

③ 共青团中央办公厅编：《中国共产主义青年团第三届中央委员会第二次全体会议文件汇编》，中国青年出版社1959年版，第230页。

④ 共青团中央办公厅编：《中国共产主义青年团第三届中央委员会第二次全体会议文件汇编》，中国青年出版社1959年版，第202页。

黄河北，产量过江南，决心搞个千斤县。”[①]有的青年突击队在煤炭生产中提出“不要设备不要钱，打开地壳要煤炭”“苦战十昼夜，保叫自动化”等明显违背生产经营客观规律的口号。[②]还有的科研院校的青年突击队提出“让癌肿低头，高血压让路”的口号，十几个人苦战3天查完15万份外科病例，研究癌肿产生的原因和规律[③]，完全失去了科学研究应有的严谨性。

1958年6月2日至8月13日，共青团三届三中全会在北京召开，历时73天，这是青年团历史上时间最长的一次中央全会。在这次全会上通过了《关于组织广大青年学习马克思列宁主义，学习毛泽东著作的决议》，决议公布后，各地团组织纷纷作出决议和决定，号召团员青年大力开展学毛著活动。全国各地青年踊跃参加到学习毛泽东著作的运动中来，成立毛泽东著作学习小组，提出“用毛泽东思想武装我们的头脑”“下决心，挤时间，一天一小时，一年读四卷”等响亮的口号[④]。据统计，仅1958年全国就有约1000万青年参加了学习。在学习毛泽东著作活动的开展过程中，存在将马克思主义与毛泽东思想割裂开来的误解。为此，1960年1月，中共中央在批复对团中央书记处关于开展毛泽东著作学习运动的提法时指出：在青年中组织毛泽东著作学习运动，在提正式的完整的口号的时候，用“学习马克思列宁主义，学习毛泽东著作”的提法较为妥当[⑤]。从中央的层面对一个口号进行指导修正，体现了高层对于青年思想引领工作的高度重视。

1960年10月，中共中央军委扩大会议通过《关于加强军队政治思想工

---

① 本社编：《学会正确处理人民内部矛盾》，中国青年出版社1958年版，第196页。

② 吉林大学历史系四年组编著：《蛟河煤矿八十年》，吉林人民出版社1959年版，第95—96页。

③ 共青团北京市委员会、北京市学生联合会辑：《高举红旗做又红又专的劳动者》，北京出版社1958年版，第15页。

④ 本刊编辑部：《学习毛泽东著作应有的态度和方法》，《中国青年》1960年第2期。

⑤ 中共中央文献研究室编：《毛泽东年谱（1949—1976）》第4卷，中央文献出版社2013年版，第306页。

作的决议》，号召：人人读毛主席的书，听毛主席的话，照毛主席的指示办事，做毛主席的好战士[①]。这段话很快在全社会流传开来，并随着“学雷锋”活动的开展成为团员青年最为熟悉的口号。1962年8月15日，解放军某部运输班班长雷锋因公殉职，他牺牲后，共青团抚顺市委和辽宁省委很快就在抚顺市和辽宁省青少年中开展了学习雷锋的活动。1963年2月15日，共青团中央发出《关于在全国青少年中广泛开展“学习雷锋”的教育活动的通知》。3月4日，团中央书记处书记杨海波就学习雷锋向全国青年发表题为《光辉的榜样，伟大的号召》的广播讲话。3月5日，《中国青年报》刊发毛主席“向雷锋同志学习”的题词，学雷锋的热潮迅速在全国范围内掀起，并持续开展下去。“向雷锋同志学习”成为整整影响几代人的思想引领口号，雷锋精神成为中国人宝贵的精神财富。《雷锋日记》中众多的名言警句，包括这句“读毛主席的书，听毛主席的话，照毛主席的指示办事，做毛主席的好战士”，成为青年们在完成国家生产建设任务和个人本质工作中的行动口号，“学雷锋，看行动”更成了广大青年的响亮口号[②]。

1964年3月，中国共产主义青年团中央工作会议在京召开。会议指出：“向雷锋同志学习”活动是我国青年一次巨大的自我革命和自我教育运动。与此同时，一个学习毛主席著作的新高潮，也在青年中逐步形成起来。“读毛主席的书，听毛主席的话，按毛主席的指示办事，做毛主席的好学生”，成为广大青年的共同愿望和实际行动。[③]“学雷锋”和“学毛著”相互促进提升，成为共青团思想引领工作的重要组成部分。到了1966年4月，共青团九届三中全会召开，会议通过了《关于在全国青年中更好地开展学习毛主席著作运动的决议》，《决议》强调：共青团的全部工作

① 中共中央文献研究室编：《建国以来重要文献选编》第13册，中央文献出版社2011年版，第661页。

② 《论学习雷锋》，辽宁人民出版社1964年版，第36页。

③ 《中国共产主义青年团中央工作会议》，《人民日报》1964年3月17日。

集中到一点，就是教育和组织青年读毛主席的书，听毛主席的话，跟共产党走[①]。“读毛主席的书，听毛主席的话”成为共青团全部工作的中心，成为指导一切工作的口号。会后不久，“文化大革命”全面爆发，共青团的工作陷入瘫痪，“一无纲，二无章，三无团中央”成为共青团状况的真实写照。

“文革”中，近乎替代共青团的“红卫兵”组织更加善于制造和传播口号，但是由于其指导思想是“突出政治”“阶级斗争”“兴无灭资”，其语言充斥暴力、恐吓与攻击，其内容不是“打倒”就是“横扫”，当然也有很大一部分是在表态，是在高呼“万岁”，然而其荒诞之处在于，甚至前一天还在被欢呼万岁的对象第二天就要被打倒。尽管这些口号数量巨大，但其本质上并不同于一般意义上的口号，故在此不作探讨。

（四）改革开放初期，共青团提出“争当新长征突击手”“争当社会主义精神文明的先锋”“从我做起，从现在做起”“团结起来，振兴中华”等口号

粉碎“四人帮”后，“文化大革命”的影响在很长一段时间之内仍然存在。但是，停摆10年之久的共青团却在乍暖还寒中慢慢恢复生机。1978年5月，共青团十大筹备委员会在北京召开第一次会议。近乎同一时间，《实践是检验真理的唯一标准》发表并引起强烈的反响，真理标准大讨论带来了全社会的思想大解放。10月，团十大召开。韩英作题为《为伟大的新长征贡献青春》的工作报告，提出并阐述了共青团在新的历史时期所面临的四项任务，即：组织青年学习马列主义、毛泽东思想，提高科学文化水平；做社会主义建设的英勇突击队；为共产主义道德风尚的大发扬

① 《共青团九届三中全会关于在全国青年中更好地开展学习毛主席著作运动的决议》，《中国青年》1966年第10期。

而斗争[①]。12月，中共十一届三中全会的召开从根本上冲破了“左”的思想的束缚，使共青团焕发了勃勃生机。1979年2月，团中央在北京召开了团省、市、自治区委书记会议。这是共青团贯彻中共十一届三中全会精神的一次重要会议。会议着重研究了如何切实把共青团工作重心转移到社会主义现代化建设上来的问题。会议指出，为适应全党工作重心的转移，共青团组织一定要以四化为中心把全团工作活跃起来。要切实组织青年学文化、学技术、学科学，把争当新长征突击手活动推向高潮。[②]次日，团中央发出《关于在全国青年中开展争当新长征突击手活动的决定》，争当新长征突击手活动正式在全国范围内展开。

1981年8月，团十届三中全会在京召开。全会通过了《关于学习贯彻党的十一届六中全会精神的决议》。将全团工作任务概括为“一个中心，两个口号，四项基本工作”，即以四化为中心活跃团的工作；以“争当新长征突击手”“争当社会主义精神文明的先锋”为口号；以加强和改善思想政治工作，带领青年为四化贡献青春，关心青年的切身利益，提高团员质量、增强团的战斗力为四项基本工作。[③]

“争当新长征突击手”“争当社会主义精神文明的先锋”由此成为改革开放初期团中央层面制定的官方口号。在这两个主导口号之下，共青团根据战线与活动，还提出了许多口号：如在团的自身组织建设方面，提出“以四化为中心把团的工作活跃起来”的口号，从根本方向上摆脱了“左”的思想束缚[④]；在引导青少年创建社会主义精神文明中，提倡“五讲四美三热爱”“做四有新人”等口号，领一时风气之先；在带领青年建

① 《中国共产主义青年团第十一次全国代表大会文件汇编》，中国青年出版社1979年版，第17—23页。

② 《共青团中央召开团省市自治区委书记会议讨论团的工作重点》，《人民日报》1979年2月27日。

③ 《关于学习贯彻党的十一届六中全会精神的决议》，《中国青年报》1981年8月15日。

④ 《团结全国各族青年，向社会主义现代化的光辉前程进军——王兆国在中国共产主义青年团第十一次全国代表大会上的工作报告》，《人民日报》1982年12月25日。

设社会主义物质文明进程中，提出了“为重点建设献青春”的口号，团的威信提高、影响扩大了，“哪里有困难，就找共青团”的口号在各参建单位叫响；[①]号召团员青年开展典型学习，提出了“学雷锋，树新风，争当建设社会主义精神文明的先锋”[②]“学习张海迪，树立共产主义人生观”“学习张海迪，努力为人民作贡献”[③]等口号。当然，在80年代，青少年们学习的对象还有很多，如张华、“一山两湖”英雄团体、赖宁、赵春娥、老山英雄等，相应的对这些典型人物进行学习的口号也有很多。由于这种口号往往只对某一事物概括地表态，一般不涉及具体内容，只表决心。[④]因此其实际能够发挥的效果很难界定。

与此同时，在团员青年的生产、学习过程之中，也自发产生了一些口号，这些口号由于其摸准了青年脉搏，踏中了时代节拍，在实践中焕发了夺目的光彩，在历史上留下了闪光的印记。

“文革”刚刚结束，思想上的混乱不可能在一朝一夕之中得以厘清。1979年5月，在大学生中开展了社会主义制度的优越性的大讨论。经过讨论，学生们明确了为社会主义中国的前途而奋斗是当代青年最崇高的使命和荣誉，要把自己的前途和实现四个现代化的任务联系起来。清华大学化学工程系77级2班团支部响亮地提出了“从我做起，从现在做起，为社会主义现代化建设多作贡献”的口号。1980年3月20日《人民日报》刊文介绍后，在社会上引起很大反响。团中央召开的首都部分全国新长征突击手、团干部和青年座谈会，赞扬这个口号体现了时代对青年的要求，表达了全国亿万青年立志献身四化的共同心愿，提出在青年中大力提倡“从我做起，从现在做起”这种精神，激励广大青年在向“四化”进军中争当突

① 团中央研究室编：《中国青年工作年鉴（1985）》，中国青年出版社1986年版，第138—139页。

② 共青团中央宣传部编：《五讲四美手册》，中国青年出版社1983年版，第66页。

③ 《像张海迪那样对待人生》（社论），《解放军报》1983年5月12日。

④ 穆宪：《浅论共青团的口号》，《中国青年政治学院学报》1984年第2期。

击手。[①]这句口号随即传遍大江南北激励一代青年投身伟大的改革开放征程。

“团结起来，振兴中华”成为一代青年的响亮口号和自觉行动。[②]1981年3月20日深夜，中国男子排球队在争夺世界杯排球赛亚洲区预赛的关键一战中，先输两局，奋起直追，扳回三局，终以3比2获胜，取得参加世界杯排球赛的资格。北京大学学生在庆祝胜利的游行中响亮地喊出了“团结起来，振兴中华”的口号，在场的新华社记者即以《团结起来，振兴中华》为题连夜采写通讯，发表在22日的《人民日报》上。由此，这句口号迅速流传全国，也融入了更深更广的内涵。4月5日，《中国青年报》为纪念四五运动五周年发表社论，同样借用这句标语为题目，5月4日，《人民日报》再次刊出“团结起来，振兴中华”的口号，并且引用了五四运动先驱李大钊先生的名言：“吾族今后之能否立足于世界，不在自首中国之苟延残喘，而在青春中国之投胎复活。”这一引言十分明确地肯定了青年对国家强盛的重要意义，同时也彰显了青年的时代感悟力和使命感给主流社会带来的震撼和启示。北京大学历史系张帆教授评价说：“20世纪80年代有许多表达学生爱国热情的口号。但是，只有这一句（团结起来，振兴中华）至今仍在每一个北大人、每一个中国人的心底涌动。因为它最贴切地表达了莘莘学子以及炎黄子孙的心声，表达了人们对社会向前发展势头的喜悦。”尤其是当时“文化大革命”后百废待兴的社会环境，更加需要一种精神和一声振奋人心的呐喊，而“团结起来，振兴中华”是时代的呼唤，是中国人民奋发图强，决心重新执掌自己命运的结果，反映了中国近现代史发展的历史主题和新时期青年心中那份实现报国夙愿的爱国情

① 《“从我做起，从现在做起”》，《人民日报》1980年3月20日；《我们是怎样提出“从我做起，从现在做起”的口号的》，《人民日报》1980年4月17日。（也可参见《从我做起，从现在做起——传遍全中国的一句口号》，武晓峰主编：《清华故事　百年校庆》，清华大学出版社2011年版）

② 《中国共产主义青年团第十三次全国代表大会文件汇编》，中国青年出版社1993年版，第16页。

结。[①]

“从我做起，从现在做起”“团结起来，振兴中华”这些来自于青年的口号，伴随着中国青年的激扬青春，伴随着改革开放的坚实步伐永远载入了史册。

（五）为适应市场经济发展，共青团提出“青年志愿者行动”等口号

1989年春夏之交的六四风波平息之后，共青团在青年中广泛、深入开展了坚持四项基本原则、反对资产阶级自由化的教育，努力培育青年“四有”新人重新成为思想政治教育的价值追求。但不可否认的是，80年代后期，共青团在思想引领方面确实存在诸多问题和不足，也未能再提出新的有广泛影响力的思想引领口号。邓小平指出：“我们最大的失误是在教育方面，思想政治工作薄弱了，教育发展不够。”[②]随着社会主义市场经济的兴起，中国进入到一个开放的、多元的、全新的时代，青年思想引领工作面临新的形势、新的环境、新的矛盾和新的问题，必须寻找新的路径与方法。

90年代初，在思想领域存在着一定的模糊认识，一些“左”的口号和做法有所抬头。1992年春，邓小平南方谈话对90年代经济社会发展起到了关键的推动作用。10月，中共十四大确定了加快改革开放，推动经济发展和社会进步的主要任务，提出建立社会主义市场经济体制的根本目标。1993年5月，团十三大工作报告指出，社会生活的深刻变革，对青年一代的成长和青年工作的质量提出了新的更高要求。在新的历史时期，共青团的基本任务主要有三项：用建设有中国特色社会主义理论教育青年、带领青年投身经济建设主战场、积极为青年健康成长服务。报告提出了新时期中国共青团思想建设的原则与任务，即用建设有中国特色社会主义理

① 参见池建编：《体育大国的崛起　新中国具有重大影响的体育大事》，学习出版社2012年版，第81—85页。

② 中共中央文献研究室编：《邓小平同志论教育》，人民教育出版社1990年版，第176页。

论教育青年。报告指出，建设有中国特色社会主义理论，是引导青年健康成长的伟大旗帜。必须确立建设有中国特色社会主义理论在整个青年思想教育中的核心地位和指导作用，坚持不懈地用这一理论武装全团，教育青年。[①]1997年中共十五大召开，邓小平理论作为马克思主义中国化的理论创新成果，被确立为党的指导思想。1998年6月，团十四大召开，周强代表团中央作题为《在邓小平理论指导下团结带领各族青年为实现党的跨世纪宏伟目标而奋斗》的工作报告。报告回顾了过去五年团的工作，“坚持把用邓小平理论武装全团、教育青年放在工作的首位，努力构筑青年一代的精神支柱。”[②]这标志着共青团思想引领的指导思想由马列主义毛泽东思想的传统内核扩容、拓展，邓小平理论正式成为思想引领的指导思想，与之相应的思想引领口号也随之加以拓展和扩充。

1993年12月，共青团十三届二中全会在京召开。全会通过了《在建立社会主义市场经济体制进程中我国青年工作战略发展规划》，在这一规划的指导下，共青团陆续推出了跨世纪青年文明工程，跨世纪青年人才工程，“服务万村行动”三项重点工作，简称“两大工程，一大行动”。其中，“跨世纪青年文明工程”重点关注青年的思想引导问题。“跨世纪青年文明工程”的宗旨是：用建设有中国特色社会主义的理论教育青年，帮助青年树立正确的理想、信念、人生观和价值观，突出爱国主义、集体主义和社会主义教育，弘扬适应社会主义市场经济发展要求的社会公德、职业道德、艰苦创业精神，倡导健康、文明、科学的生活方式，确立正确的青年文化导向，提高青年思想道德素质和科学文化素质，把蕴藏在青年中的精神力量不断转化为促进改革和建设的巨大物质力量。跨世纪青年文

① 共青团中央办公厅编：《党的十一届三中全会以来共青团重要文献汇编》，中国青年出版社2001年版，第15页。

② 《在邓小平理论指引下团结带领各族青年为实现党的跨世纪宏伟目标而奋斗——周强在共青团第十四次全国代表大会上的报告》，《中国青年报》1998年6月29日第1版。

明工程从青年志愿者、青年文明号等三个方面展开。[①]其中，“青年志愿者”活动因其切合社会和青年的时代需要，获得了蓬勃旺盛的生命力，特色鲜明、脱颖而出，成为中国青年参与面最广、参与程度最高、具有极高社会知名度的群众性公益活动。

1993年12月，团中央和全国铁道团委组织两万余名铁路青年志愿者在京广沿线率先开展志愿服务活动，拉开了“中国青年志愿者行动”的帷幕。随后共青团陆续组织各种形式的志愿者行动，中国志愿者行动蓬勃兴起。1994年12月，团中央成立了中国青年志愿者协会。1997年底，江泽民为“中国青年志愿者”亲笔题名。青年志愿者被新闻媒体和社会民众称为“新时代的雷锋传人”。2001年9月，青年志愿者行动作为新时期一项重要的群众性社会主义精神文明创建活动，被正式写入中共十四届六中全会决议和《公民道德建设实施纲要》“热心献社会，真情暖人心”这一志愿者活动富有感召力和凝聚力的主题口号传遍神州大地，在广大青年心中产生了强烈的共鸣。[②]

（六）在全面建设小康过程中，共青团提出“我与祖国共奋进”“青春建功新农村”等口号

2002年和2007年，中共十六大和十七大先后召开，“三个代表”重要思想和科学发展观写入党章，同马克思列宁主义、毛泽东思想、邓小平理论一道确立为党的指导思想。中共十六大制定了全面建设小康社会的宏伟目标，部署了改革和发展的各项战略任务。新世纪的中国由此进入了全面建设小康社会的新阶段。共青团思想引领的指导思想再次扩容、拓展，加入了“三个代表”重要思想和科学发展观的内容。2003年7月，团十五

① 《在建立社会主义市场经济体制进程中我国青年工作战略发展规划》，共青团中央办公厅编：《党的十一届三中全会以来共青团重要文献汇编》，中国青年出版社2001年版，第281页。

② 《青年志愿者：播种爱心和文明》，《瞭望》1994年第18期。

大召开，周强作题为《在“三个代表”重要思想指引下团结带领广大青年为全面建设小康社会而努力奋斗》的工作报告。报告确定了“高举邓小平理论伟大旗帜，全面贯彻‘三个代表’重要思想，深入学习贯彻党的十六大精神，抓住机遇，继往开来，与时俱进，艰苦创业，奋发进取，团结带领广大青年为全面建设小康社会而努力奋斗”的主题。大会通过决议，一致同意在团章中明确规定，中国共产主义青年团以马克思列宁主义、毛泽东思想、邓小平理论和“三个代表”重要思想为行动指南。2008年6月，团十六大召开，陆昊作题为《高举中国特色社会主义伟大旗帜团结带领广大青年为夺取全面建设小康社会新胜利而奋斗》的工作报告。大会还通过了关于《中国共产主义青年团章程（修正案）》的决议，一致同意将深入贯彻落实科学发展观写入团章。大会认为，科学发展观是同马克思列宁主义、毛泽东思想、邓小平理论和“三个代表”重要思想既一脉相承又与时俱进的科学理论，是国家经济社会发展的重要指导方针，是发展中国特色社会主义必须坚持和贯彻的重大战略思想。作为党的助手和后备军，共青团必须深入贯彻落实科学发展观，自觉用科学发展观武装头脑、指导实践、推动工作。

“发展要有新思路，改革要有新突破，开放要有新局面，各项工作要有新举措”①。在新的历史条件下，党中央从全局和战略的高度，对加强和改进青年思想道德建设和教育作出了全面部署。中共十六届六中全会首次提出了建设社会主义核心价值体系的战略任务，全会对社会主义核心价值体系予以科学的概括，指出：“马克思主义指导思想，中国特色社会主义共同理想，以爱国主义为核心的民族精神和以改革创新为核心的时代精神，社会主义荣辱观，构成社会主义核心价值体系的基本内容。”中共

① 王彦田：《发展要有新思路　改革要有新突破　开放要有新局面　各项工作要有新举措》，《人民日报》2002年11月10日。

十七大从科学发展观的高度，把社会主义核心价值体系建设纳入到更富有时代感、更有操作性的新视域，强调要切实把社会主义核心价值体系融入国民教育和精神文明建设的全过程，转化为人民的自觉追求。中共十七届四中全会强调要开展社会主义核心价值体系学习教育，筑牢思想防线，明确提出要推动当代中国马克思主义时代化、大众化和群众化，建设学习型政党和学习型社会。中共十七届六中全会又提出了社会主义核心价值体系是兴国之魂的论断。

2006年6月，胡锦涛在全国政协十届四次会议期间发出"树立社会主义荣辱观"的号召："要引导广大干部群众特别是青少年树立社会主义荣辱观，坚持以热爱祖国为荣、以危害祖国为耻，以服务人民为荣、以背离人民为耻，以崇尚科学为荣、以愚昧无知为耻，以辛勤劳动为荣、以好逸恶劳为耻，以团结互动为荣、以损人利己为耻，以诚实守信为荣、以见利忘义为耻，以遵纪守法为荣、以违法乱纪为耻，以艰苦奋斗为荣，以骄奢淫逸为耻。""八荣八耻"层次清晰、内容丰富、语句工整、朗朗上口，以简洁优美的语言凝练了爱国主义、集体主义、社会主义思想，体现了中华民族的传统美德和时代要求，明确了当代中国最基本的价值取向和道德评价标准。共青团在推动社会主义荣辱观学习，教育引导青年自觉落实"八荣八耻"的活动中，采取了灵活多样的教育方式，相继开展了"我与祖国共奋进"、"手拉手"、创建青年文明号、中国青年五四奖章评选表彰、"学党史、知党情、跟党走"、青年马克思主义者培养工程、"红领巾心向党"等丰富多彩的主题教育实践活动，充分发挥青年在道德教育与实践中的主动性和能动性，引导他们成为中华民族传统美德的传承者、体现时代进步要求的新道德规范的实践者、新型人际关系和良好社会风尚的倡导者。"践行社会主义荣辱观"成为新时期青年思想引领最为响亮的口号。

（七）在为奋力实现中国梦的过程中，共青团提出“奋斗的青春最美丽”“我为核心价值观代言”等口号

2012年中共十八大指出：“社会主义核心价值体系是兴国之魂，决定着中国特色社会主义发展方向。”并首次对社会主义核心价值体系进行明确表述：“倡导富强、民主、文明、和谐，倡导自由、平等、公正、法治，倡导爱国、敬业、诚信、友善，积极培育和践行社会主义核心价值观。”随后，中国共产党提出实现中华民族伟大复兴的中国梦。2013年，共青团十七大报告提出：以“我的中国梦”为主题，大力加强理想信念教育，用中国梦打牢广大青少年的共同思想道德基础，用中国梦激发广大青少年的历史责任感，大力宣传普及中国特色社会主义理论体系，大力加强党史、近现代史和国情形势教育，引导青少年形成对科学理论的理性认同、对历史规律的正确认识、对基本国情的准确把握，不断增强对中国特色社会主义的道路自信、理论自信、制度自信。“我的中国梦”主题教育实践活动随即在全团范围内展开，“中国梦”迅速成为共青团思想引领的主导口号，而24个字的社会主义核心价值观则成为思想引领的具体内容。各级共青团组织开展多种形式的“我为核心价值观代言”主题活动。

三、共青团提炼思想引领口号的反思与启示

回顾新中国成立60多年来共青团思想引领口号的变迁，我们可以看到，共青团的思想引领始终追随着党的战略和政策，始终围绕着党的中心工作所展开。这由团的政治属性所决定，也是团存在、发展的意义所在。

通过纵向的历史考察，我们可以发现，共青团思想引领口号的发展并

非是线性的、均衡的：在社会主义建设时期（1953—1957年）和改革开放之初的80年代，共青团思想引领口号无论从数量上还是质量上，都达到了相当的高度，成为思想引领口号发展曲线上的两个顶峰，而这也恰恰与共青团在国家经济、社会中发挥的职能作用密切相关，这两个历史时期，正是共青团的辉煌年代。

1992年后，共青团在国家政治结构的角色没有变、发挥的作用也没有变，改变的是时代，是共青团所面对的所领导对象——青年。广大青年的自由度和主体意识不断增强，他们对自身利益更加关注，受网络的影响与日俱增。如何在新的社会背景下有效实施青年动员，需要有新的思路。①

在市场经济条件下，长期以来思想引领口号中较强的政治倾向、政治意味必须逐渐淡化，在研究制定思想引领口号时，必须尊重青年的主体地位，坚持“以青年为本”，深入了解青年的思想诉求，尊重青年思想观念的发展变化；要以平等的姿态启发青年的自觉，防止“填鸭式”的硬塞强喂，更不能采取命令主义式的强制；要重视思想引领的内化，把党和团对青年一代的期望内化为青年的信念和行动；更要懂得青年世界观、人生观、价值观的形成规律，采取分层级引导循序渐进。②一句话，思想引领口号要从青年中来，到青年中去。

反思60多年的思想引领实践中，我们确实在一段时期内制造了太多空洞泛滥、令人生厌的口号，但这并非口号自身的罪过，而在于口号的制定者，没有考虑口号内容和现实要求的脱节，没有掌握口号自身的规律与艺术。要提高标语口号的动员宣传效果，就要加大创新力度，创作出新颖独特标语口号来。“政治家最基本的任务之一，就是对流行语，或至少对再没有人感感兴趣、民众已经不能容忍其旧名称的事物保持警觉。名称的威

① 胡献忠：《九十年青年动员结构的变迁与启示——基于中国共青团的视角》，《中国青年研究》2012年第5期。

② 参见黄志坚：《新时期共青团思想引领的路径与方法》，《中国青年研究》2010年第12期。

力如此强大，如果选择得当，它足以使最可恶的事情改头换面，变得能被民众所接受。”①

共青团组织青年、引导青年实现中国梦的伟大征程，仍然需要口号的凝聚与动员，我们期待更多的有识之士对口号加以更为深入的研究。

① cross Mary：A century of American icons_100 products and slogans from the 20th century consumer culture，Greenwood Press，2002，p68，转引自韩承鹏：《标语与口号——一种动员模式的考察》，复旦大学博士学位论文2007年，第151页。

第七章
选树典型人物：示范效应的嬗变

□ 刘宏森

教育引导青年是共青团的一项重要职能，也是其政治属性的重要体现。“共青团在现实社会中的职能，从根本上取决于它的政治属性”①。选树典型人物是共青团实现其教育引导青年职能的重要途径和手段。新中国成立以来，共青团高度重视选树青年典型人物，努力以典型人物的事迹教育和引导广大青年，促进青年按照党政和社会的要求与期待健康成长。新中国成立60多年来，形成了典型人物的长廊，积累了选树典型人物的经验，也存在着一些值得探讨、有待规避的问题。梳理60多年历史，纵览典型人物长廊，有助于共青团扬长避短，更好地发挥教育引导青年的职能。

一、典型人物选树的涵义和意义

不论从词源的角度还是社会需求的角度，典型人物都具有特殊的涵义和重要的现实意义。共青团选树典型人物，既是工作的需要，更是社会的

① 张华：《中国共产主义青年团职能研究》，人民出版社2013年版，第120页。

需要。

（一）典型人物的基本涵义

典型概念古已有之。《说文解字》载："典，五帝之书也"，"型，铸器之法也。"段玉裁注："以木为之曰模，以竹曰范，以土为型，引申之为典型"。《辞海》将"典型"解释为"典范，范例"，亦指具有代表性的人物或事件；亦称"典型人物""典型形象"或"典型性格"。作家、艺术家用典型化方法创造出来的既具有个性生动性，又蕴含着社会、人生的普遍性内容的艺术形象。典型的产生与发展，受到特定历史条件、文化背景与现实环境的制约，取决于作家、艺术家的美学思想，及其对现实生活熟悉和理解的程度，和所掌握的艺术方法、艺术技巧等。典型具有丰富的社会意义，能给人留下难忘的印象，产生深刻的社会认识作用和强烈的艺术感染力。①

典型人物这一概念之出现则较为晚近。1888年4月，恩格斯在给玛·哈克奈斯的信中提出了这一概念。从此，它成为文学创作乃至于整个艺术创作中的重要概念。它主要指那些既具有鲜明个性特点，又能反映出社会生活的普遍性、规律性和本质方面的人物形象，是共性与个性的统一。

需要指出的是，典型人物不仅是文艺创作领域十分重要的概念，也是社会管理领域的重要关注点。文艺创作领域高度重视典型人物的塑造，社会管理领域则十分关注典型人物的选树。典型人物是一种堪当模范和楷模的人物。选树典型人物是社会管理中的一个重要手段，是社会生活中的一个突出现象。选树典型人物以教育引导民众，可谓古已有之。中国自古以来的历代王朝，都会从民间选树一些堪当楷模和典范的人物，以褒奖清

① 夏征农、陈至立主编：《辞海》第六版普及本，上海辞书出版社2010年版，第772页。

官、旌表贞烈、尊崇孝悌，引导民众向这些堪当楷模和典范的人物学习，对民众进行“忠、孝、节、义”的教化。

所以如此，这与典型人物的基本特点紧密相关。

（二）典型人物的主要特点

具体性。典型人物首先是生活在某种具体现实环境中的活生生、有血有肉的具体个体。他有自己的思维方式和行为方式，有普通人的七情六欲、寸长尺短；他在某一方面的工作中取得了突出的成绩，也像其他人那样，关注和忧虑于日常生活中的种种琐事；他具有某种特殊的理念，也具有社会上流行的种种思想、理念和价值。典型人物的思想和价值具有长期一贯的内在逻辑。其思想和价值往往以其具体、长期、有时是偶发的行为为载体表现出来。人们通过观其行，可以十分直观地把握到其具有长期一贯的内在逻辑的思想和价值。

普遍性。典型人物虽是个体，但其思想与行为却常常能够被广大的社会群体，乃至于全民所普遍认同，能够引发广泛的共鸣，被视为社会某种普遍认识、理念和价值的体现。

真实性。典型人物不是按照某种宣传、教育的意图模具生长起来的，不是不食人间烟火的世外高人，而是在社会生活中成长起来的具体的人物。其来历、事迹等等均有案可稽、真实可信；其所思所想、所作所为与人们的生产、生活、价值追求等有着较为紧密的联系，容易被人们理解、接受和信服，也容易使人们感到亲切，油然而生一种学习、效仿的冲动和内驱力。

正义性。典型人物一般都在某些方面具有突出优点、突出表现、突出成绩、突出贡献，体现了当时社会正义、社会主流道德、社会主流价值的要求，甚至体现了人类永恒的价值追求，因而受到了人们特别的关注，引起了人们效仿的兴趣。

典型人物具有具体性、普遍性、真实性、正义性等特点，是社会所崇尚的某种思想、理念和价值的具体载体和生动体现者。典型人物当然不是完人，他们也有普通人的七情六欲和缺点，但其优点能为大众所认可，堪当楷模、模范之角色，其缺点和不足又能为大众所理解和谅解。质言之，典型人物应该过得硬、叫得响、经得起考验，得到了群众的广泛认同，使群众感到可亲可敬、可比可学。同时，典型人物往往恰好处在一个重要的历史关节点上，契合了党政教育引导大众的需求。这就使得典型人物事实上往往十分有限，是一种十分珍贵、稀缺的思想教育引导资源。

青年典型人物是典型人物中的重要组成部分。他们的行为和事迹集中体现了不同时代青年的风貌，深刻反映了党政和社会对青年一代的期望与要求。他们成长的过程，形象地展示了青年在社会发展过程中成长成才的基本规律、基本特点和基本途径。学习和效仿他们，能使广大青年受到更多启迪和助益。

（三）典型人物的主要类型

新中国成立以来，党政和共青团选树的青年典型人物主要包括以下几类：

1．战斗英雄，主要包括在国内革命战争、抗日战争、解放战争和抗美援朝中涌现出来的英雄、烈士等。如董存瑞、邱少云、黄继光等。

2．建设先锋，主要包括在社会主义建设中涌现出来的劳动模范、下乡知青、革新能手等。如郝建秀、赵梦桃、李瑞环、邢燕子、侯隽、董加耕等。

3．道德楷模，主要包括体现了社会主义社会所崇尚的新道德、新风尚的先进分子。如雷锋、张华、“一山两湖”英雄集体、徐洪刚、“最美”系列人物等。

4．政治道具，主要包括在一些政治运动中，被选树为某种政治理念和教条载体、象征、符号的人物。如张铁生、黄帅等。

（四）典型人物的意义

典型人物为教育引导提供了生动的载体。党政在推进社会发展和社会建设的过程中，往往要向全体社会成员传递某种思想、理念和价值，希望广大社会群体及其成员学习和仿效，以在全社会达成共识、凝聚力量、协力推进各项事业的发展。典型人物的思想和行为恰恰体现了党政意欲弘扬的某种思想、理念和价值，充当了某种思想、理念和价值的具体、鲜活的载体，对大众具有较大的亲和力、感染力，体现出了十分突出的教育功能。

典型人物使人民大众学习仿效有了明确的目标和典范。人民大众在其生存发展中，需要从榜样与楷模那里得到更多的借鉴和指引。典型人物及其事迹，往往包含着许多精彩的叙事、具象化的思想和精神。这比抽象的概念更具有吸引力和感染力。吸引力和感染力是典型人物走近人们，进而走进人心的前提。若无这种吸引力和感染力，再好的典型人物和思想、精神等等，也不能对人们起到应有的教育和引导作用。典型人物使人民大众学习、借鉴和效仿具有了具体、直观的楷模和标杆。典型人物的成功经验值得人民大众借鉴，而典型人物的失败教训则提醒人民大众尽力避免。

（五）选树的涵义

第一，选树意味着选择和确定，即按照某种思想、理念和价值，在人民群众中遴选那些言行体现了某种价值理念和标准的对象，使之成为这种思想、理念和价值的具体载体。

选择和确定青年典型人物，应该兼顾团组织的要求和青年的实际这两个方面。团组织的要求，体现了党政和社会对青年的期待；贴近青年的实际，则有助于吸引青年关注、引发青年认同，最终直接关系到选树典型人物的实际成效。

选择和确定青年典型人物通常包括自上而下和自下而上两种方式。自上而下，指由上级团组织确定典型人物，再向基层进行推广；自下而上，指由广大青年层层推选，经过组织严格审核，最终确定典型人物。前者往往有较大的权威性，后者则更加贴近广大青年，更接地气，更容易为青年所认同和接受。这两种方式在选择和确定青年典型人物的过程中应该有机结合，灵活运用。在社会思想和价值高度统一的情况下，更多自上而下的确定和推广；而在社会思想和价值多元化的情况下，则应更多自下而上的推选和确定。

第二，选树意味着提炼和优化。典型人物如同富矿，往往既携带、包含着许多为党政和社会偏好与喜爱的因素，却也多少混杂着一些杂质。这就需要党政和社会对典型人物及其事迹进行提炼和优化。这就需要投入较大的思想和创意资源，在坚守真实性原则的前提下，对典型人物及其事迹进行取舍、提炼和优化，以揭示典型人物种种“散文化”行为背后统一的、长期一贯的思想脉络和内在的逻辑。所以，每一个典型人物的选树都需要巨大的物质和精神成本的投入，是一个十分慎重、复杂的过程。

第三，选树意味着宣传和教育。宣传不是无限拔高典型人物，而是努力传播典型人物真实生动的个性、善良感人的品德，以及其某种日常，甚至偶发行为背后的精神实质（本质）。比如，宣传雷锋精神，其核心就在于通过讲述“雷锋出差一千里，好事做了一火车”等生动故事，向人们展示背后起着支撑作用的、雷锋对党和新社会的感恩、热爱之情，以及其全心全意为人民服务的人生追求和价值观。

需要指出的是，宣传和教育不应该只是单声道的灌输，更应该是团组织和广大青年之间的双向互动。通过双向互动，广大青年进一步熟悉和了解典型人物，并逐步接受直至信服典型人物。没有这种双向互动，宣传教育难免就是一种自说自话，难以得到广大青年的认知、认同、信服。选树典型人物也便失去其应有的意义。

（四）选树意味着培养和树立。典型人物并非已经十全十美，而是需要通过不断的培养进一步走向成熟，从而真正在人民群众面前树立起来的模范和楷模。持续不断的培养和树立使选树成为一个动态的过程。培养的途径很多，可以是委以重任，担任党政职务、做两会委员等，但更重要的则是根据典型人物自身的特点，向他们提供必要的指导和服务，给予更多进修、锻炼的机会，使之“百尺竿头，更进一尺”。

二、共青团选树典型人物的历史扫描

“重视典型、宣传推广典型、把典型事迹作为共产主义教育的有力途径，作为共青团的工作特色”[①]，一直受到共青团的重视。众所周知，先进榜样的模范作用是巨大的教育力量。根据新中国成立以来国家和社会发展的基本状况，以及共青团工作的实际，本课题将共青团选树典型人物的历史大致分为以下几个阶段：

（一）新中国成立至“文革”前夕，青年团努力选树战斗英雄、建设先锋、道德楷模三类典型人物

1949 年 10 月中华人民共和国成立，处在一个全新的历史起点上，面对百废待兴的国内形势和强敌环伺的复杂国际环境，新生的中华人民共和

① 胡克实：《1949—1966：中国共青团的历史经验》，《中国青年研究》1992年第3期。

国面临着恢复国民经济、抗美援朝、完成社会主义改造、促进经济建设等重大历史任务。1949—1966年的17年间，中国历经了以下几个重要阶段：(1)新民主主义社会阶段（1949—1957年）。这一阶段中，1949—1952年，全国人民努力推进国民经济的恢复。与此同时，抗美援朝震惊世界。1953—1957年，完成三大改造，促进了社会主义制度的确立。1957年反“右”倾斗争扩大化；(2）1958—1962年，全面建设社会主义阶段。1958年“大跃进”“人民公社化运动”，1958年全面建设社会主义总路线出台。其间，经济社会政治领域内“左”倾错误不断，给国民经济带来严重损失；(3)1959—1961年，“三年自然灾害”时期；(4）1962年国民经济恢复生气，到1965年，国民经济在曲折中前进，物质文明与精神文明建设均有较大发展。

这一时期中国社会的鲜明特点主要表现为：虽然经济基础一穷二白、国民经济恢复和建设任务繁重，但在革命激情和理想的激励下，人民群众没有怨言、牢骚，思想高度统一，行动高度一致，凝聚力很强，士气高昂；经济建设取得了重大的成就。1953年我国开始实施第一个五年计划，1957年胜利完成。一五计划奠定了我国社会主义工业化的初步基础，开始改变工业落后的面貌。我国向社会主义工业化迈进；政治运动十分频繁，对人们的思想造成了较大的干扰。新中国成立以来，国内政治运动频繁。党政在农村完成了土地改革运动、在城市开展“三反五反”运动、五七年反右、“四清”、人民公社。其间还开展了批判《武训传》《海瑞罢官》等思想文化领域的各种政治运动。

经历了新中国从战争的血与火中诞生的历史性过程，置身于弥漫于全社会的喜悦之中，绝大多数青少年对新中国、共产党有一种朴素的热爱之情。他们热烈拥护党和政府提出的一系列方针、政策和口号，以极大的热情积极参与政治、经济、文化等各个领域的各项重大活动和重要工作。

他们希望自己成为共产主义事业的接班人，亟需得到正确的教育、引导。同时，小部分青少年携带着一些来自旧社会的思想、观念和价值，对新生的国家和社会缺乏应有的了解和理解。“在一些大、中城市的青年中，还存在着纪律松弛、道德败坏、偷窃、贪污、赌博以及严重地破坏公共秩序等不良现象，某些现象还是很严重的”[①]；对党和国家的许多重大工作、重要方针政策，许多青少年由于阅历浅，学习不够，还难以达到党所期待的认识水平。比如，对抗美援朝，有些青年担心会影响祖国建设和个人前途[②]；对土地改革、社会主义改造等，还存在着认识不足等问题。他们面临着使自己的思想符合社会发展、适应国家建设需要的任务。

青年团认识到，加强对青少年的教育引导，势在必行。而选树典型人物，并充分发挥典型人物的示范作用，是加强教育引导的重要途径。胡克实指出：“自从新民主主义青年团成立以来，到‘文化大革命’共青团停止活动，这17年当中，值得一提的是树立先进典型、学习先进典型、推广先进典型这样一个工作方法，是毛主席讲的：‘从群众中来，到群众中去’的工作方法，是群众路线和群众性自我教育的好方法。经过团的动员和教育把先进典型的优秀思想和品德普及到广大青年群众中去，把思想性和群众性结合起来，形成有极大能量的青年运动，这是一个基本经验”。“我们树立的典型，要真正做到像毛主席说的那样，是一个高尚的人，一个脱离了低级趣味的人，一个有益于人民的人。”[③]

1. 战斗英雄

新中国成立之初的青少年对战斗英雄有着天然的热爱乃至崇拜之情。中国共产党和中国新民主主义青年团结合抗美援朝宣传，因势利导，以革命战争年代、抗日战争时期、解放战争时期和抗美援朝等不同历史时期的

① 郑洸主编：《中国青年运动六十年（1919—1979）》，中国青年出版社1990年版，第458页。

② 郑洸主编：《中国青年运动六十年（1919—1979）》，中国青年出版社1990年版，第391—392页。

③ 胡克实：《1949—1966：中国共青团的历史经验》，《中国青年研究》1992年第3期。

战斗英雄的事迹，教育和影响青少年。党和团组织先后推出了许多志愿军战士英雄人物及其事迹。如，志愿军某部连长杨根思，抱起炸药包和敌人同归于尽；上甘岭战役中，21岁的青年战士邱少云为了大局，忍受烈火烧身的剧痛，直到壮烈牺牲；青年团员黄继光舍身堵枪眼；罗盛教在冰河中勇救朝鲜女孩，等等。在此期间，随着作家魏巍《谁是最可爱的人》的发表，“最可爱的人”成了对志愿军指战员的尊称、爱称。志愿军整体上成为战斗英雄的代名词。

战斗英雄引起了无数青少年的追捧和崇拜，影响了数代中国人。广大青年学习英雄、模仿英雄，也涌现出了很多英勇的青年典型人物。如，广州市何济公制药厂青年女工向秀丽为了抢救国家财产，献出了年轻的生命。海军战士安业民在严重烧伤的情况下，坚持战斗40多分钟，英勇牺牲。欧阳海舍身救列车；龙梅和玉荣顶风冒雪保护公社的羊群；张英男为抢救两名落水少年而牺牲；林成战台风而献身；“钢铁战士”麦贤得重伤不下火线；王杰“一不怕苦，二不怕死”；刘英俊拦惊马救儿童壮烈牺牲。

2. 建设先锋

新中国成立后，广大青年响应党和政府的号召，积极参加厉行节约、植树造林、垦荒、扫盲、科学实验、培育良种、高产试验田等劳动生产、向科学进军活动，为国民经济的恢复、发展辛勤劳动。在此过程中，各地涌现了许多先进人物和事迹。其中的一些青年被团组织在一定范围内选树为典型人物。

（1）建设模范

1953年起，“一五”计划启动执行。广大青年响应党政号召，争先到最艰苦最需要的地方去，去鞍山炼钢铁，到克拉玛依打油井，参加重大工程建设，组成青年志愿垦荒队奔赴远方，拓荒开垦。1955年8月9日，北京市石景山区西黄村乡杨华等5人，联合申请发起组织北京市青年志愿垦荒队。北京市挑选了60人组成了全国第一支青年志愿垦荒队——北京青年志愿垦荒队。北京青年志愿垦荒队在全国青年中引起了强烈的反响，许多省市纷纷随之成立了青年志愿垦荒队。

在参与祖国建设的过程中，广大青年奋力争先，涌现出了不少先进模范集体和个人。青岛国棉六厂郝建秀的“郝建秀工作法”，被誉为“一个人改变整个纺织业”。1951年，该工作法在全国推广，整个纺织企业的产量大幅提高；西北国棉一厂细纱工赵梦桃忘我劳动，创造了连续7个月全面超额完成国家计划的先进记录；1954年1月北京苏联展览馆建设工地建立起全国第一支青年突击队。1954年6月，团中央推广了青年突击队的经验；1954年，全国宣传了徐建春、吕根泽、吕宣宝、郭统绪、李思凤等把知识同劳动相结合的事例；1955年9月，在北京召开全国青年社会主义建设积极分子大会。这次大会，对全国各界青年的震动大、教育深。广大青年迫切要求了解、学习青年积极分子的先进思想和经验。会议期间，《中国青年报》每天都会发表大会的消息和介绍积极分子的先进事迹，发行量由45万份，猛增到168万份。①

这17年间，青年中也涌现出了很多知识青年上山下乡的典型人物。1958年，17岁的邢燕子初中毕业，放弃留在天津市区工作的机会，回村务农，参加祖国建设，成为“发奋图强，扎根农村，大办农业”的青年典型。她曾先后5次受到毛泽东接见、13次受到周恩来接见。邢燕子、侯隽、董加耕等的选择，与当时党中央的号召不谋而合。1959—1960年，邢燕子的事迹经各大报纸、电台纷纷报道，在全国青年学生中引起强烈反响。

（2）革新能手

针对全国人口中文盲多，文化科技水平低的现实状况，党中央向全

① 郑洸主编：《中国青年运动六十年（1919—1979）》，中国青年出版社1990年版，第465—467页。

国人民发出“向科技进军”号召。广大青年积极响应，纷纷学文化、学技术，大搞技术革新，涌现出了不少模范人物。在开展扫盲工作中，解放军西南军区某部青年文化教员祁建华，经过反复试验，发明了“祁建华速成识字法”，即利用注音符号作辅助识字工具的方法。按照祁建华速成识字法，可以使一般成年文盲，在150个小时左右的教学时间内，初步会认会讲1500至2000个汉字。沈阳机器三厂青年团员赵国有发明了“车铣结合”的操作方法，创造了新纪录。东北第五机器厂马恒昌小组创造了将劳动热情与钻研技术相结合、技术公开、团结互助等先进经验。王崇伦“万能工具胎”提高功效2—6倍。唐山钢厂蔡连成创造“转炉先进操作法”，一年可增产3.8亿元。北京市第6工程公司张百发领导的青年突击队，从1956年1—5月，节约钢筋近16吨。1960年，苏联专家撤走后，鞍钢耐火材料厂女工程师、团支部副书记张慧芳和个人一起，经过几十次试制，造出了具有世界水平的镁铬砖。上海润华染料厂青年技术员奚翔云试制成功活性染料。重庆建设机械厂青年铣工廖世刚完成80多件技术革新项目。北京建筑公司青年木工李瑞环创造了“木工简易计算法”，并运用在人民大会堂的建设中。他还写出了10多万字的理论书籍，被称为“青年鲁班”。青年战士高玉宝1951年4月，完成了20万字的自传体小说《高玉宝》，成为自学成才的典型人物，在青年中引起强烈的反响。这些青年都被团组织选树为广为人知的典型人物。

3. 道德楷模

新中国成立后，党和政府（1954年）加强对青年的道德教育、抵制资产阶级思想侵蚀。其中，运用典型，联系实际，划清界限，积极引导是青年道德教育中积累的宝贵经验①。青年团响应党和国家号召，选树了不少青年典型人物，努力在青少年中营造社会主义新道德新风尚。

---

① 郑洸主编：《中国青年运动六十年（1919—1979）》，中国青年出版社1990年版，第463页。

土改期间，党的好女儿丁佑君自愿离开城市，到边远的西昌农村工作。1950年9月18日，她被国民党残匪逮捕杀害。1952年，朱德为丁佑君塑像题词："中国青年应该学习她把自己的一切献给党和人民的高度阶级觉悟和革命精神"[①]。

雷锋无疑是影响最为广泛、最为深远的典型人物。他不仅是一个政治先进的典型人物，也是一个社会主义道德风尚的楷模和象征。1961年4月19日，雷锋在世的时候，《中国青年报》就刊载了文章《苦孩子——好战士》，宣传介绍他的事迹。1962年雷锋牺牲后，辽宁团省委就在全省青少年中开展了向雷锋学习的活动。1963年2月15日，团中央发出《关于在全国青少年中广泛开展"学习雷锋"的教育活动的通知》。1963年3月5日，毛泽东等领导为雷锋题词。雷锋精神鼓舞和教育了一代又一代青少年。

在第一个阶段中国社会的大背景下，人们的思想、情感和价值高度一致。人们高度信服党政、青年团，对党政、青年团提出的思想、理念，推出的方针政策深信不疑，坚决拥护。青年团选树典型人物类型之多、范围之广、影响之大，可谓前所未有，后无来者。

（二）"文革"十年中，社会上涌现出"反潮流"典型、知青典型

在"文革"十年中，党内"左"倾错误路线占据主导地位，极"左"思潮泛滥成灾。红卫兵造反、大串联、林彪叛逃、批林批孔、评法批儒、评水浒、批邓反击右倾翻案风等等，政治运动不断；"四人帮"等集团干扰、破坏；社会上无政府主义、蔑视权威的风气肆虐，打砸抢横行，种种越轨、违法、犯罪现象多发、高发；国民经济被严重破坏，到了崩溃的边远；人们的精神世界、价值系统混乱不堪；社会动荡不宁……党和国家乃至整个中华民族都经历了一场灾难、浩劫。政治运动频繁，政治压力沉

① 共青团中央青运史档案馆编：《新中国60年杰出青年成长故事》，中国青年出版社2009年版，第9页。

重，生活条件匮乏，未来方向迷失，这些共同构成了当时中国青少年生存发展的基本社会环境。需要特别指出的是，“文革”十年间，共青团组织受到冲击和严重摧残，团中央书记处被改组，团中央机关的“革命造反联络总部”对团中央临时书记处实施“夺权”，使共青团的最高领导机构被彻底“砸烂”，共青团的各级组织被破坏，大批团干部被迫害，大批青年先进集体和模范人物受到株连。而“红卫兵”组织则风光无限，甚至准备以“红卫兵代替共青团”。在此情况下，在选树典型人物方面，共青团组织总体上有心无力、无暇顾及。而一些所谓的青少年典型人物，往往并非由共青团所选树，而是由四人帮及其控制下的极左政治集团为满足其政治所需要选择的政治道具。

长年的政治灌输和思想教育，使在红旗下成长起来的中国青少年，对中国共产党及其各种政治理念、各项方针政策深信不疑、积极拥护，其政治热情、革命责任感和各种政治运动的参与度都很高。以青少年为主体组成的红卫兵，成为“文革”中一支不可忽视的造反、“革命”的力量，在中国社会这10年的发展过程中留下了深刻、粗蛮的印记，也对此后国家的发展、社会的风气、人民的心态等等，造成了极其深远、深刻的影响。著名青运史研究专家郑洸先生对当时青少年的基本特征作了精当的归纳：盲目的政治热情。当时的青少年秉持“听毛主席话，跟共产党走”的坚定信念，但他们又涉世不深，无论是对世事，还是对自己，都不能正确认识和把握，很容易在各种蛊惑和教唆下，盲目参与各种政治运动，给社会、他人和自己都造成了极大的伤害；他们普遍缺乏民主与法制观念。生长在一个缺乏法治传统的国度，青少年自然缺乏系统必要的民主与法治教育和观念。他们往往以“大民主”和“造反”为凭依，无所顾忌地冲击、摧毁一切他们认为是反动的人和事；他们缺乏坚定正确的政治方向。与盲目的政治热情相适应，青少年在“以阶级斗争为纲”和极“左”政治的迷雾中，迷失了正确的政治方向。他们往往只是积极地按照政治宣传的要求，“无情镇压一切他们认为的‘阶级敌人’，声讨一切他们认为的‘反革命言行’。”①

此外，进入70年代后，青少年群体发生了很大的变化。随着大中学校毕业生分配和安置工作的进行，大批学生陆续离开了学校，分别进入工矿企业就业和上山下乡接受贫下中农再教育。红卫兵运动很快衰落、瓦解。很多青少年面对林彪事件、日常生活的困窘、看不清个人和国家的前途等现实，陷入了思考和迷茫。梁小斌的诗作《中国，我的钥匙丢了》，形象生动地反映了那个历史时期许多青少年内心的迷茫。

除了雷锋、黄继光、董存瑞等60年代已经家喻户晓的英雄人物之外，这个时期并没有选树和增加多少新的典型人物，却出现了不少作为政治道具的典型人物。

1. “反潮流”典型

白卷英雄张铁生。1973年7月19日，《辽宁日报》以《一份发人深省的答卷》为题，刊登了辽宁省兴城县白塔公社下乡知青、生产队长张铁山在文化考查中交“白卷”时写的一封信。张铁生的信被“四人帮”利用，成为“教育战线上两条路线、两种思想斗争”的一个载体。张铁生后来顺利上了大学，当选为四届人大常委，受到江青、王洪文的接见。

“敢于反潮流的革命小闯将”黄帅。1973年底，黄帅在北京市海淀区中关村第一小学五年级上学。因为写日记，她和班主任发生了冲突。恰恰在这时，江青集团正好需要在教育界树立一个“横扫资产阶级复辟势力”“批判修正主义教育路线回潮”的典型。黄帅这封六百字左右的信成为了江青等人的突破口。

自杀成“小将”的张玉勤。1973年，河南省唐河县马振扶初中学生张

① 郑洸主编：《中国青年运动六十年（1919—1979）》，中国青年出版社1990年版，第592—594页。

玉勤因英语成绩差，在试卷上写了打油诗：“我是中国人，何必学外文。不会A B C，也当接班人。接好革命班，埋葬帝修反。”受到老师的批评后自杀。“四人帮”利用了这一惨剧，专发“中发［1974］5号文件”，将此事定义为“修正主义教育路线进行复辟”的典型，中共河南省委追认张玉勤为“革命小将”“优秀共青团员”。

2. 知青典型

“文化大革命”使整个国民经济出现了全面衰退，许多工矿企业无法招收新职工，大量中学毕业生难以在城镇得到就业机会，只能按照中共中央的要求，“面向边疆”“面向农村”寻找工作机会。动员知识青年上山下乡，“采取了极端的绝对化的行政手段”。在高压下，“1968 年夏到年底，全国约有 200 余万城镇知识青年走向农村”。“1969 年城镇知识青年下乡人数达 260 万人”[①]。当时的政治宣传强调，是不是坚持“四个面向”，“这是毛主席的无产阶级革命教育路线同中国的赫鲁晓夫反革命修正主义教育路线长期斗争的继续”。这对城镇的知识青年及其家庭形成了强大的政治压力。在此政治压力下，城镇知识青年唯有上山下乡才能体现自身的先进性和革命性。

除了邢燕子、侯隽这样的老知青样板以外，有关方面还树立了董加耕、朱克家、柴春泽、王冬梅等上山下乡的典型人物。被选树为时代的典型人物，使这些知识青年身不由己地被纳入一个新的人生轨迹之中。比如朱克家被选树为典型人物后，骑虎难下：他压根儿就没想过要一辈子待在农村，现在却被选树为典型，就只能接着干了，想走也走不了了；同时，也使千百万知识青年在人生选择之际，面临着巨大的压力，对其生存和发展造成了严重、深远的影响。

① 郑洸主编：《中国青年运动六十年（1919—1979）》，中国青年出版社1990年版，第598—599页。

（三）在改革开放进程中，共青团着重推出成功人士、道德楷模、建设先锋三类典型人物

1976年10月，“四人帮”被粉碎，十年“文革”结束。两年之后，共青团组织系统开始恢复。紧接着，中共十一届三中全会召开，党和国家把工作的重点转移到社会主义现代化建设上来。80年代，中国经济建设取得前所未有的高速增长。1992年邓小平南方谈话后，改革开放再次提速，计划经济体制逐步转变为市场经济体制，中国经济建设和社会发展进入了新的历史阶段。与此同时，中国社会结构由传统社会结构向现代化社会结构急剧转型；社会价值观念逐步从注重集体向关注个体转变，由崇尚理想向重视利益转变，从强调节俭向尊重享受转变①。全面、深刻的社会变革，为青年学习、就业、成才、生活、实现理想抱负提供了新的社会环境和条件。

改革开放初期的青少年大多诞生于“文革”后期，社会风气尚未得到根本的好转，其成长环境中依然留存着不少“文革”后遗症和种种消极因素。这使他们中的不少人看到了一些社会阴暗面，对现实多持批判态度，而对种种正面宣传则多持怀疑态度，产生了不少困惑和迷茫。种种困惑和迷茫在潘晓“人生的路啊，为什么越走越窄？”等发问和讨论中得到了充分的展露。随着党和国家工作重心的转移、改革开放不断取得新的令人炫目的成就，青年接受的信息更加丰富，视野和胸怀更加开阔，一些新观念、新认识逐步在他们心中生根发芽。他们逐步以更加多元的价值取向和态度，面对变化中的世界；以更加积极的行为和方式，投身剧烈变化的中国社会。从改革开放之初到世纪之交，他们经历了80年代初理想和激情高

---

① 易素贞：《新时期大学生榜样教育面临的挑战与对策》，《山东省青年管理干部学院学报》2003年第6期。

涨，到80年代末理性与现实之间形成冲突，再到90年代渐趋现实和务实这样的心路历程。

改革开放以来多样的社会现象和生活方式，多元的价值取向和态度，使中国青年不再像以往那样，遵从某一种统一的意志和理念学习、生活、发展。他们更加注重按照自己的理性分析、价值判断和理想追求对待各种人和事。在此情况下，全民性的典型人物难以像以往那样能够吸引全体青年的关注、学习和追捧。随着时间的推移，共青团对典型人物的选树，面临着众声喧哗、众口难调的新情况、新问题和新挑战。1980年5月26日，邓小平给《中国少年报》和《辅导员》杂志的题词中提出："希望全国的小朋友，立志做有理想、有道德、有文化、有纪律的人，立志为人民作贡献，为祖国作贡献，为人类作贡献。"1982年5月4日，《人民日报》发表的社论《当代青年的历史使命》中把邓小平的题词延伸为"培养青年成为有理想、有道德、有文化、有纪律、有强健体魄的新一代。这不仅是学校和共青团的责任，而且要靠所有家庭和整个社会的共同努力。"1985年，全国共青团思想政治工作会议上提出：要加强和改进新时期的青年思想政治工作，在四化建设的伟大实践中培养和造就一代有理想、有道德、有文化、有纪律的共产主义新人。此后，"四有"新人成为青少年共同的追求。培养造就"四有"新人成为共青团选树青年典型人物的重要背景和标准。

1. 成功人士

攻坚克难的陈景润。陈景润攻克了世界著名的数学难题"哥德巴赫猜想"，使经历了"文革"动荡的国人深受感染，成为青少年们最崇敬的人物之一。很多青少年都把当科学家作为人生的目标。

"三连冠"的女排姑娘。1981年11月16日，中国女排首次夺得世界杯赛冠军。在1984年的第23届奥运会上，中国女排实现了"三连冠"的梦想，对全民，特别是青少年具有十分重要的精神鼓舞和思想启示意义。团中央、全国青联、全国学联等号召全国人民学习“女排精神”，为民族腾飞和社会主义建设而努力奋斗。

首位奥运冠军许海峰。1984年7月，27岁的许海峰在美国洛彬矶第23届奥运会射击赛场夺得冠军，成为中国奥运史上的首位冠军。当年，共青团中央授予其“全国新长征突击手”称号。

2. 道德楷模

“文革”结束不久，拨乱反正成为社会生活中的重要主题。经历了十年“文革”造成的信仰危机，人们对雷锋、焦裕禄等典型人物的精神“是不是已经过时”提出了疑问。为此，1980年邓小平提出：“我们要建设社会主义国家，不但要有高度的物质文明，而且要有高度的精神文明。”1981年2月，团中央等8家单位发出“五讲四美”文明礼貌活动。11月，提出“五讲四美三热爱”活动，努力荡涤“文革”遗毒，树立社会主义道德风尚。

雷锋依然是为青少年学习效仿的典型人物。共青团因势利导，继续以多种形式大力推进学习雷锋活动。1982年5月2日，团中央授予曹振贤等11人为“学雷锋树新风模范青年”光荣称号。1983—1984年，团中央组织青少年开展了“三优一学”（优质服务、优良秩序、优美环境和学习雷锋与先进人物）竞赛活动。①

1982年10月，《中国青年报》发表第四军医大学三年级学生张华为抢救一位老人而牺牲的事迹，并组织开展了“人生价值”的讨论，引导青年正确认识人生的价值。

1983年3月7日，团中央授予身残志坚的张海迪“优秀共青团员”光荣称号，并作出向她学习的决定。

① 李玉琦主编：《中国共青团史稿（1922—2008）》，中国青年出版社2010年版，第298、312页。

1983年5月1日，第四军医大学学员王强、李博、赵建华、王连刚、徐军、石俊、杨海涛、应可满、武若君、胡湖、雷伟等在华山奋力抢救10余名负伤游人；1983年12月9日，太原大营盘小学学生在迎泽公园遇险，当地干部群众40人积极抢险；1984年2月15日，石家庄市民在沉绿湖抢救身陷冰窟的小学生。1984年，团中央组织全国青少年开展向“一山两湖”英雄集体学习的活动，在80年代青少年中宣传见义勇为、无私奉献的思想和价值。

“全国先进个体劳动者”辛福强曾为400多户困难家庭免费镶玻璃，受到成千上万人的尊敬。1985年，他因病逝世。同年，团中央和国家工商行政管理局共同决定，在全国青年个体劳动者中开展向辛福强同志学习的活动。

1993年8月17日，解放军战士徐洪刚见义勇为、勇斗歹徒的壮举在全国引起强烈反响。团中央1994年2月1日命名徐洪刚为“见义勇为青年英雄”，并授予他“全国新长征突击手”荣誉称号。

1998年8月22日，年仅20岁、参军20个月，党龄只有8天的解放军战士李向群参加抗洪抢险，累死在荆江大堤上。1999年4月，团中央等联合发出通知指出，李向群是改革开放新时期成长起来的先进青年，是继雷锋之后涌现出的又一个具有鲜明时代特征的重大典型，集中代表了新时期青年的本质和主流。

这些典型人物的突出表现，使中华民族优秀传统道德在新的历史时期进一步发扬光大。

3. 建设先锋

改革开放以来，党和国家工作的重点转向经济建设。共青团通过系列评选活动推进、模范人物表彰等途径选树典型人物，促进广大青年投身经济建设，艰苦奋斗、无私奉献、锐意进取、爱岗敬业、脚踏实地、建功立业、报效祖国。

“争当新长征突击手”活动。1979年9月，团中央召开全国新长征突击手命名表彰大会，命名表彰了10个新长征突击队红旗单位，150个新长征突击手（队）标兵和1万名（个）新长征突击手（队）。“争当新长征突击手”活动，“这是对五六十年代社会主义建设积极分子活动和‘红旗手’活动传统的延续和发扬光大”。1983年8月1日，团中央发布《关于继续深入开展“争当新长征突击手”活动的意见》，进一步推进“争当新长征突击手”活动。中国首位奥运冠军许海峰、玉米育种专家李登海等被团中央授予“全国新长征突击手”称号。

评选“全国优秀青年厂长（经理）”活动。针对越来越多的青年在参与经济建设过程中取得突出成绩的现实状况，1984年8月，《中国青年》杂志社、中国企业管理协会、团中央宣传部、中央电视台等单位联合举办评选“全国优秀青年厂长（经理）”活动。

“中国十大杰出青年”评选活动。1990年，由中华全国青年联合会创意策划，联合中国青少年发展基金会及人民日报、中央电视台、中央人民广播电台、光明日报、中国青年报、解放军报、科技日报、经济日报、工人日报、农民日报等十家主要新闻单位共同主办“中国十大杰出青年”评选活动，旨在举荐青年人才，宣传杰出青年，树立时代楷模。多年来，陈章良、姚明、李登海、徐洪刚、柏耀平、吕岩松、袁家军、杨利伟、洪战辉、邓中翰、李春燕、董月霞、赵海清、向南林等成为杰出青年的优秀代表。

青年岗位能手评选和表彰活动。1994年初，共青团中央联合国家经贸委、劳动和社会保障部等部委开展了青年岗位能手评选和表彰活动。青年岗位能手是指年龄在35岁以下，有优良的思想品德和职业道德，敬业爱岗，熟练掌握本岗位各项业务技能和理论知识，能够优质并超额完成本岗位各项年度考核指标，创造了较好经济效益的企业青年职工。团中央号召全国广大青年职工以受到表彰的典型为榜样，立足岗位、学习先进。李素丽、任长霞等优秀青年获此殊荣。

“中国青年五四奖章”。“中国青年五四奖章”是共青团中央、全国青联授予青年的最高荣誉，原则上每年“五四”青年节授予，有特殊贡献者，可以随时授予。1997年，“中国青年五四奖章”首次颁授。多年来，秦文贵、陈永川、杨元庆、谭铁牛、卢柯、李金城、张锦、耿瑞先、邓中翰、丁晓兵、李斌、方红霄、袁家军、李兹喜、徐本禹、郜丽华、宋志永、等获得此项殊荣。李向群、黄东华、王伟、黄勇、王庆平、武文斌等名同志被追授“中国青年五四奖章”。“中国青年五四奖章”获得者来自各行各业，是我国改革开放和社会主义现代化建设实践中涌现出来的优秀青年典型人物。他们的先进事迹集中体现了当代青年报效祖国、热爱人民的崇高理想，艰苦奋斗、无私奉献的高尚情操，锐意进取、勇于探索的创新精神，不畏艰难、不折不挠的坚韧品格，爱岗敬业、脚踏实地的实干作风。是全国广大青年学习的榜样。同时，不定期颁发“中国青年五四奖章集体”，主要授予在社会主义现代化建设中事迹突出、社会影响广泛、典型示范作用强、以青年为主要成员的先进集体。

各省市团组织也纷纷通过评选和表彰等途径，选树各行各业青年中的典型人物。比如，1994年上海市十大杰出青年评选启动。

改革开放以来，特别是90年代以来，共青团更多组织开展多种类型和层次的先进评选和表彰活动，以发动基层团组织和广大青年参与典型人物的选树。这种做法既对以往那种自上而下选树典型人物做法进行了有效的调整和丰富，也使评选过程客观上体现出对青年进行教育和引导的价值和意义。

值得注意的是，20世纪90年代以来，颠覆传统与精英主义、消解一切深度和意义的“无厘头”，世俗化、大众化的文化在青年中流行，成为青年文化中一个十分重要的特征。与此相关，青少年中出现了为全社会所关注的“追星”现象。青少年所追的“星”主要是演艺明星。罗大佑和崔健在青少年眼中成为叛逆的象征，周星驰和王朔身上寄载了他们调侃权威、嘲弄正统的意念，张国荣、梅艳芳、四大天王、小虎队等则成为他们念念不忘的偶像。一定意义上讲，这种“追星”现象是青少年追寻人生楷模的结果，体现了他们对契合自己价值、理念的典型人物的渴求。毋庸讳言，面对青少年中的“追星”现象，团组织多年来总体上处于失语状态，在呼应青少年对明星的关注，从中选树典型人物方面，没有更多作为。

（四）进入21世纪以来，共青团努力选树受青少年欢迎的典型人物

世纪之交，科技进步日新月异，全球化进程加快，改革开放不断深化，物质生活条件极大改善，使中国社会处于急遽转型的特殊历史时期。中国社会经历着从计划经济体制向市场经济体制的转型；经历着社会形态从传统社会向现代社会、从农业社会向工业社会、从封闭性社会向开放性社会的转型；经历着人们的生活方式、思维方式、价值体系、行为方式的整体和全面的结构性转型……中国社会转型规模之大、速度之快和程度之深，可谓史无前例。在此过程中，贫富差距越来越大、经济发展困难不少、通货膨胀居高不下、社会矛盾日益加剧、贪污腐败现象严重等矛盾和问题也十分突出。现实的矛盾和问题必然反映在人们的思想和价值中。《中共中央国务院关于进一步加强和改进未成年人思想道德建设的若干意见》精辟地指出：一些成年人价值观发生扭曲，拜金主义、享乐主义、极端个人主义滋长，以权谋私等消极腐败现象屡禁不止等等，也给未成年人的成长带来不可忽视的负面影响……所有这一切，共同构成了进入新世纪以来，中国青少年生存发展的社会环境。

处在世纪之交中国社会转型特殊历史时期的青少年，大多数人在空

前优裕的物质生活条件下生存、成长，远离了饥馁，也日渐远离了“汗滴禾下土”的辛劳。以所谓80后为主体的新世纪青年曾被贴上种种负面的标签，被称为缺失主体意识、缺失强烈社会责任意识、精神萎靡的“垮掉的一代”。但2008年一系列突发事件、大灾大难发生后，以80后为主体的青年更以一副几乎完全不同的形象出现在世人面前。人们对他们又不吝赞美：有爱心，敢担当，能作为，思维活跃，思想解放，个性张扬，追求自由，善于运用高科技手段……等等①。总体上看，生活方式的改变，信息技术的普及，社会思想文化的日益多元，深刻影响了新世纪青少年的思想世界——其思维方式从宏观、抽象转向微观、具体；其人生目标从崇高、理想转向现实、世俗；其价值取向从单一、社会本位转向多元整合、努力融合个人与社会；其对外在事物的把握和态度，从更多服从转向更多理性、更多宽容、更多参与。其思想状况呈现出理性务实、开放宽容、多元流变的特点②。

社会发展呈现出新的形态，人们的价值观、行为方式等等越来越多元化。这样的时代背景，成为新世纪共青团选树青年典型人物的基本环境。20世纪60年代以来，学习雷锋已经成为每年的惯例。团组织每年3月5日前后，都要结合当前的社会发展形势和政治需要，发动青少年开展学雷锋活动。与此同时，对雷锋的宣传和研究也在延续。2013年，是向雷锋同志学习活动开展50周年纪念之年。2012年，国内推出雷锋主题图书300余种。2013年前2个月，国内出版界就出版了《雷锋画传》《雷锋全集》等雷锋题材作品近70种，不少图书发行量都在20万册以上。许多学雷锋出版物不

① 参见刘宏森：《走下“过山车”——关于对“80后”认知问题的一些思考》，《山东省青年管理干部学院学报》2009年第2期。

② 佘双好、李顺彦：《改革开放以来青少年思想观念发展的基本特点和总体趋势》，《改革开放三十年与青少年和青少年工作发展研究报告——第四届中国青少年发展论坛暨中国青少年研究会优秀论文集（2008）》，天津社会科学出版社2009年版，第142页。

仅努力消除贴在雷锋身上的符号化的标签，使雷锋回归一个普通年轻人、普通士兵，从而深入挖掘雷锋精神的内涵和时代特征，还着力表现当代社会“雷锋传人”的事迹。

然而，进入21世纪以来，共青团组织并未选树出雷锋、张海迪那样以“为公为民、无私奉献”为主要内涵、受到全民崇信和追随的青年典型人物。同时，社会上还“出现了明显的先进典型效应弱化现象，突出表现在青少年对先进典型的认同度下降，先进典型的时效性变差、持续影响力弱化等多个方面”①。与此形成鲜明对比的是，青少年当中普遍存在的偶像崇拜现象特别引人注目。2003年，团中央宣传部、中国青少年研究中心对不同地区2710名大中学生就偶像崇拜问题进行调查，发现目前青少年当中普遍存在偶像崇拜现象。2005年，共青团广州市委等部门对广州市15—22岁青少年进行的一项“你心目中的偶像”调查，发现居于前三位的分别是企业家和总裁占29.1%，政界领导人占23.2%，明星占13.8%，而过去的榜样人物雷锋只占6.4%。

针对这种情况，进入新世纪以来，共青团进行了新的探索，采用了一些选树青年典型人物的新形式，选树出了不少体现时代特点、贴近青年生活实际、受到青年欢迎的典型人物。

1. 评选表彰各类先进人物

20世纪90年代以来，共青团在青年中开展了“争当新长征突击手”活动、“中国十大杰出青年”评选活动、青年岗位能手评选和表彰活动、“中国青年五四奖章”评选和表彰活动等。进入新世纪后，团组织在完善和推进这些评选表彰活动的基础上，以蓬勃开展的大中专学生志愿者暑期“三下乡”社会实践活动、青年志愿者行动、保护母亲河行动、青年文明号创建活动等为抓手和载体，对这些活动中涌现出的优秀团员、青年岗位

① 张义祯、邱幼云：《青年榜样的历史变迁》，《中国青年研究》2006年第9期。

能手、青年创业奖、农村青年致富带头人、青少年科技创新奖、优秀青年志愿者、优秀少先队员和辅导员、大学生自强之星、“最美青工”等的先进个人和群体进行评选、表彰，以广泛挖掘、宣传他们的感人事迹和精神闪光点，发掘和选树典型人物，树立鲜明导向，引导青少年学习先进、争当先进。

2. 发动青年参与选树典型人物

20世纪90年代以来，团组织就注重发动基层青年评选各种先进，努力发挥青年的主体性，发动和引导青年参与选树青年心目中的典型人物。在“杰出青年”、青年岗位能手等评选活动中，基层青年拥有了更多的发言权。共青团组织逐级选拔、择优推荐、严格审核，以选树青年典型人物这种做法受到了广大青年的拥护。广大青年参与热情因此高涨。

比如，2014年，共青团组织重点面向县级及以下基层团组织，开展“身边好青年”推选活动，发动青少年寻找、推选一大批身边向上向善的“好青年”，宣传、分享他们的青春故事和精神力量。广泛开展“奋斗的青春最美丽”分享团走基层、杰出青年进校园等活动，经常性组织青年典型深入农村、社区、企业、学校、机关开展宣讲，以面对面交流、故事分享的方式，带动形成人人践行社会主义核心价值观的群体效应①。

3. 贴近青少年生活实际，发掘和选树典型人物

对于青少年来说，贴近他们生活实际的典型人物更可亲、更可学，更具有典范和教育意义。因此，发动广大青年发现自己生活中的优秀青年，并把他们推荐给更多的年轻人，既有利于充分挖掘青年中蕴藏丰富的典型人物资源，也有利于使青年通过推荐和评选活动，受到更有效的自我教育。进入新世纪以来，团组织越来越注重贴近青年的现实生活，贴近他

① 共青团中央关于在广大青少年中深入开展社会主义核心价值观宣传教育和实践活动的通知（中青发［2014］8号），中国共青团网［2014-02-27］，http：//www.gqt.org.cn/documents/zqf/201403/t20140327_684701.htm

们的生活认知和价值关怀，选树典型人物。比如，2015年“优秀青年”的名单就很贴近青年的生活实际，很接地气，非常有“青年味儿”。在“向上向善好青年”和“文明守法好网民”代表中，既有用柔弱双肩担起家庭重担、全力支持丈夫安心在唐古拉服役的80后好军嫂丁赟；有在父亲为营救落水女孩牺牲后，毅然接过父亲17万元债务，靠自己8年省吃俭用辛苦度日还清所有债务的“诚实守信好青年”杨林；有在汶川大地震后主动献血，在人民大会堂前自拍留影并写下“我爱你，中国”，被粉丝们誉为“无论何时都保留一颗爱国心”的赫哲族青年艺人韩庚；还有在微博上具有超高人气，带动粉丝参与公益事业，形象阳光健康的16岁重庆男孩王俊凯；也有风靡网络、让网友看到“泪奔”不断“催更”的爱国漫画《那年那兔那些事儿》作者，被网友们称为“麻蛇”的傣族85后青年林超；有在澳大利亚攻读博士学位，2014年发起互联网著名爱国话题传播活动“我和国旗合个影”的青年学者雷希颖[①]。

4. 回应青少年对偶像的追捧

进入21世纪以来，不少青少年追捧娱乐明星、新财富英雄、知识英雄、企业家等，视之为自己的偶像和楷模[②]。进入新世纪以来，团组织对此没有视而不见，而是通过中国共青团旗下的媒体和机构等多种途径积极回应。2001年团中央机关刊物《中国青年》推出一份“可能影响21世纪中国的100个青年人物”的百人名单（单行本2001年4月已由上海人民出版社出版发行），其中列举了100名各个行业中的领先并处于上升状态的人物，年龄最大的45岁，最小的19岁。在这份名单中，有人们比较熟悉的一些名字，如作家阿来、余华，体操运动员李宁，电影导演姜文、张元，北大副校长陈章良，WPS创始人求伯君，新浪总裁王志东，“阳光

① 《青年典型也要贴近青年》，《中国青年报》2015年5月5日第1版。

② 温海玲：《时势造偶像：解析青年偶像崇拜现象的变迁》，《中国青年研究》2008年第8期。

卫视”“掌门人”杨澜，经济学家张维迎，小提琴国际大师吕思清等。不那么声名显赫的自然科学工作者占到了半壁江山。企业家特别是民营企业家出现在这份名单中，体现了这份名单鲜明的时代特色。《中国青年》认为，他们的这项工作，是在以一家媒体的选择和判断，表达对中国未来的判断和希望。2008年10月27日，团中央下属的网络影视中心联合《中国大学生就业》杂志社、中青网等多家单位联合发起首届“中国十佳大学生村官”评选活动，受到了广大青年的关注。对近年来网友们自发追捧和热议的最美教师张丽莉、最美司机吴斌、最美妈妈吴菊萍、最美孕妇彭伟平、最美警卫战士高铁成、最美农民工王俊旺等优秀青年，团组织通过多种媒体予以了积极宣传和表彰，有效回应了青少年的心声，拉近了团组织和青少年的思想与情感距离。

三、共青团选树典型人物的经验与教训

新中国成立60多年来，选树青年典型人物已经成为共青团作为教育引导青年的一个重要抓手和载体，一项传统做法和工作特色。经过60多年持续的探索，共青团在选树青年典型人物方面积累了比较丰富的经验。

（一）共青团选树典型人物的经验

第一，坚持选树典型人物教育和引导青少年。新中国成立60多年来，除了十年“文革”期间组织瘫痪以外，共青团始终坚持选树典型人物，充分发挥典型人物的吸引力和感染力，教育引导广大青少年，构建了青年典型人物的长廊和英雄谱，形成了共青团履行教育引导青少年这一重大职能的传统做法和传统特色。一定意义上讲，共青团选树典型人物的历史，就是教育引导广大青少年的历程的生动体现。

需要指出的是，长期以来，共青团组织始终坚持以“为公为民、无私奉献”为主要内涵和标准选树典型人物，充分表达了党和国家对青少年的基本要求。由此选树出来的青年典型人物，也基本体现了中国不同历史时期青少年的整体风貌和主流精神品质。毫无疑问，新中国成立60多年来，中国青少年所以能够坚守共产主义理想，信奉社会主义核心价值观，与团组织持之以恒地通过选树典型人物教育引导青少年有着直接关系。

第二，坚持深入青少年选树典型人物。无论是黄继光等战斗英雄、赵梦桃等建设先锋，还是雷锋、张海迪等典型人物，他们原先都是普通青年中的一员。共青团组织深入基层，深入青少年实际，努力从一些原本普通的青少年身上，发现共产主义思想道德的闪光点，从中选树典型人物。这样一种“从群众中来”的选树方式，值得继承和借鉴。

第三，坚持发挥组织优势，强化选树效果。新中国成立60多年来，团组织始终注重充分发挥组织体系的优势和作用，在统一部署下，运用不同形式，加强对典型人物的集中宣传，形成了强大的宣传、教育、引导声势，使典型人物及其事迹迅速走近千万青少年，甚至进了教材和课堂，从而进入了青少年学习、工作、生活的各个角落，最终融入他们的思想世界之中。

同时，共青团还发挥组织优势和作用，把青年典型人物等为青少年喜爱的先进分子，吸收进共青团及其领导下的青联、学联等相关的机构和组织之中，使之成为十分重要的教育引导资源，在教育引导青少年中发挥更大的作用。

（二）共青团选树典型人物的教训

青年典型人物是时代的产物，青年典型人物的选树工作自然也会深深打上时代的印记。共青团60多年选树典型人物的历史过程中，也有不少教训值得记取。“大一统”思维、“高大全”宣传、“功利化”态度、“行政化”运作是60多年来选树青年典型人物历程中存在的问题和值得记取的教训。其中，“行政化”运作是问题的关键之所在。典型人物的选树需要行政权力的助推，但当行政权力直接影响甚至决定典型人物的选树之时，则难免会出现“功利化”态度、“大一统”思维、“高大全”宣传等种种弊端。在这些弊端的缠绕下，典型先进效应必然会弱化，教育引导的功能自然难以有效实现。

第一，“大一统”思维的影响。“大一统”思维是选树青年典型人物过程中的一个突出问题。“大一统”思维集中表现在选树价值的一元化及其统一、全面的推广上。多年来，特别是在新世纪以前，团组织往往更多以团组织意欲推广的价值为统一标准，选树青年典型人物。而青少年自身的思想、理念和价值状况却往往被忽视。在新中国成立之后的17年中，人们的思想、情感和价值高度一致，青少年们高度信服党政、共青团，对党政、共青团提出的思想、理念和价值深信不疑。在此背景下，选树价值的一元化及其统一全面推广还能在选树青年典型人物的过程中较为顺畅地运行。然而，20世纪90年代以来，青少年自我意识觉醒，主体性愈益张扬。很多青少年的心目中，“王侯将相宁有种乎”已经成为一种主旋律。这种主旋律渗透于其生活的各个方面、各个角落。这就使他们对别人，包括组织所推介的榜样和典型往往持批评和怀疑的态度。学习谁、效仿谁、追捧谁，他们更愿意自己说了算。同时，青少年日益分化为不同的群体。不同群体的青少年间的思想和价值观念差异较大。由此，在价值越来越多元化的现代社会中，按照一元化价值标准选树出来的青年典型人物依然在主流文化圈被反复宣扬与强调，但其荣耀和功能作用已难以与黄金时期相提并论[①]。选树典型人物的大一统思维方式难以为继。

---

① 参见温海玲：《时势造偶像：解析青年偶像崇拜现象的变迁》，《中国青年研究》2008年第8期。

共青团组织发布《关于在全团开展分类引导青年工作的实施意见》（中青发［2010］17号），提出了对青少年进行分类教育引导的基本原则。选树青年典型人物是教育引导的重要方面。事实上，分类指导同样应该体现选树青年典型人物的过程中。这就要求必须打破“大一统”的选树思维方式。

第二，“高大全”式固化宣传。所谓“高大全”是指一些被选树出来的典型人物身上，往往只有党和政府期待的优点，而既没有自己的个性特点，也没有一般青年身上存在着的种种特点，更没有寻常人都可能会有的缺点。他们在很大程度上被任意拔高，被包装成一些政治概念、道德理念的符号和载体，而其作为有血有肉的个体的鲜活性常常被有意无意地消解和隐匿。由此，他们往往以不食人间烟火的面目出现在青少年面前，甚至成为一种泥胎偶像。青少年在最初的感动后，往往感到这些典型人物可望而不可即，可敬不可学，久而久之，便对他们敬而远之，难以心悦诚服地接受。所谓先进典型效应弱化的现象由此形成。毋庸讳言，“高大全”是在选树青年典型人物方面，长期受到诟病的一个突出问题。

“高大全”与图解化典型人物直接相关。选树典型人物过程中，往往只关注典型人物的宣传教育功能，把典型人物视为某种思想、理念和价值的符号、标志和载体，难免使典型人物被抽象成、揉捏为蜡像、泥偶塑像，而失去鲜活的血肉。

典型人物本质上不仅仅是一种宣传教育的工具和玩偶，更应该是青少年自身成长、发展过程中所需的一种朋辈。这种朋辈堪当青少年的楷模，能够给予青少年很多具体有益的借鉴。青少年更喜爱有血有肉、亲切可爱的朋辈，而不喜欢“高大全”的泥偶。由此，进入21世纪以来，关于雷锋是否拥有手表、皮夹克，是否有女朋友之类的议论，引发了青少年的广泛关注。这不是青少年无聊的反映，而恰恰是青少年质疑“高大全”、渴望典型人物更加有血有肉、更加亲切可爱的心态的真实反映，是对“高大全”式典型人物的一种反动。

第三，“功利化”态度。毋庸讳言，选树典型人物一般都有较为明确的功利目标，那就是希望和要求人们以典型人物为榜样，按照党政的要求思想、言语和行动。这事实上是选树典型人物的一种常态。应该说，选树典型人物有功利目标，这本身没有什么错，但“功利化”则是值得警惕和防范的。所谓“功利化”是指围绕某种眼前的、小（政治）群体的功利目的，往往不顾事实真相，不顾客观规律，不顾人们的价值认同，随心所欲地把某个对象加工和指定为典型人物，要求人们无条件地学习和效仿。这一点在“文革”这个怪胎时代中表现得特别明显。比如“白卷英雄”张铁生等被选树为典型人物，就是出于当时极“左”政治集团的政治功利需要，被钻头觅缝、不惜代价生造出来的。以“四人帮”为代表的政治势力在选树典型人物方面，事实上都是围绕其政治功利进行的。无论其出发点，还是其途径和手段，无不浸透了狭隘政治功利的津液。然而，毋庸讳言，“功利化”并非“文革”十年所独有。在60多年选树青年典型人物的过程中，“功利化”之魅影时隐时现，是一个不可忽视、毋庸讳言的现象。前面所说的“大一统”“高大全”等现象其实都与“功利化”直接相关，是“功利化”的直接后果。其最终后果是使很多群众心底里不相信典型、不愿意学典型，只是迫于政治高压，被动、形式化地学习典型。各种学习典型人物的活动最终流于形式。这也是造成“雷锋叔叔没户口，三月里来四月里走”现象的根本原因。

第四，“行政化”运作。新中国成立60多年来，许多青年被选树为典型人物的过程中，行政化是一个不可忽视的特点。所谓“行政化”主要是指在垂直的权力系统中，各项事务的组织、控制、协调、监督等，都按照权力自上而下的运行方向进行。简言之，就是上级安排一切，下级遵照执行。60多年来，在选树典型人物过程中，往往是上级团组织选树典型人物，通过行政公文、会议等程序和途径，逐级下发，号召基层团组织和青少年学习、仿效。在此过程中，领导机关，甚至领导个体的意志常常成为典型人物选树的缘起和重要推动力之源，行政系统则成为领导意志推送的渠道。在一些青年典型人物选树的过程中，“往往存在按名额完成任务，甚至搞‘轮流坐庄’的情况”；“在先进典型效应发挥的途径上，多数是简单的行政上的号召、管理者的要求，忽视深层次的引导和启发”①。行政化必然导致更多自上而下、面向全体青少年的单向推介、宣传、灌输和教育，而缺乏团组织、典型人物与青少年之间的有效互动。这也是导致典型人物“效应弱化”的十分重要的原因。

四、共青团选树典型人物的启示

纵观新中国成立60多年来共青团选树典型正反两方面的历史经验，可以得出很多令人深思的启示。

（一）重新认识典型人物选树的本质

思想教育引导的重点和本质不是简单地从外部进行灌输，更是对青少年的思想世界进行有效的梳理。灌输有个前提，就是把青少年的思想世界视为一只空杯子。但这只是个虚假的前提。事实上，青少年的思想世界并非一只空杯子。随着年龄和阅历的增长，他们实际上已经逐步形成了对世界和人生的许多感受和看法，形成了相应的世界观、人生观和价值观，并在此基础上建构起了自己的思想世界。以“三观”为核心内涵的思想世界是在其生长环境和现实际遇中逐步形成的，有着非常坚实的现实基础。

① 陈世海：《先进典型效应弱化的原因分析》，《中国青年研究》2006年第9期。

随着现实基础和外来信息输入的变化，以“三观”为主体的思想世界也会随之发生相应的变化。教育引导本质上就是以外来信息的输入，引发既有“三观”发生相应的变化，乃至于引发思想世界的重新构建。当然，种种外来信息输入能否发生作用，不仅与外来信息输入的多少质量有关，更与外来信息的输入能否对人们既有思想世界的内容和秩序进行梳理有关。皮亚杰说：“在行为的领域内，我们把同化性的格式或结构受到它所同化的元素的影响而发生改变称之为顺化（即顺应）。”外来信息对人们既有思想世界进行梳理，使之呈现出新的条理和秩序，从而使人们的思想世界得以重新构建。因此，教育引导能否取得更大实效，不仅要求人们关注信息输入的内容，更要注重根据教育引导对象既有思想世界的现实状况，有针对性地进行系统梳理和构建。

典型人物及其思想和事迹也是一种外来信息。选树典型人物作为教育引导手段，本质上就是通过典型人物的先进思想和事迹的宣传，使青少年的思想世界在得到新信息注入的同时，得到梳理，从而被重新建构。由此，把握青少年思想和精神世界的现实状况，便成为选树典型人物极为重要的前提。缺少这个前提，既不能向青少年的思想世界有效注入新的内容，更不能使青少年既有的思想世界得到有效的梳理和重构。所谓的典型人物的选树难免是自说自话，难以收到预期的成效。

（二）落实“分类指导”原则选树青年典型人物

改革开放以前的中国社会高度同构。由于与国际社会相对隔绝，国内基本上只有主流舆论一种声音，人们的世界观、人生观、价值观基本趋同，人们的思想世界因此而基本同构。在此情况下，党政推出一个典型人物很容易得到全民的认同、学习乃至追捧。然而，改革开放以来，随着国内外各方面交流的不断广泛深入，人们的生存环境发生了巨大的变化，人们的现实际遇越来越千差万别，人们的视野也更加开阔，由此摄入的种种知识信息越来越多元化。所有这些，都必将深刻地影响到人们世界观、人生观和价值观的构建。在此情况下，选树一个典型人物，要求全民向他学习、看齐的做法难免不符合当下社会发展的现状，与人们思想世界越来越多元化的实际相距甚远。这样的典型人物难以被人们广泛接受，更难以作为一种有效的外来信息融入人们多元化的思想世界之中，并发挥梳理人们既有思想世界，使之得以重构的作用。

因此，在新的时代，选树典型人物，必须以全面准确把握青少年思想世界的实际状况为前提，根据不同青少年群体思想和价值观的实际，选树青少年典型人物，真正做到“分类指导”。要重新界定典型人物的内涵和外延，优化对典型人物的认识，摒弃“高大全”的标准和宣传，从不同普通青少年群体中发掘向上向善的能量，把那些能够用自己的言行向相应群体的青少年朋辈发挥文明守法示范作用、为广大青少年朋辈所熟悉和认同的优秀青少年个体，选树典型人物。

（三）促进青少年参与选树

“按照参与式发展理论，青少年个体和群体通过社会参与，既能以自身的特有优势为项目进展和社会发展作出一定的贡献，也能从中得到自我能力的有效提升。如果说前者是推进项目的手段，那么后者则是推进项目的目的。这就意味着青少年社会参与乃是手段和目的的有机统一”[①]。

促进青少年积极参与典型人物的选树，具有多方面的积极意义：首先，在选树过程中，采取青少年喜闻乐见的形式，广泛听取青少年的意见，有助于选出青少年认可的典型人物。这可以使典型人物更接地气，更容易受到青少年的喜爱乃至追捧，有助于有效消除典型先进效应弱化现

① 刘宏森：《激情与回应——青少年社会参与研究》，上海交通大学出版社2011年版，第25页。

象；其次，促进青少年参与选树过程，让青少年与典型人物更多面对面互动，使青少年自身从中直接感受到典型人物的影响和感染，使参与选树的过程同时成为青少年自身受到教育引导的过程、自我得到提升的过程，从而实现教育引导的目的。

促进青少年参与选树，需要团组织熟悉并正视青少年文化、思想和价值的实际，努力从青少年喜爱、追捧的知名青少年人物身上，发掘其与党政和社会所崇尚的理念、价值相契合的因子，进行适当的整合和转化，推向广大的青少年世界，以实现因势利导的教育效果。这需要团组织真正放低身段，深入实际，戒除教条，正视现实。

典型人物是一种稀缺的资源。对于处于人生起步阶段的青少年来说，典型人物是一种稀缺的学习仿效资源。不同的青少年有着不同的典型人物资源需求；对于肩负着教育引导青少年职能的共青团组织来说，典型人物则是一种稀缺的教育引导资源。因此，共青团组织应该充分尊重青少年成长发展的需求、价值多元的现实，坚持促进青少年发展的原则、实事求是的原则、促进青少年参与的原则，通过与青少年的积极互动，共同选树过得硬、叫得响、惹人爱、多元化的优秀青年典型人物。同时，通过典型人物与青少年的互动，帮助青少年梳理自己的思想世界，促进青少年构建和践行社会主义核心价值观。

第八章
“互联网 + 青年”：传播力决定影响力

□ 汪永涛

互联网自从20世纪90年代开始进入中国，发展之势锐不可当。互联网发展已经深入人类生活的各个领域，并成为经济社会发展的驱动力。中国互联网络信息中心（CNNIC）发布的第36次《中国互联网络发展状况统计报告》显示，截至2015年6月，我国网民规模达6.68亿，互联网普及率为48.8%；手机网民规模达5.94亿，网民中使用手机上网的人群占88.9%[①]。随着手机终端的大屏化和手机应用体验的不断提升，手机作为网民主要上网终端的趋势进一步明显。截至2015年6月，我国网民以10—39岁年龄段为主要群体，比例达到78.4%。其中，20—29岁年龄段网民的比例为31.4%，在整体网民中的占比最大，互联网继续向低龄群体渗透。2015年上半年，中国网民的人均周上网时长达25.6小时。广大青少年都聚集在互联网上，网络舆论成为社情民意的风向标。青少年运用新媒体呈现出以下新趋势：使用时间上的碎片化；内容信息传播的社交化，即通过分享、评

① 中国互联网信息中心：《第36次中国互联网络发展状况统计报告》，http：//www.cnnic.net.cn/hlwfzyj/hlwxzbg/hlwtjbg/201507/t20150722_52624.htm.

论来互动；阅读习惯由PC端向移动端转移。

中共中央《关于培育和践行社会主义核心价值观的意见》指出，“培育和践行社会主义核心价值观，是推进中国特色社会主义事业、实现中华民族伟大复兴中国梦的战略任务。”意识形态工作是党的一项极端重要的工作，引导青年坚定理想信念，也是党对共青团工作第一位的要求。习近平总书记在2014年6月20日同团中央新一届领导班子成员集体谈话、8月19日在全国宣传思想工作会议、2015年2月27日在中央网络安全和信息化领导小组第一次会议等重要场合，多次对共青团参与网络宣传工作作出重要指示。因此，共青团应该将工作载体在互联网上实现充分延伸和覆盖，主动开展网络宣传工作，旗帜鲜明的做好思想引导。

2013年6月，团十七大提出，要在共青团的各项工作和建设中充分发挥新媒体的作用，特别要把新媒体作为青年思想引导新的突破口。2014年1月，团十七届二中全会审议通过《共青团工作五年发展纲要》，将“进军网络新媒体”作为重要板块进行专题部署。同时，团中央机关专门设立新媒体工作机构，统筹推进全团新媒体工作。

一、共青团新媒体工作的发展阶段

随着互联网技术的发展，共青团对新媒体的认识也在不断加深，对它的功能定位也有所区别。共青团应用互联网经历了以下几个阶段：

（一）20世纪90年代末至2003年：共青团上网阶段

团属网络阵地建设自20世纪90年代末开始，不断得到巩固和加强，逐步夯实了共青团网络服务和引导的基础。自1999年开始，中国共青团网、中国青年网、中青在线、未来网先后开通，目前团属网站达到4000家左右[①]，包括共青团从中央到地方各层级的网站，新疆生产建设兵团、铁道系统、中央国家机关的团委网站群，以及全国高校团委网站群。中青网2002年被确定为国家级8大新闻网站之一。2002年团中央开始实施“共青团县县上网工程”，目前，全国的县级团委基本都建有工作网站。此外，共青团还建立了大量的专题网站，如“保护母亲河”“希望工程”“青年文明号”“大学生挑战杯竞赛”等等。以孙中山纪念馆、毛泽东纪念馆、邓小平纪念馆等为代表的网上纪念馆一共有135家，方便在网上对青少年进行爱国主义教育。

这一时期，团组织将网络定位于展示共青团工作的平台，主要是共青团系统内部的工作覆盖，提供团内新闻浏览、信息报送、文件查询、网站群链接等等，仅仅将原有的工作动态电子化。直接面向青少年的网络体系建设还处在起步阶段，青少年喜闻乐见的聊天交友、论坛交流、音乐播放、视频点播、网络游戏、网络学习等服务基本没有提供。共青团组织利用网络的纵深程度还不够，团的工作手臂在网上延伸不够，团组织有效利用网络开展共青团和青年工作的能力不足，构建青年就业、创业、生产、学习的服务平台还很不完善，运用互联网做好青年群众工作也还没有展开。

（二）2003—2011年：共青团利用新媒体服务青少年的探索阶段

从2003年开始，共青团一直积极探索通过新媒体工具为青少年成长提供服务。针对青年就业创业、大学生心理健康、青年创业小额贷款、青年就业创业见习基地等工作的网站纷纷建立。共青团将互联网作为面向青年的传播载体，一些地方团组织充分利用移动通信技术和即时通信工具，通过手机短信、青年手机报、飞信群、QQ群等便捷的方式向青年发送各类

① 汪鸿雁：《网络时代的青少年与共青团工作研究》，《中国青年研究》2011年第2期。

服务资讯。不仅如此，还将互联网作为基层团组织开展各种工作的活动载体、组织载体，使之成为吸引和凝聚青年的重要渠道。同时，各级团组织还积极进驻地方网站、贴吧、论坛、社区等网络空间，在网上拓展组织存在，夯实工作阵地。

（三）2011—2015年：共青团利用新媒体服务青少年的实务运营阶段

随着微博、微信等社会化媒体的兴起，以及移动互联网的发展，倒逼共青团的工作模式进行转变，共青团应用互联网已经进入到了实务运营阶段。2011年被称为“中国政务微博元年”，2013年被称为“中国政务微信元年”。微信有助于改善共青团组织的形象，拉进共青团与青年的距离；互动性强，便民功能显著；受众真实可靠，信息传递更有效；在突发事件中，有助于抢占舆论阵地，有效避免负面舆论传播。

美国学者克里斯·安德森在《长尾理论》一书中指出，互联网在自由市场中可以方便、有效地为小众群体服务，社会化媒体可以将内容有针对性地分开传送给每一个人。当前，信息与资讯的传播模式已经改变，不再是从少数到大众，而是从大众到少数。人们更多的是在自己的社交网站上——如微信朋友圈、人人网观看好友转来的视频、文章。互联网技术的发展也就为共青团精准化服务提供了可能。

目前，共青团正在着力建设以团中央微博微信为龙头、覆盖全团的微博微信矩阵，12.8万个团组织和团干部认证微博以及各层级各领域共青团微信加强联动、活跃度不断提高。在人民日报与新浪微博联合发布的排行榜中，10余个共青团微博进入全国政务微博百强。共青团中央微博微信在人民日报、新华网、新浪、腾讯等多个媒体及专业研究机构发布的政务新媒体影响力榜单中据名列前茅。

2015年1月，中共中央印发《关于加强和改进党的群团工作的意见》，共青团回应群团组织改革的要求，建立了“青年之声”社交互动平台。“青年之声”反映青年呼声，回应青年诉求，维护青年权益，服务青年成长，重点针对青年在学习成才、身心健康、就业创业、社会融入、婚恋交友等方面的迫切需求提供服务和帮助，是互联网时代共青团密切联系青年的新桥梁，是增强服务能力的新载体，是团结和引导青年跟党走的新阵地。

二、共青团利用新媒体理念的转变

共青团利用新媒体经历一个逐渐开放的过程，表现为服务对象和内容的不断开放。共青团利用新媒体的服务对象起初主要是针对共青团系统内部的工作人员，然后逐渐向青年开放，现在则更是将新媒体作为与青年亲密接触的一个重要载体。在内容上最初也只提供共青团的工作内容和动态，然后逐渐拓展到青年的创业、学习、心理、娱乐休闲等各个方面。其次，经历一个从被动应付到主动利用的过程。在共青团的工作方式没有转变之前，它只是将新媒体作为单向传播的工具，面对青年在网上提出的诉求，往往不及时回应。而进入到实务运营阶段后，则主动建立平台，反应青年的呼声和诉求，并对其进行大数据分析，以使工作更有针对性。三是工作、服务对象经历了一个越来越精准化的过程。共青团的工作对象“青年”是一个概念化、抽象化的青年。共青团一直以来主要依靠行政科层化的方式来工作，它所能联系和动员到的青年往往是体制内的精英青年，而占大多数的体制外普通青年往往覆盖不了。社会化媒体是联系青年最好的桥梁和纽带。通过社会化媒体，青年可以根据自己的需要对服务进行选择，这样可以使得服务更有针对性，服务对象也更为精准化。

共青团在应用互联网的这段历史中，对新媒体的定位经历了以下的转变：

一是从将新媒体作为共青团工作的工具到用互联网思维来提升共青团工作。共青团最初只是将新媒体作为工具，在原来工作的基础上，建立一个面向青年的互联网平台。而互联网思维是指利用信息通信技术以及互联网平台，让互联网与共青团工作深度融合，全面提升工作效能，创造新的发展生态，信息透明、提升效率、优化服务。随着工作的推进，共青团越来越应用互联网思维来改变共青团的工作方式。

二是从将新媒体定位为媒介到综合服务平台。共青团起初将新媒体定位为媒介，即传播内容信息。当前青年应用新媒体出现了内容信息传播的社交化趋势，即通过分享互动来获取资讯。这也就意味着共青团微博、微信与专业的传统媒体相比没有显著优势，很难获得高的关注度。共青团在梳理自身职能的基础上，深挖青年的潜在需求，在微服务、个性服务上、便民服务上做文章，打造与自身职能相匹配的新型综合服务平台。通过互联网可以把共青团的信息、服务、理念、活动、品牌、资源都整合在一起，形成“一条龙服务”。比如福建师范大学打造小葵微信公共号，不仅仅发布活动信息，起到公告板作用，还提供自习室、图书馆、成绩查询等服务，并且还征集作品、意见反馈、网络调查、评比投票、查询数据，发动大学生打造UGC平台。共青团将新媒体打造成综合服务平台，不是为了服务而服务，而是为了在服务功能前提下回归到引领的内核，巩固和扩大党执政的青年群众基础。

三是从单向度传播到有效传播。在单向度的传播方式下，无法知道受众是否接收到共青团传播的信息，更不了解受众是否认同这些信息背后的思想主张。而新媒体的传播可以做到精准化。以微博为例，粉丝量、阅读率、转发量、评论量甚至高频词都有数据可查，数据分析也已经做到实时化、智能化、直观化，可以根据即时反应调整传播策略，提高传播效率和效果。

三、共青团利用新媒体培育青少年价值观策略

（一）应用社会化媒体策划主题活动，调动青年参与的积极性

由共青团中央主办、国家互联网信息办公室指导的“青年好声音”系列网络文化行动在2014年4月全面启动。共青团广泛动员青年网友围绕学习理论、投身改革、传承经典、励志奋斗、热心公益、扎根基层、坚守爱情、快乐运动等八个主题板块，通过网站、微博、微信、手机报等多种传播渠道，广泛编创传播内涵丰富、形式时尚的网文、动漫、图片、微访谈、微视频等网络文化产品，生动形象地传播党的理论路线方针政策和主流声音。在各个时间节点，推出“学习习总书记五四北大讲话”“马上秀光盘”“清明祭英烈”“勿忘七七事变”等十余个主打网络活动，阅读点击量均达亿次，多次登上微博热门话题榜单。

2014年4月以来，各级共青团微博、微信平台上发起了“青年好声音——我为核心价值观代言”的活动，鼓励青少年网友编写“价值观体”，结合自己的工作和学习，谈谈自己对于社会主义核心价值观的认识和体会：

我是______（身份或姓名）。____（爱国/敬业/诚信/友善），就是_______（谈自己对该词的认识理解）。

#我为核心价值观代言#我是李文娟，一名西部计划志愿者。友善，是一种态度，奉献爱心，帮助他人。志愿者是一种使命，一次行动，无需裸

捐，无需大爱无疆，但求一份真心，以爱的名义去往他们的世界。有些事现在不做，也许一辈子都不会做。走吧，就现在

#我为核心价值观代言#我是武义县三角店小学六（3）中队的顾亚楠。诚信，就是注意自己的一言一行，不要只说不做，一诺千金，失信害人害己！我为核心价值观代言！

#我为核心价值观代言#我是西部计划志愿者，我是青年人，爱国就是行走在雪域高原，在每个位置上踏实地做点事。事无大小，梦有方向，那是我的中国梦！我在西藏，我为核心价值观代言

最终有102万名网友直接发布了该话题微博，话题总阅读量达3.97亿次。“我为核心价值观代言”这个话题之所以能够激起广大青少年网友的参与热情，首先是因为它以“代言”的形式激发了青少年的主体性。它让青少年认识到核心价值观并不只是政府、国家的事，与自己无关，每一个人，无论它的职业与身份如何，都是践行社会主义核心价值观的一分子。其次，它将青少年个体的日常行为与核心价值观相结合。即核心价值观并不是抽象的、高高在上的，而是体现在自己的日常行为中的，这就将核心价值观具体化、生活化了。再次，它勾连了青少年个体与国家、社会的关系，有利于增强他们对国家与社会的认同。青少年在集体参与话题的过程中，可以感受到有无数不同空间的同伴同时参与话题的仪式狂欢感，个体间的评论、点赞等互动有助于增强其自我和群体认同，进而增强对国家和社会的认同。青少年在参与“我为核心价值观代言”话题的过程中，不断发挥自己的主体性，产生出许多新颖活泼的创意，编创出新鲜生动的内容，图片、漫画、视频等等。同理，国庆期间开展的“我和国旗合个影”活动，青少年在集体参与的仪式中，增强了对祖国的认同。有30万青年晒出和国旗的合影，写下对祖国的祝福，话题总阅读量超过4.6亿次。

（二）对青年群体感兴趣的社会热点问题给予及时回应，有效引导

在市场化转型带来的社会急剧变迁和社会集团分化重组过程中，社会主流价值体系瓦解，党的理论话语、传统意识形态受到西方自由民主话语体系的巨大冲击[①]。当前网上众声嘈杂、思想混杂，敌对势力、错误思潮借网络搞渗透、争人心是一个现实问题。价值观不是自发产生的，需要有一个说服的过程。要想让公共领域的参与者认同、接纳价值观念，要有充分的公共说理。在公共说理中，通过正反方的碰撞，增加共识。因此，需要对青年群体感兴趣的社会热点问题给予及时的回应，有效引导思想。

中青网在2014年组织推出“中青网评”专栏文章550余篇，对一些错误言论进行驳斥和抨击，200余篇网评文章获全网转发。配合中央网信办部署，围绕新疆暴恐案件、香港“占中”、美国起诉我军官泄密、徐才厚案、周永康案、侯聚森网络暴力等事件，集中开展重大舆情应对10余次，发动网络宣传员40多万人次，集中任务期间每天在各大商业网站、客户端、微博、论坛上发帖上万条，抵制负面声音。

（三）把握青年呼声、回应青年诉求：“青年之声”互动社交平台建设

中共十八大以来，习近平总书记明确要求，青年在哪里，团组织就建在哪里；青年有什么需求，团组织就要开展有针对性的工作，努力使团组织成为广大青年遇到困难时想得起、找得到、靠得住的力量。面对市场化、社会化、网络化的飞速发展，团组织与青年人离得远、不了解青年、

① 汪卫华：《群众动员与动员式治理——理解中国国家治理风格的新视角》，《上海交通大学学报（哲学社会科学版）》2014年第5期。

不能解决青年的困惑，成为共青团工作的困局。于是，“青年之声”互动社交平台应运而生。截止到2015年6月底，短短两个月时间，“青年之声”的点击量就达到1.44亿人次，留言5万条，解答各类青年问题近3000条。

随着经济社会的迅猛发展，青年的流动更加频繁，流向更加复杂多样，群体结构呈现新的变化，青年的需求也变得越来越具体。如何找到连接服务资源与青年需求之间的桥梁，使得服务更有针对性？服务青年是群团工作的生命线，也是党对共青团的明确要求。现如今，简单地喊口号已经过时了，要在思想上引导青年关键在于让他们真正得到实惠，在服务中引导思想。“青年之声”要长期运营下去，必须把提升服务作为平台建设的根本。因此，“青年之声”发起成立了成长、创业、就业、健康、志愿、心理、国学、维权八大服务联盟和“青年之声”婚恋服务委员会、“青年之声”爱心传递专项基金。目前，入驻专家已经差不多达到29万多位。

通过“青年之声”可以反映青年的呼声和诉求，共青团然后根据这些诉求，有针对性地回应。反映青年的呼声和回应青年的诉求，正是共青团的基础工作，它不容易量化考核，不容易立刻显示出实效，但是它是建立共青团与青年亲密关系的基础，需要长期的积累。如果不做这些基础性工作，那么就会造成共青团越来越与青年脱离，机关化倾向也会越来越严重，这样制定的措施、部署的任务将会离青年越来越远，与青年的实际需求严重脱节。之所以出现这种问题，根本原因在于缺乏推动团干部主动深入青年、了解青年、关心青年的工作手段。“青年之声”直接面向青年，这使得团干部会感受到青年的压力，从而倒逼团干部关心青年需求和创新工作办法。

（四）组建共青团“网军”队伍

共青团以新媒体为工作载体，急需建立与此相适应的共青团网络队伍。目前，各级团组织普遍缺少既熟悉共青团工作，又精通互联网技术的相关人员，缺少专门与青少年沟通的青少年网络人才队伍。大多数共青团网站都是由兼职人员管理，或者借助志愿者、学生干部，或者打包给网络技术公司。共青团正在着力建立网络队伍，主要包括以下三部分人员：网络评论员、网络宣传员和网络青年志愿者。

一是着眼培养一批优质网络引导内容提供者，着力建设3500人规模的共青团网络评论员队伍。目前，正在着力建设共青团网络智库，打造推出高质量网络文化产品，使共青团网络宣传工作既有思想、有品位，又有青年味、网络味，增强内容的亲和力、吸引力和感染力。

二是着力建设、管理、培训和使用好130万人规模的共青团网络宣传员队伍，有组织的在网上掀起舆论引导声势。这支覆盖团中央、省、市、县四级和高校系统的共青团网络宣传员队伍自2015年4月组建以来，已开展各级各类培训近4000场，组织了多次大规模、跨区域实战演练。目前，正在探索有效激发网宣员活力的运行管理机制，加快培养网宣员队伍骨干，建设专业化精干队伍，为做好网络宣传引导工作提供可靠保障。

三是着眼动员广大共青团员将先进性和担当精神延伸到网络空间，招募1050万名青年网络文明志愿者，发起“青年网络文明志愿行动”，倡导要求共青团员和各领域青年骨干在网上积极弘扬正能量，参加团中央推出的“阳光跟帖”行动，自觉抵制负能量。

各级团组织主要动员组织以下方面人员加入青年网络文明志愿者队伍：一是分布在机关、企事业单位、学校、农村、社区、“两新”组织等各领域的广大共青团员；二是各级专兼职团干部、少先队辅导员；三是各级团组织联系的青联委员、青年典型、青年社团成员、青年自组织骨干；四是各级团组织联系的注册志愿者。各级团的宣传干部在共青团网络队伍中发挥带头活跃作用，充当青少年网络文明志愿者队伍的核心骨干。

（五）推出青少年典型：以“向上向善好青年”为例

2014年6月以来，团中央精心挑选20名“全国向上向善好青年”和中国青年五四奖章获得者，组建了第一批“全国向上向善好青年”分享团，赴15个省区、29个城市，下机关、企业、学校，开展巡回分享活动87场，吸引15563名青年现场参与，新媒体用户访问量达到4719万人次，受到团员青年的广泛欢迎，在全社会引起热烈反响。这次活动之所以能够受到广大团员青年的欢迎，是因为它贴近生活、贴近实际、贴近青年，具有故事性、人情味。

首先，分享活动采用了讲道理与讲故事相结合的方法。单纯的讲道理往往会被认为是讲大话、空话，套话，已经很难吸引到青年了。典型分享的过程中，通过将自己平常的工作和生活状态以讲故事的形式与青年进行交流，拉近了典型与青年的距离，青年看到的是一个有血有肉的普通人，能够更直观地了解典型的所作所为，更真切地感受典型的内心世界，这样也就更容易接受融合在故事里的道理。

其次，榜样引领与同伴分享相结合的方式。榜样具有引领作用，然而我们在宣传榜样的时候，往往将其塑造成完美的高大全形象，让人觉得高不可攀，从而只能望而兴叹。这样的典型往往让人感到不接地气、不真实，从而使得典型宣传的效果不明显，甚至引起反感。而且，在多元化的背景下，青年群体不断分化，很难再出现像雷锋这样的青年偶像。而同伴来自于青年身边的群体，与青年有着类似的经历，是青年通过努力能够得到的人物，是小众群体中的榜样。同伴的分享，往往更具有可操作性和示范作用，更容易得到青少年的关注。在同伴分享活动中，与青年进行平等的交流、即时的互动，可以将典型现实化、具体化，使典型更加真实可靠、可亲可敬、可学可用，从而充分发挥了正面宣传鼓舞人、激励人的作用。

再次，活动普遍采用网络海选、网络评议、网络宣传的方式。由于海选榜样都来自于自己身边，通过网络海选、网络评议这种方式，可以激发青年的参与和讨论热情。在青年参与的过程中，将青年个体与榜样连接起来，从而增加青年对榜样的认同感，而达到榜样的宣传示范作用。

四、青少年价值观引导所存在问题及原因反思

（一）社会化运作不足

共青团利用新媒体培育青少年价值观虽然有很多成功的经验，但是在社会化运作上还不够，主要依靠共青团系统内部运作，与外部协作不够。具体体现在部分团属政务微博、团属微信公众号的粉丝群体的主要构成是团系统的内部组织或者团干部，真正的青年粉丝不多。在工作的开展上主要依靠的仍然是团属阵地，譬如团属社团、团属活动阵地、团属网络等等。这也就造成团属新媒体的体制内循环，活力不足。新媒体功能的发挥，本质在于互动与共享。微博、微信公众号的注册和开通只是基础，其后的运营才更为关键。譬如青年之声，如果答题的质量不高，这就无法调动青年的参与热情。共青团在利用新媒体对青少年进行思想引导上，仍然主要依靠团自身的力量在运作，这也就必然造成人力、物力的不足，而这又进一步导致提供的服务质量不高。而服务质量的不高，直接影响了新媒

体平台对青年的吸引力和感召力，这必然会让共青团的思想引领工作大打折扣。青年既是共青团的工作对象和活动参与者，也要成为共青团的工作力量和活动设计者。所以，关键在于激发青年的兴趣，吸引住能够提供优质内容的青年，利用互联网的共享精神，通过他们的分享，从而使得网络平台维持社会化运转，譬如维基百科、知乎等网站。

（二）共青团利用新媒体进行舆论引导时，角色定位错误

在日益多元化的政治表达、经济表达、利益表达环境中，共青团作为党的助手和后备军，需要进行网络舆论引导，但这并不意味着共青团是所谓青年利益的唯一正确观点、正确主张的表达者，共青团应该超越“唯一正确意见的表达者”角色，成为各种青年群体利益的协调者，公共议题的设置者、公共表达平台的构建者以及游戏规则的维护者等新的角色[①]。

在微博的评论中，共青团针对一些社会热点问题，往往以毋庸置疑的态度发表网络言论，进行舆论引导。然而效果并不理想，被认为是讲空话、套话，不合时宜。当前的舆论生态多元化，很多时候并不是非此即彼，非黑即白，而是存在着中间灰色地带。因此，应该在这个灰色地带进行充分的公共说理。下面以中国青年网的“贾玲恶搞花木兰事件”为例，分析共青团在利用新媒体进行舆论引导时，所出现的角色定位错误。

> 【中青网评：贾玲不要步毕福剑后尘】花木兰人物是虚构的，但丰碑是实在的，是价值观的载体，也是中华民族的价值导向。文艺不仅是娱乐，更是教化。贾玲和相关电视节目如此演绎花木兰，对观众是误导，是传统文化是破坏，对人心是毁坏。如不深刻反思，必将步毕福剑后尘，为人所唾弃！

① 喻国明：《社会化媒体崛起背景下政府角色的转型及行动逻辑》，《新闻记者》2012年第4期。

【中青网评：没有激浊扬清哪来起立鼓掌】贾玲的公开道歉竟引出了对贾玲恶搞花木兰行为的维护之声。贾玲是否有必要道歉？答案是不言自明的，主流价值观不可违背，文艺创作应该把坚持正确导向摆在首位。文艺工作者应该牢记，文艺决不能哗众取宠，为人民大众服务的宗旨不能丢。

【中青网评：贾玲道歉让谁不舒服】认为贾玲不必道歉者是为反对而反对。批评者要求贾玲道歉的原因，除了对贾玲颠覆经典人物形象的不接受，还有对近来喜剧恶搞成风的反感。喜剧应当承担责任，挖掘人性，针砭时弊，弘扬正能量。对主流价值观的认同终究还是艺人，节目组和观众的共识。

从网友的评论中发现，大多数网友将贾玲恶搞事件定义为娱乐事件，认为中青网的评论有些过于上纲上线。本文截取了其中比较热门的评论：

7月22日　08：59　来自微博　weibo.com

我才不要叫这么长的名字：一个小品就能影响主流价值观？我们的主流价值观这么厉害呀，我以前都不知道

7月22日　09：09

松田栗子：群众的眼光是雪亮的什么是主流也是人自己判定的　何必双标

7月22日　09：16

合肥唱歌的鱼：你的主流价值太不堪一击！

7月22日　09：20

邹真心：最后一句　不觉得矛盾　你能代表人民群众？

7月22日　09：41

Reapanda：中青网你这次确实让人很失望，你不是代表青年的吗，为什么要把自己打造成代言人，代表所谓的人民宗旨，真是呵呵了

7月22日　09：50

路灯下的踌躇：她为人民大众服务的宗旨就是逗大众乐，她做到了，她服务的很好，花木兰历史是否真有其人还指不定呢，你们中青网怎么不让《少年包青天》剧组道歉呢，胡乱编造人家包拯。

7月22日　12：31

Samyik-561-210：自诩为主流，谁买账

热门评论中主要针对的是共青团以主流价值观自居，以人民大众的代言人自居。显然，在大多数网友看来，共青团并不天然代表主流价值观，也不天然代表人民大众，他们认为自己并不需要被代表。也就是说，大多数网友在对共青团认同并不高的情况下，当共青团单纯用晓之以理、摆事实讲道理来说服和引导广大青年的时候，往往很难起到作用。可以说这是一种比较低效，甚至无效的舆论引导方式。这是因为在多元化的利益格局之下，人们的意见是多层次、非常复杂的。不同群体由于其所处的位置不同，所代表的利益不同，他们对同样一件事往往持有不同的意见逻辑，而这种逻辑与官方所认定的主流意见并不一定相同。

在青年对共青团的认同度不是很高的情况下，共青团表达唯一正确意见的舆论引导方式，往往容易成为众矢之的。因为，这种单向传播方式，不是平等对话而是强行灌输，不是直面现实而是回避现实，缺少对青年的尊重和关切，缺少对于多元意见的包容和相处之道，缺少对于青年关切问题的有针对性的、互动式的沟通。由于这种传播方式缺乏人情味，显得有

点冷冰冰，无法与人产生情感上的认同，由此，青年往往存在锱铢必较的心态，很容易对这种观点进行反驳，这也就导致宣传的效果较差。所以，共青团在进行舆论引导的时候，需要明确的是，共青团并不是为了得到唯一正确的结论，而是为了让更多沉默的声音发出来，从而可以给予更多的关照和理解。共青团在进行舆论引导时应该强调对话和沟通，允许多元的声音以及意见的多样性。

在微博等社会化媒体中，每个人都可以发言，还有一些网络语言暴力现象的发展，但是是否就将此视为洪水猛兽，而屏蔽掉不好的言论？事实上，有不同的言论是一种正常的现象，不必过于担心。因为微博等社会化媒体具有“自清功能”。手头握有不同证据材料的人发表各自不同的观点，这样也就能够将事件的不同侧面展现出来，这些不同的言论会形成互相补充、互相纠错、互相印证、互相延伸的结构性关系，随着讨论的推进，事件的整体性也就呈现出来，事情的真相也就出来了，这个时候观点也就不言自明了。参与互动的网友对事件的认识也就更为立体和全面，这样能够自然达到舆论引导的作用。

（三）主要依靠体制内动员，群众动员不足

共青团作为党的群团组织，应该密切联系青年，广泛组织和动员青年，然而共青团主要依靠体制内动员，群众性动员不足。群众性动员是建立在说服和情感工作基础之上的，而这需要团干部和青年之间形成尽可能密切的交往互动和平等关系[①]。也就是说，动员是建立在情感基础之上的，而情感是在日常交往中培育起来的。如果团干部在日常的工作中，不深入青年，不关心青年生活，倾听青年呼声，缺少一点一滴的情感积累，就无法在青年中树立威信，无法产生感召力。

---

① 林尚立：《轴心与外围：共产党的组织网络与中国社会整合》，《复旦政治学评论》第六辑（2008年）。

随着中共取得执政地位，在党的一元化领导体制下，党与其外围组织之间原来相对存在的轴心与外围关系，也就成为绝对存在的轴心与外围关系，从而使得原先具有动态延展性的外围组织，不但失去了延展的可能，而且日益政党化，结果导致外围组织的反向发展，即原来不断向社会深处延伸的外围组织，不但停止延伸，而且在服从党的领导过程中日益趋向政党化、官僚化①。在官僚化的逻辑之下，共青团出现了工作对象的概念化、笼统化；联系动员青年的体制化；活动开展的形式化。即只见笼统的青年，不见具体的青年特点和需求；只见体制内青年，不见体制外青年；只求开展活动的影响力，而不顾活动的效果。这就导致工作没有针对性、没有普遍性、没有活力。

官僚化的逻辑显然与团组织的群众工作存在一定的矛盾之处。这是因为，群众工作需要依靠平常的点滴积累，而这往往看不到明显的效果，很难纳入官僚体系的量化考核指标中去。如何实现“虚功实做”？显然还要探索出行之有效的工作机制，否则就有可能流于口号和形式。

“互联网思维”有助于共青团打破制度上的限制，它是互联网条件下的“群众路线”的新形式新体现。互联网思维强调以用户为本位，即要求以开放包容的心态融入青年，倾听青年，尊重青年。强调平等，即要求杜绝“家长式”“命令式”的管理心态，以更加平等的姿态对待普通青年，同青年打成一片，以此赢得青年的信任与尊重。注重互动，将原来自上而下的单向灌输、不容争辩的被动接受，变为双向多向、直接即时的讨论和交流②。

① 《共青团坚持互联网思维就要更好践行党的群众路线》，《中国青年报》2015年5月11日第1版。

② 《共青团坚持互联网思维就要更好践行党的群众路线》，《中国青年报》2015年5月11日第1版。

五、共青团利用新媒体培育青少年价值观的对策建议

（一）加强线上线下互动

共青团利用新媒体对青少年价值观进行培育的过程中，不能由网上的“键对键”代替“面对面”，不能因此就放弃共青团传统的组织、阵地和活动优势，而要实现从线上到线下（O2O），将网上人气导入到网下活动中。价值观的培育引导不能光靠网上的说服教育，还要延伸到日常实践和服务中，在对青少年的服务和开展实践活动中，可以更好地达到对青少年的思想引领作用。

（二）以青年需求为本位

互联网在一定程度上颠覆了共青团传统的思想引领工作模式，不再是单向的灌输模式，而是要以青年需求为本位，在对青年需求深度了解的基础上，去设定议题，创造风尚，引领青年。成功微博话题的设置、活动项目的开展都是以青年为主体，以青年需求为本位，用青年喜欢的语言和方式吸引他们参与，从而激发出他们的创造力。互联网将共青团和青年紧密联系在一起，共青团工作的效果可以通过青年的转发量、评论等直接反映出来，而不再仅仅由上级机构评定，这有利于打破团组织对自上而下的行政化手段的依赖。在社会化网络时代，要利用新媒体的交互性特征，调动青年的能动性和自主性。要坚持从群众中来到群众中去，切实深入青年，倾听青年心声，反映青年意愿，敏锐地把握青年需求。反映青年日常工作生活中最关心、最直接、最现实的利益问题和最困难、最操心、最忧虑的

实际问题。

（三）建立长效机制

由于团干部队伍流动速度较快，这在客观上导致一些团干部往往只注重短期效果，而不大注重做基础工作。同时对于群团组织来说，它没有特别明确的公共服务目标，更侧重通过组织建设逐步加强共青团对青年的价值引领和组织领导。这也导致了各种团属阵地往往追求举办影响力大的活动，而没有动力做长期的基础性工作。共青团只有通过长期坚持深入青年，反映和回应青年的诉求，才能够在建立与青年的情感，才能够得到青年的认同。因此，应该将与青年沟通交流这些基础性工作纳入到考核标准中去，建立长效机制。

附　录

“新中国成立以来共青团培育青少年价值观研究”课题中期论证会实录

时　间：2015年9月18日

地　点：浙江省团校行政楼3F会议室

9月18日上午会议实录

时　间：8：30—11：50

主持人：胡献忠（共青团中央青运史档案馆资料部主任、副研究员，博士）

发言人：郑长忠（复旦大学政党建设与国家发展研究中心常务副主任、副教授，博士）

王久高（北京大学马克思主义学院中国近现代史所副所长、副教授，博士）

钱永祥（浙江省杭州市团校原校长，教授）

俞　中（浙江省团校党委书记、校长）

韦　磊（中共北京市委党校政治学教研部副教授，博士）

汪　茵（浙江省团校原党委书记、原校长，教授）

刘宏森（上海青年管理干部学院副教授、《青年学报》主编）

胡献忠：非常高兴在这个丹桂飘香的时节，与各位同仁相聚在美丽的杭州，一起来研讨群团改革背景下的共青团育人的历史经验。在这里，我首先表示感谢：第一，感谢各位专家能够鼎力相助 ，为课题研究启发思路，贡献智慧；第二，感谢上海、浙江、河南、辽宁团校的学者能够热心地参与这个课题；第三，感谢浙江省团校承办此次会议，没有你们的辛勤操办、大量的幕后工作，我们今天是不可能在这里坐而论道的。

我先把这个课题的来由说一下。“新中国成立以来共青团培育青少年价值观研究”是经团中央批准的国家财政专项基金课题。之所以确定这一课题，当时有很多想法，第一，要从历史的角度去研究，要有历史的纵深感；第二，不能只研究经验，你如果经验那么多，为什么现在是这种不尽如人意的状态呢？所以，要进行反思，包括一些教训。在座的有政治学学科的专家、中共党史方面的专家、有青少年工作研究专家，希望大家从不同方面把把脉，提一些建议。目前课题已经在进展过程中，有的稿子已出来，有的正在撰写过程中。接下来我聊几个观点，给大家热热身，作为进一步讨论的基础。

首先我觉得共青团的诞生是世界共产主义运动中的独特现象。20世纪20年代，青年共产国际有40多个支部，也就是说40多个国家有共产党领导的青年组织。当一些共产党在本国取得执政地位之后，几乎无一例外都把共青团的基本功能定位在协助执政党在社会实践中培育共产主义接班人，苏联、前东欧社会主义国家，以及古巴、越南、朝鲜、老挝等，当然后来他们出了一些问题。中国共产党一向把共青团视为助手和后备军，从革命、建设到改革，这都是一以贯之的做法。尤其1949年之后，中国共青团带领广大青年工人、农村青年、青年知识分子，在社会主义建设中发挥突击队作用，实际上更重要的，我想是在思想、道德、作风等领域，有一个塑造社会主义新人的职能，这应该是一个落脚点。尤其是共青团同工会、妇联、科协、侨联这些带有统战性质的组织相比，共青团的育人功能更加突出。

培育社会主义合格接班人，新中国成立之后共青团才开始做这个事。今年是耀邦同志诞辰100周年，在中共执政的环境中，共青团的工作思路、工作格局、工作方法从起源上讲，最早是从耀邦时代开始的，是一个良好的开端。其实当时整个状态，包括学校、新闻、宣传部门都是非常受党政重视的。包括现在我们所在的浙江省团校行政楼，它建于1955年，虽然只有三层，却是古典雅静、颇具传统建筑美感。当时省委能够批准在文二路这样的好地段建设占地45亩的一个新校区，就有整个时代风气在里面。

我们常讲，“大气候决定小气候，大环境影响小环境”。共青团育人功能的发挥也是这样。党执政当执政清明的时候，执政绩效做得比较好的时候，整个社会有向心力的时候，这时候有利于增强青少年的自豪感，这时候做这个工作相对好做一些。当社会问题多了，党内腐败多了，还有那么多不公平的现象，无论你如何去做这个思想教育工作，影响都会大打折扣，所以跟社会的环境密切相关。当然，跟共青团本身的工作也有关系，比如有的工作只是开个头，后来没坚持下去，半途而废了。

从1949年以来一直到今天，我们觉得总体感觉，共青团还是在五六十年代以及80年代，工作开展得有声势、效果也比较好。我想，可能是因为新中国成立之后，整个中国的体制是一个强动员的机制，正如有的学者所讲的，整个国家就是一个超级公司，就是一个大公司，全国人民只有一个共同目标，大家都知道你跟我虽然在不同的地方、不同的行业，但是干的都是一个事。共同理想也好，价值共识也好，那是相当明显的，大家觉得是一家人，都是社会主义大家族的一分子。在这种背景下，意识形态容易把整个社会凝聚在一个非常紧密道德政治的共同体里。到70年代的时候，整个信仰就有点失落了，80年代我们开始讨论信仰失落的问题，其实是逐渐把这个问题表面化了，其实失落早就存在了。80年代改革开放初期，好像人的心又一块聚了，有点那样的苗头。但到了80年代末又有一个拐点，人的想法又多了。到了1992年之后，走向市场经济改革之后，整个向市场化，包括人的自由度、个性化，个人的利益诉求的增加，一下子把大家都搞成原子化。其实在这个状态下你去做这个工作，很难做。从党的角度讲，我们经常讲“两手抓，两手都要硬”，实际上还是“一手硬、一手软”，为什么出现这种情况？大家都在反思，改革开放30多年，物质生活大大提高了，党联系群众的条件比以前改善多了。但党和群众的关系是远了还是近了，好了还是坏了？恐怕大家心目中都有自己的答案。我觉得在这里面除利益诉求多元化之外，应该还有很多东西值得我们深挖。

所以，我们也想听听专家从外围、根据自己的研究给我们挖一些东西，我在这里抛砖引玉，做一个开场白。我们是一个比较松散、自由的学术会议，大家畅所欲言，每位专家20分钟左右。下面，首先有请复旦大学郑长忠老师发言。

郑长忠：感谢课题组的邀请，让我有这样一次学习、思考的机会。我非常珍惜这样开会的机会。接到这个任务之后，我专门去思考，一些不成熟的意见，供课题组参考。我觉得要研究这样一个课题——新中国成立以来共青团培育青少年价值观经验与反思，这里面有好几个核心要素；第一，从时间段看是“新中国成立以来”；第二，行动主体是“共青团”；

第三，行动对象是“青少年”；第四，行动内容是“培育价值观”。这四个要素放进来，实际上使我们对这个命题的把握就必须用两个纬度进行，一个，背后要有一个大逻辑的框架，大的逻辑的把握，究竟这里面所讲的东西，它背后的DOS系统会讲的是什么？DOS系统它背后究竟是什么样的呈现。然后另外一个，背景是经验与反思，新中国成立以来，因此我们还要把DOS系统运行的内在逻辑和规律，放在历史过程中呈现出来，看它是怎么表现的。然后我们从这两个角度，从历史的角度把握它的经验与教训，才能够上升到理论的高度，而不是简单的这种工作性的来思考。这是我思考的第一个问题，也就是我们围绕把握、理解第一个基本的想法。

接下来，我就分成两个纬度，一个是逻辑的角度，一个是历史的角度，呈现、看待这个问题。这样的一个命题，我们该放在什么样的一个逻辑中，或者逻辑视角下把握，我觉得这个非常重要。当我们可以从三个角度来把握，一个是从政党的角度，第二个是从共青团自身的角度，第三，有没有更大的角度，更大的逻辑视角？应该放在国家建设的角度。为什么？这里面需要追问的问题，核心价值观的建构是干吗？当然不要说新中国成立以来，核心价值观建来干吗用？它是建构国家意识形态，我们在政党、国家、社会这样一个现代政治三元的结构要素中，我们长时间以为价值观的东西是政党的价值观，但为什么有时候政党价值观会成为核心价值观？过去计划经济和单位社会的时候看不清楚，两者好像政党提出核心价值观，社会、国家都一样，统一在一起。现在非常明显，中宣部提出一个东西，立马有人批一个东西，为什么会这样？实际上是社会多元。从现在来看，政党的一元意识形态和社会多元意识形态在改革开放之后它开始拉升出现，多样性地呈现出来。用政党的一元意识形态建构来整合多元意识形态的时候，发现困难重重。怎么办？实际上我们这些年提出的核心价值体系和核心价值观的建构，它的目的就是为了建构国家意识形态。国家意识形态是不是只有现在才来建构？不对。新中国成立以来一直在推动国家意识形态的建构，只是它在不同的历史时期，它的建构方式、建构主体、建构内容以及侧重点存在着差异。共青团在这里面起到什么作用？共青团其实在协助中国共产党来推动，从意识形态方面，来推动国家意识形态每一次、每一阶段国家意识形态建构过程中它的任务的完成。然后结合共青团自身的特点来呈现，来推动，来操作。所以这是一个基本的分析框架。

核心价值观是建构国家意识形态，意识形态的作用是干吗？实际上在政治学中它有三个机制，一个叫价值，一个叫制度，一个叫组织。这是三个机制性结构要素。价值是建构人们内在的精神秩序，认为这是天经地义的，具有合法性。为什么这段时间“合法性”我们过去不敢讲？王岐山讲了，所以大家就开始“合法性”讨论了。实际上它的精神秩序，大家的认同是什么？意识形态建构完之后，使社会运行的交易成本大大下降。第二个就是制度，干吗？实际上包括法律在内的一系列制度是建构人民外在的行为秩序，你不做我强制你。这两个要素要强制落实，必须要有第三个要素，必须要以组织的力量把它落实。因此意识形态的建构或者价值的建构，它最重要是配合不同的历史时期，国家建设或者是政治工作开展过程中，让最大多数的民众能接受现有的秩序的建构，也就是说能接受现有秩序，以及由此而形成现有要解决的根本任务。所以很有意思，中共有三个部是一定有，一个是宣传部，一个是组织部，还有一个统战部，简称“宣、组、统”。“宣”解决价值配置，当时叫宣传鼓动部，直接把你忽悠，忽悠完了以后让你长期接受。组织部的工作是什么？把自己的人组织起来，用组织架构把他组织起来。统战部是什么？非敌人的人，把你组织起来，跟着我。因此它就在价值和组织两个纬度，但制度不大强调，因为制度更多在国家层面上，或者内部运行情况下，国家层面宪法、法律的建构，它不是用政党性的组织化建构，这个不多讲。

在这样的核心价值观建构过程中，建构之后国家意识形态的建构、核心价值观的建构过程中，这里面的价值是怎么建构的？我们知道，中国是一个党建国家，所以政党领导人民，驾驭军队建立国家，之后政党在里面成为了主导性力量。因此，政党要推动不同历史时期的革命任务、政治任务。革命年代，它可能是为了革命发动。新中国成立之后怎么办？不能老发动、老造反，那就要听话。什么叫听话？你使秩序得到稳固，与我们每个阶段要建构的任务。因此政党在每个历史时期推动国家意识形态的建构内容。因此这是由政党，中国党建国家的逻辑，国家意识形态的建构由政党推动。于是每个时期国家核心价值观的建构，也就由政党提出以及来通过各个方面来聚合。但是在不同的历史时期，这种核心价值观建构的方式也存在差异。这里面涉及共青团，中国共青团是党的助手、后备军，长期以来都是共青团协助共产党在完成每一个历史时期的政治任务，共青团协助政党，怎么协助？它完成什么？它自身有没有自身运行的逻辑？自身在核心价值观的建构或者说在意识形态建构过程中有没有它自己的规则？它涉及我们的主题，刚才是大的逻辑，现在讲的是第二层共青团运行的逻辑。共青团的运行逻辑首先是跟着党走，这毋庸置疑，共青团改革不是共青团的事情，解决的是政党自身建设的事情，政党整合领导社会的能力提升的问题。共青团垮了，这个组织的工作人员可以转身到别的单位或企业做其他事情，受伤害的最后是中国共产党。因此做得好，共产党能力也就上去。因此共青团首先协助的是政党，而政党有两个阶段，当然政党有领导党和执政党之分，这在不同的历史时期、革命时期和建设时期，当然还有改革时期，但我们讲建设的时期，也就是新中国成立之后它成为执政党时期，执政党这里面涉及中国共青团要协助中国共产党来有效推进党在执政时期的国家建设任务的时候，因此国家意识形态的建构也就是核心价值观的建构，就成为共青团在新中国成立以来培育青少年的所谓的“造新人”等等的思想的建构主要内容，因为它来自于党，而党的中心任务是国家要推动，这是第一个纬度。

第二个纬度，你不能不说中国共青团，你虽然跟着共产党，但是你实际上跟国家、社会的结构存在互动，否则的话你会发现中国共产党为什么希望共青团组织上应该有独立活动空间，独立活动的方式，政治上必须绝对的领导，组织上也绝对领导，但是活动方式必须根据自身活动方式，你才能达到通过群团的方式，有效地完成用政党所无法完成的任务，也就是说共青团还有一定的相对自主性。它的相对自主性在哪里存在？是跟国家和社会之间互动的存在。因此它的意识形态的建构，核心价值观的建构，必须遵循国家建设过程中的意识形态建构的问题。另外一个，必须根据社会发展不同历史时期，社会结构变化、社会成员生活形态的变化、意识形态的变化，来调整自己的逻辑。只有这些吗？不止，它还有自身的组织运行逻辑，因此它有四个要素决定它，政党、国家、社会青年、自身。这四个纬度它实际上都有不同的要求，这就导致共青团有时候明明想这样做，有时候又不能这样做。有时候做这个，共青团有很多问题在这里，为什么团校系统在90年代以后会逐渐挂两个牌子？为什么要向教育部靠？许多的团校变成了教育机构，保留了非常小的共青团的培训机构？这实际上就是在这个逻辑之下，使共青团的发展没有一个完全的自主性，多元受影响。你的利益要获得，你的目的要实现，就必须在这样一个空间之内，在多元逻辑的空间内，找到它自己的困境。

因此，当反思培育这个工作经验的时候，我们必须看到整体性经验反思，而不仅仅共青团一家。我们有时候有非常难办的事情，它跟政党还不一样，政党还有很强的主动性和建构性，团实际上很弱。在这个过程中，共青团应该做什么？应该怎么做？所以共青团培育核心价值观，实际上在整体建构的逻辑之中，和自身运行的逻辑两大框架的作用之下，来实现的。而整体政治的建构逻辑，我刚才讲了，共青团——政党，共青团——国家，共青团——社会，来建构我们核心价值观的建设。

那好，核心价值观的建设，青少年的核心价值观的建设，包括青少年信仰的松动、变革、弱化等等的东西，责任在哪里？一种是责任在哪里，第二个为什么。实际上这是一个历史性变革下来的东西，我们如果还停留在五六十年代那种标准，来看我们核心价值观的建构，那只能得出刚才那个结论，它实际上动摇的，不行了。如果把它放在整个逻辑和规律的角度看，很正常的。变的应该是我们，而青年变，我们就要变，这种变对整个国家意识形态、核心价值观的建构来讲，国家在发展，国家在完善，而早期意识形态强控制的状态，实际上是过渡性阶段，完成现代化建设的第一个过渡性或者说基础性阶段，需要用那种完全性。所以我们要对这个问题有一个新的判断。

好，刚才是理论的角度分析。倒过来看另外一个纬度，从历史的角度来分析。第一个阶段，新中国成立之后整个社会的逻辑是什么？它希望在一盘散沙的社会逻辑上形成组织上的逻辑化，完成两件事，政权的建构需要国家的建构，第二个就是政治上，在经济和社会上实现现代化建设，现代化建设的第一个需要高度组织化，它才能够实现资金的有效聚集。实际上西方的专治主义时期，叫绝对主义时期，它完成现代国家的建构第一个历史阶段，西方别老说中国，你本身也没什么好说的。所有现代国家发展过程，都完成这么一个共同的路径。因此在那个过程中，我们利用的是什么？新建立起来的国家政权和高度组织化的政党力量，在宏观上建立计划经济，微观上建立了党务社会，通过这些的方式实现现代化建设的组织化基础，因此需要高度组织化。政党在这里面起主导作用，因此这时候的组织化逻辑是什么？集体主义，是高度的集体主义。集体主义要建构的是什么？是分散的社会，分散的传统社会，一盘散沙的传统社会，首先使它成为统一的国家，第二个再用统一的国家，用政党的现代意识形态对它们进行改造，这就是毛泽东所讲的“新中国、新社会、新人”，要用传统转变成现代，因此它反对的是封建。为了完成国家整体性的组织化建构，反对离散力，才有“文革”的爆发。这样的两个逻辑的张开，它既反封建，也反资本主义，它目的是什么？完成第一个阶段的国家建设任务。最重要的是什么？我们强调的是集体主义，因此强调共产主义中集体主义的部分，而对马克思所讲的“全面与自由发展”的个人问题不再讲了，只讲到工具层面的集体主义内涵，为什么？完成了国家建构的任务。

在这个过程中反封建非常彻底，反资本主义非常彻底，有没有重要性？非常重要。当时很多家庭里都存在落后现象，男女平等现象强制性地做起来。所以在中国用这种现代化的建设手段所实现的东西，是非常非常管用。因此在这个过程中，共青团协助政党，协助国家，整个国家建构的核心价值观的取向是什么？是集体主义，是高度集体主义的时候，因此集体主义从组织逻辑、政治逻辑建构来讲，它是组织在先。用政党组织和国家组织、社会组织层层组织在先。

所以在这个过程中，我们推出了很重要的一个人物叫雷锋，这是典型性的东西。雷锋解决的是什么？党把我放在哪里，我在哪里闪闪发光，组织再现以及利他主义。在这个过程中实际上它完成了两个，第一个是组织化，取消分散主义，第二个实现对封建主义的改造。这么一个目标，在雷锋的身上得到了充分的体现。工业上推出了王进喜，刚好是现代化建设的工业时期。农业上强调的是什么？陈永贵，实际上是对农业进行改造。你去看这三个纬度，知道雷锋是整体性的形象，王进喜解决的是工业层面上的工业化所需要的高度组织化，农业层面上是改造小农，实现农业的组织化。

所以这种意识形态的建构，跟共青团战争年代协助党所形成的高度组织化，有着内在的匹配性，所以第一个阶段现代化建设完成的是这个东西。所以为什么我们在六七十年代的时候，共青团所做的所有工作，从意识形态的工作配置来说非常合拍，因为跟国家建设的任务是一样的，意识形态提出的东西是一样的。改革开放之后，实际上它的问题是什么？整个中国的社会，改革开放之后实际上是嵌入了一个市场经济，目的就是市场经济。它解决的是什么？现代化建设第一个阶段完成的是把它组织起来，实现原始资本积累，使整个现代化基础得到有效落实。但是它的内在持续力缺乏，为什么？个体的主体性丧失。所以改革开放之后邓小平说“调动人民的积极性”，所以改革开放之后它解决的问题是什么？因此在1978—1992年过程之中，整个意识形态的建构充满冲突、斗争，为什么？两种建构的逻辑在打架，究竟受要强调第一个阶段的逻辑继续走，还是解决第二个阶段逻辑的重启。第二个阶段的逻辑重启，立马就有一个对个体的重视性，传统意义上的个体重视性、个体的发展，这究竟是资本主义还是社会主义。所以80年代初的时候，回归青年马克思主义人道化的辩论，它解决的就是要不要回归马克思所讲的“人的自由”的问题、“人的本质”的问题。因为讲到自由的问题，从马克思主义找到合法性，就要自由解决个体的充分发展。然后在这样一个自由辩论过程中，但是带来了两个负面的影响，一个走向极端自由的时候，解构国家和解构党的领导。不讲自由的时候，不讲个人的东西的时候，导致现代化发展内在持续动力没有。所以这一对的矛盾，一直困惑着改革开放走到现在。实际上这个逻辑从毛泽东当时开始，要不要搞当代开始，一直走到现在的现代的逻辑。毛、刘之间的矛盾，以及到了后来反对资产阶级自由化和坚持改革开放之间的一种张力，实际上是中国现代化国家建设背后的张力。在这个张力的过程中，请问我们核心价值观该讲什么？第一个阶段，很清楚，第二个阶段就不清楚了。因此你会发现，一会儿讲这儿，一会儿讲那儿，是党没有弄清楚究竟要讲什么。

1992年明确市场经济嵌入，但党的领导叫思想基本原则的提出和推动改革开放，叫“一个中心、两个基本点”，就用这种政治逻辑的方式把这一对的张力固化下来，所以我们的核心价值观建构就有办法。在这个过程中，社会还没有分化，1992年社会分化完了以后，共青团提出一个重要的概念——青年志愿者。青年志愿者的逻辑和学雷锋的逻辑完全颠倒，虽然我们现在讲市场经济背景下的学雷锋，虽然青年志愿者是公利也利他，它前提是主体得到充分保证基础上的利他，而不是毫不利己专门利人。它的逻辑是个体或者说主体在先，而后才是基于公共活动有效整合起来。这个的逻辑转化适应市场经济的建构和国家建构的一种逻辑。随后，一系列的变化都在这个逻辑之中。中共十八大之后提出核心价值观、核心价值体系建构的时候，你会发现它分成国家、社会与个人。这是十八大之后明确国家、社会、个人，这三个开始形成了什么？社会意识形态开始生成完了之后，执政党的一元意识形态无法完全统合的情况下建构国家意识形态，来勾连政党意识形态和社会多元意识形态，形成了整体意识形态的建构。也就是说，我们现在的整体意识形态建构，而与计划经济时期的国家意识形态的建构最大区别在哪里？过去是一元一体，用政党意识形态替代国家意识形态和社会意识形态，成为了刚性的意识形态。而现在经过30多年发展的时候，所提出核心价值体系建构的逻辑来看，国家意识形态建构就由政党意识形态、国家意识形态、社会意识形态，三者之前如何形成有机统一。这样国家建构才不会在政党、国家、社会以及社会内部形成分裂的现象，用意识形态实现高度、有效、有机的整合。

于是这时候的共青团应该如何来建构？因此我们进入到第三个阶段的命题。所以我们所总结出来的命题，不是在共青团层面上，我们共青团非常厉害，非常有效，在意识形态的建构所推出来的，雷锋谁提出来的？青年志愿者行动谁提出来的？叫整体性的形象，实际上都是共青团提出来的。然后现在有没有办法再提出整体性形象？没有。但是我们提出青年志愿者叫整体性机制。所以这些东西，政党拿过去了，一系列的东西围绕国家，接下来共青团能不能在互联网空间之内，能不能有效整合和建构这样的机制，难度非常大，但是还有待进一步努力。所以这个是整体来看共青团自身的建构逻辑，是在这样的背景下。

不好意思，我的时间可能超了，就先讲这些。

胡献忠：没事，郑老师这些高屋建瓴的大逻辑给我们开辟了一个广阔的视野。下面请北京大学王久高老师发言。

王久高：我接到这个任务的时候，也在学习。我想从两个角度讲一下。第一个角度，我对核心价值观的理解。为什么讲这个东西？我们希望从更宏观的角度看，也很想建设，说实话这个很重要，郑老师研究得有深度。在核心价值观提炼的过程中，大家对这块本身有很大的分歧。我刚好在学习过程中，也看了几个东西，跟大家也再回顾和分享一下。分享以后，我们再定位一下，我们讲新中国成立以来和青少年，到底有哪些，这方面做了一些东西，哪一些符合现在强调的东西。大家也知道，我们当时讲十八大正式提出核心价值观以后，其实是有分歧的。首先对它的内容，至少目前为止还是记不住，到底内容科学不科学，哪一些核心价值观，感性内容都记不住。理性，从学术思考的角度讲，我们研究了一下，它有很大的分歧。第一，你到底是一种主义的价值宽还是一种国家价值观的问题。我们讲的核心价值观的问题，单纯从政党的角度提出来，还是从整个国家的角度？还更多从更大范围的？比如社会的角度。我们现在解释核心价值观，其中隐含社会的核心价值观，社会核心价值观以后最大的理论分歧是，要从社会的一些东西，或者叫理论的核心要素来统领，当然我们的统领没问题，现在更多是主宰、主导的问题，这几年有很多大的争论，这些东西是否过时，这些东西主宰我们的核心价值观，这种情况下导致社会多元化、价值多元化情况下，我们现在讲的主导、引领，但是内在的东西强调更多是社会，这是我们传统社会，所以基本上主宰核心价值观的东西，这种情况下导致主义的核心价值观和国家的核心价值观。其实中共提出核心价值观，到底核心价值观属性问题是什么？我的理解是，你是由社会主义推广，整个价值观体现出来，你为什么没有提“共同富裕”，这是社会的核心价值观，你为什么没有体现这个？“以人为本”，马克思主义不是说人的全面发展。所以有的学者说，这不叫社会主义核心价值观，所以社会最基本的要素没有体现，尤其是没有体现共同富裕。

这个问题，涉及我们思想的，包括刚才讲的，我们也反思，我们的视野要放开，我们一方面要有执政党意识形态整合的东西，这个共青团也好，其他部门，每个社会有机组织要完成这个任务，但是这里面面临一个很重要的问题，因为党也在探索。所以我们讲的核心价值观，当然我个人倾向是把它作为一个现代国家的角度提出社会主义核心价值观，也就是从现代化的视角，从中国的视角，这样的情况下才使我们的核心价值观具有整体性，能尽最大可能整合一些东西。这是我们的第一个层面，我们课题组在写的过程中，能不能考虑，这是一个很专业性，也是一个很重要性的研究的，这是一个框架，还是一个理论。其实你现在弄，我们不要一开始介入到以前的意识形态化。现在一说到新中国成立以来，马上想到新中国成立以来的一些做法，学党史的都知道，写来写去还是在意识形态的逻辑思维下。当然我们反思，这个肯定要写，因为这是我们一段历史的东西，肯定要总结。新中国成立17年有一些经验教训，经验教训肯定要归纳一些东西来，但是我们要跳出一点，因为还存在一个反思，也意味着这种反思，这种核心价值观我倒倾向从现代国家角度。现代国家角度，大的现代化视角下构建我们的核心价值观，才能知道，一要对我们现代化发展，第二有助于我们更好和世界现代化接轨，能够相对有一个有机的平台。第一讲核心价值观的作用。

第二个问题，大家也理解，核心价值这方面分歧很大。核心就是一个，以人为本，这是老祖宗马克思说的。什么叫核心？假如我问大家，新中国成立17年来的核心价值观是什么，能不能找几个关键词？我觉得很难找，上期刊网搜索还真搜不到有学术性的文章，就没有这种比较系统性的东西，这导致课题组有很大的困难。青少年是一个大分歧，青少年、少年、青年，真的是一个很大的分歧，11—15岁是一个阶段，15—18岁算一个阶段，18—22岁是青年，22岁相当于大学生，所以大学生跟少年又存在一个问题了，当然这是我们讲的体制问题。这个问题，到底核心价值观，我们要总结的，这里面有很大的争论，这里面至少有上百种的提法，后来我们不断凝练，其实最聚焦的像“以人为本”。后来讲到目前为止搞了三个层面，国家层面、社会层面、个人层面，然后讲最大共识。我们在写的过程中也想，核心和非核心的认识？核心是怎么理解？我觉得这一段可能没有“文革”一段，“文革”一段最好写，因为“文革”的核心词很容易找，“阶级斗争”啊，“斗私批修”啊，领导一看这个社会整个核心价值观就可能是这几个词。现在社会矛盾多了，所以中央在当前的情况下，提出的12个词，是相对于非核心。关键是核心和非核心关系的认识问题，今天讲的核心是终级价值观的问题，马克思很多价值观是构建未来的目标、追求，当前的中国不具备马克思强调的价值观的东西，或者是未来的东西。当前所提出的12个词，是当前社会最聚焦的12个方面的矛盾。所以我认为核心价值观要解决12个问题。我今天讲的12个核心观，相对众多核心中凸显出来的核心。

回归到我们做的课题上，青少年核心价值观在不同时间有不同的理论，载体也不一样。我们要归纳一下，不要完全套当前讲的核心价值观。我们搞党史，比如1949—1956年，青少年对他教育主要的关键词，口号也是我们很重要的一块，所以我们去找。我觉得一是报刊报纸，这是一个价值观或者是核心价值观，因为当时没有提核心价值观的概念，这都是后来的概念，不能完全照搬对应，但是我可以做。1949—1956年青少年时期的核心价值观状况如何，当时国家意识形态政党可能在价值观那个载体。我们现在讲，根据团自身的规则来创造，那是没有的，到今天也不容易。这是我们归纳出来，我记得一个可能是报纸报刊，关键词。第二个是教材，现在讲思想品德课，类似的教材中，那时候有没有关键的东西，可能那是我们要凸显的东西，这是我们想做大课题的路径选择。哪怕归纳5—8个，能够体现那个时代，也很棒。

另外一个，核心价值观研究是意识形态和社会的普适性。你的核心价值观体现以后，你到底是不是凸显国家政党的意识形态？这肯定是的。当然按照现在的套路，要体现社会核心价值的内核，这也是没问题的，这个是体现的。但同时我们在思考，这个核心价值观是真正整个社会的。按照今天讲的社会团体是社会公民，甚至包括今天在中国，不是中国国籍的一些人。所以我们讲核心价值观，今天有很多，港澳台不说了，大陆和港澳台整体核心价值观不一样。所以我们现在提出中国的核心价值观，港澳台的居民，他不一定认可马克思主义意识形态。但是你要考虑这个核心价值观提出来，社会的这部分对象，其实我讲的大多大陆群体和港澳台群体，还有海外的群体，还有一点是生活在中国的外国人。我们现在讲，中国是开放的，生活在中国的外国人很多，有的定居在这里，实际上我们核心价值观提出以后，我们整合的是整个社会群体，让他接受我们的核心价值观最好。但现在意味着现在？你的核心价值观跟社会大众性，或者叫普适性的关系问题。这个我们在反思，我们要解决这个课题，这恰恰是我们在搞核心价值观教育，可能是最值得反思的东西，因为意识形态太突出了。意识形态太突出以后，从现代化的角度讲，反过来，执政党本身也很累或者非常不顺。

再一个，从社会力量讲，社会的力量没有充分发挥起来。团要做团的工作，它没有时间发展功能。所以这个问题反思什么？我的视野是从政党的角度，政治或者意志跟我们教育的关系。所以我这里面简单地说，在1976年之前，现在也面临这个问题，共青团的角色、定位、功能，你跟教育部的关系，现在教育部这条线连了，这是它最主要的载体了，那我共青团的作用到底是什么？你现在想某种情况下，我们现在讲了解群众非常重要的载体。但是我们从现代化的角度说，共青团的职能能不能慢慢拓展，它要找回自身能做的功能。同时我们政党跟国家，又能给他提供载体，就所谓的“放手”，让它发挥更多的作用。

从现代国家体制的角度讲，共青团在这个情况下，它在核心价值观下，或者在青少年价值观教育方面，它有没有贡献？所以这里讲意识形态跟社会大众性的东西，青少年在某种情况下，他是我们教育体系非常重要的一个主体，这个主体共青团能起什么东西，核心价值观能发挥哪些？所以这里讲核心价值观的认识问题，课题组要慢慢形成一个统一的认识，第二是核心和非核心的认识，第三是意识形态和社会的关系，这三个大宏观层面是需要思考。

具体的框架，我看了八章内容，当然我看至少前面的四章可能更多从史的角度，当然我觉得新中国成立以来，我刚才强调的内容，青少年价值观教育，那个时候的东西都归纳出来。我目前看得很少，但有没有，怎么做，怎么找档案、找资料，我觉得我们归纳出来、梳理出来是一个很重要的内容。新中国成立之后的17年，1949—1966年这个阶段的内容非常丰富，这个时间段整个青少年的教育，从教材、教育部颁布的文件，这里面能不能找到一些东西，这些是史料的东西。把史料的东西整合完了，然后再反思经验，我们常规的思路是写这里有哪些经验、教训。但是在写的过程中，我们在反思的时候要拓展一点。

改革开放以来，核心价值观这个变化应当是最丰富的，也是呈现问题最多的，这个阶段青少年的核心价值观，资料好找，但是归纳还是一个问题，这个划分怎么划分，待会儿听听你们讲到底有哪些。所以我认为，最终还是要形成相对共识，这时候青少年在这方面能做的哪些东西。后面五到八章的内容是操作层面，树立典型、思想口号、新媒体，现在新媒体这块压力特别大，现在的新媒体挑战也非常大。这种探索，我们基本上是被动应对，因为这种机制没有建立起来，所以搞得这么累。现在可能有这个倾向，更多能回归社会的回归社会，把中介组织组织起来，因为发挥社会组织这块，从党的角度一块调动，包括现在成立的社会工作委员会都是不够，这些组织完成不好。这些情况下团怎么起哪些作用，应该充分发挥哪些作用？这是目前提供这么一点思路，供大家参考，不成熟的地方，待会儿希望跟大家交流。

胡献忠：王老师从独特的视角对核心价值观的外延和内涵进行了相当深入的辨析，相信大家听了都会深受启发。下面有请资深的青少年研究专家钱永祥老师发言。

钱永祥：课题组给我出了一个题目，让我围绕价值观培育从宏观方面展开论述：国家发展层面、执政党层面、社会发展层面、青年总体发展层面、共青团事业发展层面，任何一个角度均可。我想，共青团培育青少年价值观从历史角度来讲，也做了不少的贡献。我记得我们做了20年的跟踪调查，每个时期都有。1992年的调查当中，就有中国青年价值观的历史归纳，到1997年调查的时候，就是迈向21世纪中国青年调查主题当中，中国青年社会价值观的分析和演变，有过一个专门的分析报告。到2002年“全面建成小康社会”的时候，价值观还是这个。到20年的跟踪调查有一个综述，为了这个事情，我们还专门邀请了几个专家，开过一次“中国青年价值观历史演变过程”的专题讨论。

我觉得刚才讲到一个问题，从共青团培育青年价值观来讲，是有很丰富的内容的。在引导过程当中，我们所看到有矛盾有发展，或者说有冲突也好，这是社会发展的必然。我认为价值观的引导，从局部上看问题，应该看到共青团在引导青年价值观的发展过程当中，是有很多好的经验，而且是可以总结一些到以后还可以再用的东西，我们现在可能在这些方面放弃了，或者用得不多了。我认为对这个问题的历史解读可以归纳为四个阶段：

第一，50年代，这个阶段价值观的核心理念实际上是集体主义。雷锋精神的产生有它的特定历史背景，刚才有的老师也讲了，它的特定历史背景在哪里？那时候提出“公而忘私”的问题，其实“毫不利己、专门利人”有60年代中国历史发展的背景，那就是“大跃进”以后的三年自然灾害，没有这个自然灾害，不会有雷锋的典型。因为那个时候特别需要有一种“无偿为社会奉献”的精神。从这个历史纬度来看问题，雷锋精神既是中国社会历史阶段当中一个偶然的现象，也是一个必然的现象。

在这个过程当中，共青团围绕集体主义核心价值观做了几件大事：第一，首先倡导青年在“一反三改造”当中做先锋；第二，在公私合营当中做榜样；第三，在学文化、劳动技术中做模范。这三块在共青团历史上各阶段的活动中可以体现出来，我们对青年运动历史的研究上也能看到，那时候的口号就很明显，就是以集体主义作为核心价值理念提出来的。所以1963年以后，共青团开展过“幸福、国家、个人”的讨论，当时有7000多人参加这场讨论，结论是“集体幸福高于一切，个人幸福第二”，这是60年代我们共青团开展的这项大讨论。

第二个阶段，60年代，我觉得我们应该把它归纳成“先国家、后个人”，当时的行为一致，所以60年代出现了知识青年下乡，1963年有雷锋运动。在日常工作当中我们还有很多的口号，“埋头苦干”“干一行爱一行专一行”，只要对革命有利的，干哪一行都行，这实际上是当时集体主义最典型的观念。

“文化大革命”这场运动看起来是历史的畸形发展，当时提出的“无产阶级专政条件下的继续革命”，是有一定的背景的，就是毛泽东所担心的问题，就是我们的价值体系能不能统筹的问题，政党能不能延续的问题。今天来看，我觉得“文化大革命”的核心价值里面，被“四人帮”一伙弯曲了，他们抛出了历史虚无主义的思想，宣传极端价值理念。这个极端价值理念对青年的影响很大。当时有两个典型口号，一个是张铁生“白卷英雄”，一个是“越穷越革命”。“文化大革命”结束后中国青年报开展的大讨论，实际上跟六七十年代有联系，你引导青年走这个道路，中国青年无所适从。

第三个阶段是改革开放到中共十七大，这个阶段当中我们核心价值理念是调动一切可以调动的积极因素，为建设中国特色社会主义服务。中共十六大以后到十七大，我们还是延续这个思想，或者说承认个人利益的合法性和劳动致富，这实际上是价值理念。这个阶段共青团当中有一个最典型的口号是“脱贫致富奔小康”，我们在城市当中搞的典型是什么？我们从“新长征突击手”到后面出现的“青年志愿者”，这是它的历史的一种延续过程。

调动一切可以调动的积极因素到十七大以后，或者说到十八大以前对这个口号提出了调整。目前提出的绩效工资有一些人不理解，看起来是政策领域的问题，实际上是价值观的变化。

邓小平强调的是调查一切积极因素，把“共同富裕”作为价值理论提出来，因此我们用了五个党代会的时间解决了计划经济到计划经济+市场经济、有计划的市场经济到中国特色的社会主义市场经济，这种经济存在形式就是价值导向。现在是国家公职人员是守住底线做事，老百姓需要什么我无法做，也没心情做。

第四阶段，中共十八大以后到底构建什么样的价值体系？我觉得还得从中国特色社会主义的角度来讲，老百姓需要好的工作、生活、社会环境。李克强总理提出了“互联网+”的思维，就人类社会发展的阶段看，我们已经进入了互联网时代，从社会发展的历史纬度来看，第一次工业革命带来的是机械化的发展和资本社会的发展，第二次工业革命实际上是电气化的时代带来工业社会现代化的发展，有人把这次互联网称为第三次科技革命，它是信息化革命的问题，是生物革命、信息革命以及能源革命和物联网等一系列社会革命的出现。

身处互联网时代，如果我们仔细地研究一下互联网的价值观念，或者互联网时代的特征，互联网时代的社会存在是什么？互联网时代的社会价值体系会怎样？我觉得十八大提出的社会公平、公正、正义问题，这可能是互联网时代一个必然的选择，是社会发展的必然选择。

互联网时代尤其是3D打印技术的发展和全球化的出现，中国青年价值观的引导如果忘掉了全球化就很难构建，你封闭地说中国青年建设怎样的价值体系，现在不是50年代，50年代很简单，当时的思想潮流没有三五年时间是很难影响到别人的，从杭州打到北京的电话，没有一天时间打不通。今天，我们在讨论，如果现场有一个人动动手机全世界都可以看讨论了，这就是互联网时代。因此中国青年价值观的引导，靠政党的理念、国家意志要把它圈里设定的价值框架里是不可能。

互联网给我们创造了一个公开、透明、平等、公正的社会工作、生活、生存环境，倡导的是“社会协同、社会分享、社会共同价值观”。

所以我说，互联网时代的价值观，它实际上要用互联网的精神、价值、技术、方法、规则来指导、处理、创新工作，形成开放、创新、多元、平等、协作、分享，“我思献人人、人人助我思”的价值理念，过去社会免费消费是不可能存在的事情，现在到处都是免费消费，包括我们对青年的研究也好，以前要看一些图片，去图片社包括资料社，查一篇学术论文要交钱，你看一篇学术论文要出现钱，现在不要了，在网络上多数东西是共享的。

在这样的历史背景下看青年价值观的培养和教育，首先要思考一个问题，就是我们的青年在哪里。青年存在手机当中，青年在网络当中，青年在自组织里，这三个形式里青年群体最多。青年的存在方式变化了，青年的学习和工作方式变化了，青年价值观的引导方式也要变。

青年思想、理念、价值观念引导就在手机里，在APP里，如果现在青年导师在手机里面有一两千个群，你有几十万的青年跟着你跑，你可以影响一切。一个群领袖讲一句话，它下面有几百万、几千万人，你一个团组织、党组织的基层领导下面有几个人？行政强制力在互联网时代已经完全弱化了。

第二个是在网络里。当前青年工作、生活、消费多数在网络上完成的，因此，把青年价值观的引导与青年的工作、生活、消费直接对接，在不知不觉的社会存在中影响青年、引导青年、帮助青年成长。

第三在自组织里面。共青团组织与自组织比，我们是弱势。我们一讲搞活动青年人就说没有时间，而在自组织里人们从来就不考虑这些钱、时、人的问题，因为他们有着共同的需要、共同的价值理念。他们打一枪换一个地方，它的核心价值理念就是在这样一种变化下形成的。

我们工作方式的创新有问题，互联网时代为我们共青团形成核心价值观提供了环境保障，同时互联网也是我们共青团培养和引导青年很好的载体。

第一，通过活动教育青年。总结这些年青年价值观教育引导的历史过程，我们寓引导、教育于活动之中的方法还是可以用的，但是内容要变。

现在组织活动怎么搞？经常是站个队拍个照就完事了，这是典型的形式主义。就某种意义上说，没有活动就没有团的教育。寓教育于活动之中是团的生命力。活动怎么搞？活动的内容需要根据青年的思想观念、认识水平、需要引导的内容进行新的设计的。活动在哪里搞？我觉得共青团活动可以在网络当中搞、在手机中搞，这会受到广大青年朋友欢迎的。当然，这就需要共青团有专业的人来做这个事情。

第二，用典型引导青年。用典型引导是青年价值观引导、教育很成功的方法。过去的雷锋改变了一代人的价值观、张海迪影响着一批青年健康成长，现在的很多典型还是很好，在典型引导中要解决典型落地的问题。典型是靠培育的，要善于发现典型、培育典型、扶植典型、宣传典型，现在共青团扶植典型和培育典型少了一点，拿来就用多了点。

第三，通过实践培育青年。刚才有的专家讲共青团和青少年的关系、教育部和青少年的关系。实际上过去我们的区分很大，学校主要通过课堂传播知识培养青少年成长，共青团不去做学校课堂内的事，共青团有一个很大的特点叫实践中培养青年。青年价值观的培养一定是通过实践，在实践中培育青年是我们一个很好的传统手段和方法，为什么会有各种各样的青年运动，比如说我们50年代有学文化运动，有技术革新运动，50年代的技术革新搞得很好，有一大批技术革新人手在第一个“五年计划”里面做了重要的贡献，有很多的创新工艺、创新手艺都是那个时候出来的。所以在实践中引导青年，今天用怎样的实践引导青年？李克强总理提出“大众创业、万众创新”，在互联网创业和发展引导当中，在大众创新、创业中引导、培养青年的价值观。

第四，通过讨论觉悟青年。这也是很好的方法。共青团历史上有过几次大讨论，而这几次大讨论都转变了青年的认识，影响着青年核心价值观的形成。80年代初的大讨论为什么会引起共鸣？因为它抓住了青年的共同需要，共鸣就是社会的共同追求，只有起到共鸣才能有这么多的青年人参与。今天我们能不能通过选择全体青年共同需要的热点问题，开展一些讨论，来明辨事情，引导青年、培育青年，这个可以考虑。因为大家在关注。我经常听一个节目，就是杭州91.8，每天早上有一个讨论，今天早上讨论在地铁里面，注视女性的敏感部位算违法还是价值观的问题，参加讨论的近1000多人，18%的人认为违法，要用法律制裁，82%的人认为不是违法，1000多人表态，然后有一个正反观点。我觉得它事实上就在做价值观的引导和培育，在做什么样的东西是对的，什么样的东西是错的引导。现在手机都很快，每一个人关注这个，对它发表一个见论，就出现了一个调查结果，这种讨论如果变成全国性的青年讨论，也是有实际意义的。

第五，通过合作覆盖青年。我觉得在互联网时代，合作共享是互联网的显著特点，通过合作来覆盖青年，有利于我们今后的组织，刚才讲到共青团要完成党交给的意识形态引导、教育任务，共青团组织怎么和自组织、社会组织结合，这是一个技巧。现在共青团组织太多政党化和行政化，而这种太多的政党化和行政化，对覆盖青年、引导青年不利。所以我觉得，这方面是值得我们思考。

第六，通过共享培养青年。青年价值观的引导当中要通过共享，不是你一家独搞。互联网时代有很多人都在关注青年、关注社会的发展，充分利用社会上有价值的、有效的培育内容、形式、方法来引导、培养青年的价值观，也是我们未来构建新的价值观需要考虑的。

上面是我从历史纬度的四个阶段，从总结共青团成功经验的六个方面来思考新的中国青年价值观引导或培育的方法或途径，仅供参考，不对之处，请批评。

胡献忠：刚才钱老兄集多年研究之大成，紧扣时代变迁而不断呈现出的新特点，做了一个很好的发言。下面请这次会议的东道主浙江省团校俞中校长发表高见。

俞　中：东道主不敢当，我们是提供服务、做后勤保障的。首先欢迎大家来到浙江团校参加这个课题的中期论证。刚才听了几位专家非常精彩的发言，非常受启发。今天我这里站在共青团特别是省级以下的共青团，在实际操作当中碰到的一些问题，可能跟课题的直接关联度不是太大，但是也反映一种声音，从这个角度，实操的角度讲一些观点。

在我们整个价值观教育体系当中，民间一直有这样一个说法，“小学共产主义、中学公民道德、大学行为习惯”。浙江在前两年，在高校当中开展一项很重要的活动，这项活动是当时省领导要求抓了，其实也是很惭愧，就是“文明寝室创新活动”。实际上我们一直在反思，我们的教育到底怎么了，有很多的问题。当然年轻的一代，随着时代的发展，也有很多可贵的东西，但是我们到底怎么了？这里我个人觉得，实际上从孩子教育的角度或者家长的角度，家庭教育、学校教育和社会教育当中，都有非常主要的因素在里面。从家庭教育的角度来说，独生子女是一个非常重要的观点基础，因为我们现在有很多的单亲，或者说孩子很多的问题，心理、生理的问题，来自于独生子女的问题。学校当中是改革开放的应试教育。这一个教育当中，有一个群体我们非常关心，就是少先队。少先队跟还是真正见面，实际上是中队辅导员。而全国所有的中队辅导员，几乎都是兼职，由班主任或其他的任课老师兼职。在学校评教体系当中，他们是兼职，有部分中队辅导员甚至于连少先队活动很多基本东西，他也在学习，非常堪忧。实际上我们的队活动在实操层面上这样。

社会教育的角度来说，共青团是一所实践的学校，包括少先队。但是作为社会教育，它本来应该承担一种非常主要的社会功能之一，但是我们使得很多东西偏离教育。

应该说，当前必须要考虑互联网时代。我们在总结历史的时候，当年信息单一化、简单化情况不复存在，现在所有孩子的教育问题和价值观的问题，包括社会价值观的问题，都与互联网尤其是移动互联大有干系。

应该怎么样考虑这个问题，我觉得应该回归，特别在加强党的群团工作背景下，实际上它本身就是要求群团组织的一种回归，要求教育的一种回归，而且自然，经过30多年的发展，当人们都在问“灵魂去哪儿了”，我们是否应该慢下来。在这样的时候，实际上中国人有越来越多的人在回归，包括他创造的简约的方式，实际上都在回归。在这个角度，我们的回归和正位非常需要。从回归和正位的角度来讲，价值观，我们该怎么样考虑?

我觉得当前形势下的课题研究，应该对基层需要有一种指导力。实际上价值观，不管是几个字也好，来源于哪里也好，实际上最根本的，我们心中都有一个秤，它也是一个体系，它通过人的整体思想形成才反映出来。这当中，我想从实际的角度谈一下。

第一个角度：少先队。我觉得有三个环境非常重要。一是，少先队必须要有仪式感，非常重要。任何一个组织特别是宗教组织，它的仪式感是有非常内容，固定化、神圣的。而目前的少先队当中，仪式感在弱化。这里有一个事情，我觉得个人非常不能接受，就在全国的少先队组织当中，关于方式还存在南派、中派、北派之争，有必要吗？这是一件极不严肃的事情。像这一类的，而且少先队有很多东西，它的教育内容应该把它程序化、仪式化，包括核心价值观所能够反映的一些很核心的，有些东西它应该有涉及，这一点我觉得我们必须要从方法的角度来说，向国际组织好好学习，这是第一个。二是，少先队的组织当中，关于价值观形成当中，传承的文化和氛围非常重要。现在我们的教育当中，其实也是违背它教育规律本身的，就是单向的，老师和学生、社会和学生、教育者和学生，它其实所谓实践的学校，就是孩子在一起，不同年龄、不同个性的孩子在一起，本身这个群体当中的相互学习和成长非常关键。这当中，实际上从传承的文化，我们非常清楚。三是，从教育的角度来说，我觉得我们公民道德这块的教育是必须要在小学当中突出。因为现在孩子认知程度越来越窄，这个过程当中我们不说学校教育怎么考虑，这是一个更庞大的体系问题，但至少我们的团和我们的队伍完全可以研发、推广一些实际的、有形化的实践教育课程。所以这是我想到的一点。

第二角度：中学。实际上非常关键，随着学生的生理、心理年龄，他的自我激发和自我认知，自我认知很关键。在自我认知当中，我们怎么样把握成长的客观规律，我们要加以引导。个人觉得有两个点非常关键，一个点是自己的信仰问题、追求问题，所谓人生的目标问题。这里不包含崇高的政治理想在内的，比如说个人的抱负，比如说个人对自己社会价值的逐步形成过程，还有一个自己对生活的一种方式的选择和追求。像这些，实际上每个人都会有。这个过程当中，我们符合去引导，确实很关键。在实操当中，我觉得有一点东西，从我们基础组织操作角度，省级以下团干部来说，有一点很担心，当团中央在出台一些好的工作载体的时候，比如说我们怎么教育引导，很遗憾，基层心理都有负担，不是我们的教育载体设计不好，到底共青团和少先队怎么能够走心，走到青年和孩子心当中的分量有多少，这是一个非常核心的问题。共青团包括其他的群团组织都出现这个问题，很多都在自娱自乐。

认知当中的第二个就是职业生涯。因为从教育改革的角度来说，现在的体制改革以后，职业生涯的教育其实非常重要，而职业生涯的规划与教育，实际上反过来对孩子的责任感、价值观，它会起到一个明显的补充。这促使我们做价值观工作、思想引领工作的方式，都要发生很多的改变。这里面有一块东西是现在的短板，就是全国的团队组织。既然是实践的学校，我们能够成体系的社会活动的框架、体系在哪里？现在所有的活动是碎片化，而碎片化难以起整体的效果。就成体系的整个一个活动体系在哪里？这一块恰恰是共青团，如果说整个群团工作背景下，我个人觉得要强化建设的问题。这里面又带来另外的问题，就是职业化的青少年工作者在哪里？因为成体系的社会教育体系、活动体系的建立，它必须要有职业化的青少年工作者，这是我们必须要面临的问题，也是必须要破解的问题。从大学的角度来说，我个人觉得对青年者来说，社会价值的形成、职业精神的形成包括学术精神，包括它的一种历史责任和社会责任的成型，这个过程当中其实有两块内容是非常重要，而我们现在也是碎片化，也是比较缺失的，第一是社会组织。其实现在的年轻人，真正实践当中学，它很多已经脱离团的体系，脱离正常的教育体系，它通过在社会组织当中进行的。这些社会组织到底会怎么样？昨天我们在社会合作培训组织告诉我一件事，我自己觉得很难说出一个事情。在我们嘉兴有这么一个社会组织，把孩子送到哪里？送到寺庙做义工，家长也积极参与，亲子活动搞得非常好。你说作为我们这种职业的青少年社会教育者来说的话，我们到底怎么去看待这个事情？而且孩子的教育不可避免是社会、家庭、学校三位一体。所以这样的挑战，如果我们的思想教育，包括整个一个引领，如果是碎片化的，我们一定干不过其他的组织。所以这恰恰可能在价值观也好，思想引领也好，包括联系青年回归群团工作本身也好，实际上恰恰是我们要重视、克服的。

这当中，作为我们来说，从学校的角度来说，最近团省委也给我们提了一些课题，我觉得也非常有价值，比如说在浙江真正影响学生的价值观来源在哪里，接下来我们想就这个问题做一个社会调查。第二个，在浙江新经济组织当中真正的青年生存状态是怎么样的？第三个，在浙江这么一个地方，经济社会的发展水平下面，困难的青少年群体到底是哪些，碰到哪些问题？我们团和社会应该怎么样去帮助他们。其实这些课题，我们都准备用社会调查的形式去做。所以我个人觉得，课题组哪怕不在这本书当中反映，可能实际上也是需要做一个延伸，实际上也要考虑这个问题。我就讲这些。

胡献忠：谢谢俞中校长！共青团要引导青年的价值观，包括家庭教育、学校教育、社会教育，包括政党引导大的氛围，团只能找自己的位置，你能干多少，是这样的一个事情。下面请北京市委党校韦磊老师发言。

韦 磊：刚才各位老师、专家讲的都非常多，也非常好。感谢课题组给我这个机会来学习。咱们的课题是新中国成立以来共青团培育青少年社会主义核心价值观经验与反思。关于这个问题，结合我这几年来的思考，谈谈个人不成熟的认识，请各位批评指正。

首先，关于认识这个问题的角度问题，我认为可以从两个角度来思考。像久高老师讲的核心价值观的属性问题，我理解的是核心价值观“是什么”的问题。主要讲共青团培育青少年什么的问题，就是培育的内容。这个题目，我理解还有另外一个角度，就是怎么培育的问题。下面我就从这两个方面谈谈我对社会主义核心价值观内容之一“爱国”的认识，不足、不当之处请各位批评指正！

“爱国”是社会主义核心价值观内容之一。我认为其生成具有外生型或者说是冲击回应型的特点。就我们的爱国主义产生看，我们的爱国情感形成是在外国列强对我们侵略过程中、是在外国列强压迫我们的过程中形成的，不是产生于对我们这个民族和国家认同基础上的热爱，这与西方所讲的民族主义、爱国主义是不一样的。欧美国家能建立在对民族认同的基础上，我们往往需要他者存在的时候，我们才有自我存在感。因此，我们爱国主义的产生是外敌入侵以后，我们形成了自己的民族认同感。中国的现代民族认同是19世纪末，梁启超以后，甲午战争以后才有的观念。孙中山讲中国人没有民族观念，只有家族观念，所以他强调民族主义。由此可见，我们的爱国主义，或者爱国认同感的产生是外来冲击形成的。

由此带来一个问题，长期以来我们的爱国主义教育也就以外敌入侵为主要的教育载体。比如我们学过近现代史，往往把近代以来的时候解释为屈辱的历史，民族解放的历史。我们对近代以前历史的教育，往往可以形成一种对中国古代历史繁荣、发达、昌盛的内在的认同。但是近代以来的历史教育则强调的是压迫史、解放史。那么，这种外生型的民族主义教育有什么问题？

第一个问题，这种外生型或者叫冲击回应型的爱国主义教育、爱国主义情感的培育，它的基础是很脆弱的。为什么它基础很脆弱？因为我们总是需要一个他者的存在，我们才有自我的认同和自我的存在感。但是如果没有一个“他者”存在的时候，怎么办？我们还能爱国吗？这个问题就产生了。所以说，建立在这种基础上的爱国主义，基础很脆弱，它没有很强的凝聚力和向心力。

这种教育总是需要存在一个敌人，我们才有自我的存在感，才有凝聚力，或者才能认识到我们的国家，才能爱国。

第二个问题，这种爱国主义教育培育出来的爱国主义情感，难以与极端排外主义进行区别和切割。抵制日货、砸日本小车、敌视某个国家或者是叫嚣与某国进行战争等被视为爱国主义。这样，国际上有人就认为，中国人又搞排外了。中国人一讲爱国主义，或者有爱国主义情感表达的时候，他们就充满了恐惧。比如说1999年“北约”轰炸中国驻南联盟大使馆以后，中国民众针对美国驻华大使馆的行为，以及随后几年中发生的中国人抵制日货，反日活动等等。在中国人看来这些是爱国的表现，但是事实上造成了中国爱国主义教育在世界上的负面形象。其实爱国是任何一个国家公民的基本道德准则，他爱国应该表达正常，但是为什么我们老是让别人觉得我们的正当的爱国是一种敌视外国、排外的行动呢？我觉得是我们的爱国主义情感教育存在问题。

第三个问题，它可能危及到我们国家的安全。大家试想一下，如果说西方敌对势力要想颠覆我们的政权，其实有个很有效的办法，就是挑动排外式爱国势力。他一挑动你，政府就不好办了，比如现在煽动民众针对日本、美国的活动，政府怎么办？政府在这里面很被动，两头受气。你不能站在民众的运动上面来支持他排美、排日，但是政府又不能反对。否则，民众对你又不满意了，这种民族主义很有可能演变成推翻政府的反政府运动，这是很可怕的。

其实新中国成立以来，我们爱国主义的培育也以针对外地帝国主义来进行，50年代的抗美援朝运动，它是一个很重要的爱国主义运动。实际上今天民间的爱国主义表现更为明显。

所以我觉得应当转变一下，由外生型爱国主义培育向内生型爱国主义培育转变，什么叫内生型？它实际上培育我们民众，包括青少年对于国家、民族和党本身的认同，从而培育民众对党、国家和民族的热爱，而无需需要他者的存在，这也是一种自信的表现。

培育内生型爱国主义，我觉得可以从两个纬度进行，一个是历史，我们需要历史，历史是培育民族认同感的重要手段。中国古代历史的认同，大家没有太大的问题，历史书的编写，中国古代史展现的是中国古代的文明。近代以来的历史，反帝意识，就是帝国主义对中国的伤害，这种叙述方式是不是要考虑转变一下？或者调整一下？

我觉得爱国主义教育要在对国家认同和民族认同的基础上培育，也不需要过分敌对的情绪、敌视的情绪。

我原来工作单位是中国地质大学，我干的工作是搜集地质行业的材料，试图把地质行业的事迹、精神搜集起来，然后作为一种教育的材料，给他们现在学生作为思想教育的材料。我觉得这在行业性比较强的院校里面，我觉得挺有效果。比如我跟他们空头、泛泛地讲爱国，可能没有多大效果，但是我跟他们讲李四光，跟他有切合点和共同点。当然，随着我不在这个地方工作，我的材料就交给他们，现在的同事还在继续做。我不仅仅要从方法上考虑培育价值观也好，思想也好，更重要是从内容上，如果内容跟被教育对象没有产生任何共鸣，你怎么教育都没有用。你只有在教育内容上，跟被教育对象、受教育者有切合点，能产生共鸣，引发他内心体验，再加以引导，才有作用。

胡献忠：用行业系统中形成的精神来鼓舞激励本行业系统内的青年，这一招很有效，值得推广。下面请浙江省团校原校长汪茵教授发言。

汪　茵：我马上要退休了，现在主要在学校里做课题、杂志的事情。有时间也到基层走一走，在基层团干部中做些调研。我想，首先，咱们这个课题是给谁看的。这个课题关注的两类，一类是我们这种做青少年研究的人，另外一类人是实际工作的团干部。从我们的角度，刚才几位专家的分析到位，而且我们课题成员都是自身的专家。现在的问题，如果从实际工作者的角度，基层团干部的角度，他希望看到什么东西？我想从这个角度提一点自己的想法。

其实刚才几位专家也谈到，第一，我觉得刚才郑老师说的，社会主义核心价值观在不同时期提出的历史背景，为什么现在要提出这个，为什么以前提出那个，现在都是80后，马上90后的团干部，他对整个历史发展过程不太了解，我们讲团课，他们根本对团前面的情况都不了解。所以从这个角度讲，我在想，我们团队要把它说清楚，刚才郑老师讲，为什么现在提出24个字，这个背景只有搞清楚，他才会觉得培育的重要性，这是我的第一个想法。

第二，我们课题是培育青少年核心价值观。青少年的界定？我们做

“十二五”规划开始，最近他们下面地市要做规划，又把我们请去，就碰到青少年的界定问题。最后少先队没有了，6—14岁，所以我们是青少年发展规划，我们规定为14—35岁，少先队就提出来的，我们少年儿童没有了，少先队没有了，这是一个。包括这次到丽水去，他们又提这个问题，我说你们要界定好，你们要我们帮你们写，这个很奇怪，不同阶段教育的内容是不一样的。少先队也培养青少年核心价值观，他们也不知道怎么写。然后高校，团省委的立项课题，大学生的社会主义核心价值观。这个内容肯定是不一样，我想这个界定，你界定到一个什么东西，你的核心观培育对象，这个青少年的界定如何？也是我们做课题中碰到的问题。

第三，从共青团干部角度讲，他更关注是如何培育的问题。如何培育方式方法、内容，包括这个核心价值观内容的具体化、落地，刚才几位专家都讲，12个词三个层面，这还是比较大，不同对象他们需要的是落地，我具体从哪个角度入手来做这个东西？不同层次的青年、大学生、企业、青年农民工、流动青年，他所呈现的状况不一样。所以这个角度讲，如何落地，可能对基层团干部来说非常难。比方说我们从小长大，少先队的时候就开始教育个人和阶级的问题，然后读书的时候讲要“又红又专”，到分配的时候要“两个红心，两手准备”，就有很具体的东西。我们现在24个字，我们不可能改变什么东西。但却是这24个字，如何落实到我们培育对象的具体方式上？这可能要进行一些很好的讨论。这样的话，从基层团干部的家度来讲，因为确实他们的困惑比较多，这个问题，团干部究竟干什么？我们上个星期交流的时候，他说我现在一共联系38条线，我说你为什么这么多？什么消防办、法制办，政府的各个口都有任务，都要去一个人。他说你再排的时候，推动团的体制改革，要减少人，工作谁来做？我说这个改革，是青少年的东西，其实青少年事务性的东西跟团干部的工作性要分离，事务性的东西要事务中心来做这个事，事务中心可以是集体单位，也可以事业单位，所以他们可能会碰到困难。所以我想，落地的东西，具体化的东西，对团干部的启发更大一些。也没准备，我就简单补充这些，谢谢！

郑长忠：你刚才讲的问题和钱老师的问题结合起来，下一步共青团承接政府事务也面临这个问题，如何和钱老师讲的青年社会组织对接一下，工作在这里面成为枢纽性的东西，又能够社会化的落实政府和政党的服务性乃至社会公共管理性的问题，我们实际拿着鸡毛当令箭，转一圈过来，把党政资源转化为我们吸纳类似群团的优质，如果压在自己的群团上，搞死了。所以现在面临一个问题，在新的历史下，所有这些东西来对共青团都有好处，为什么？来就有资源，来就有民意，转一圈价值不一样了。包括人大、政协，为什么我们人大、政协不愿意提议案，提了一圈转过来还是我们。大家都知道“猫屎咖啡”吧，同样是咖啡豆，通过猫肚子拉一圈，就不一样了。你说性质完全不一样，同样38条线，如果我来操作，那就应该是什么，把38条线分解，消化的，我就找这一类的社会组织然后进行对接，然后党委汇报，共青团落实这些东西不是行政化的落实，因为我没有行政权力，调动大多数的社会组织组织起来，让他们完善这个东西，他们更有专业性。我们成为枢纽，在这个过程中我们越做越大，所以我们的观点还是计划经济的观点。

陈卫东：共青团应该成为“天猫”和“淘宝”。

郑长忠：对，共青团成为一个枢纽。

钱永祥：你要顶层设计，我承认你这种共享就是群团组织的工作，那就好办。他到时候考核，你自己做了几个，所有团干部围绕首长做事情。

郑长忠：过去我们的工作比较明确，现在政府职能转化到群团以后，群团更庞大，什么叫机关化、行政化？我看行政化变成二政府了，如果不转化就成二政府，叫做行政化、机关化，那就是二政府化，那就更厉害了。另外一块只好娱乐化，就是新的“四化”，没有了，我只能是娱乐化，只能做这样。

陈卫东：它不是不想做好，娱乐化实际上是打折的一种。

郑长忠：未来群团还得大张旗鼓，这样才能把眼睛吸引过来。

钱永祥：价值引导上如果没有年轻人喜闻乐见的形式，肯定失败。

郑长忠：所以推动相应的娱乐活动，乃至推动相应的手段，但最重要还是落到什么？“三性”上：政治性、先进性、群众性。

韦　磊：有没有考虑，其实它本质上讲是为青少年服务，从这个角度切入效果比较好。比如说团系统里面，像北京有青年宫，青年宫里面招的小孩很少，所以很多幼儿园的小孩在外面办班，什么舞蹈班、音乐班、绘画班这类辅导班。如果团系统能够组织这样的活动，它不一定非要有正式的员工，像外面办的音乐班都是请临时性的员工教他。比如说有些团系统能不能做这个东西？它肯定能够。

汪　茵：浙江青少年宫有。

韦　磊：但像海淀少年宫一个小班招6个小孩，你根本报不上，你只能到外面。但如果说你外面这个系统把它再发展为青年团的外围组织，把这些教育渗透了。

胡献忠：广东佛山有一个镇，当时的团委就想搞一些社会化服务，没场地，跟政府提出自己的策划和创意，最后把这个事情办成了，政府给了一栋楼，为整个辖区内的农民工子女服务。哪些人都没有编制，都是从社会上募集来的，但也有市场，运转挺好的。政府虽然有资源，但因为太忙，不一定能想不出这个点子。

韦　磊：学生家长自己弄，没场地，团市委、区委肯定有场地，你提供给他。只要一旦循环起来，这种东西完全可以自己养活自己。学生报班，40分钟200块钱这样的收费。这样的话，我觉得他的工作开展下去是有效的。反正我对团的工作不了解，你们都是专家。如果它纯粹搞一些政治性的，没效果。我朋友家的小孩小学一年级，核心价值观24个字，他们在学校里面比赛，看谁背得快。这个恐怕还要再商量，小学一年级。他说我还有比这个更快，我还能说得比这个还快，估计是少先队搞出来的。

胡献忠：下面还有一点时间，刘老师说说。

刘宏森：选树典型人物的问题，也应该是核心价值观培育一个很重要的抓手和载体。拿到这个课题以后，我也在想，这个课题不能仅仅是一种总结式的，要有一些深刻的反思。核心价值观的培育，这么多年以来，有几个问题一直没解决掉：第一个是讲什么，第二个是怎么讲的问题。核心价值观，以前的表述五花八门，现在有24个字，总算打了一个包。但是，这个包打得特别大，有些鼓鼓囊囊。其中有些东西作为核心价值观的内容，可能还是有些值得商榷的。比如说“富强”，它是核心价值观吗？它更是国家治国理政的目标，是官员考虑的东西，现在跟老百姓应该遵守或者应该践行的东西混在了一起。

王久高：核心价值观跟个人生活观，像诚信有一定联系。核心价值观更多体现的是国家的意识形态，它所关心的，它变成了一个活动了，所以我们现在引导的是什么？我们传递的东西都是政治性、革命性的。

刘宏森：还有，像“富强”，这是一个描述性的词汇，作为核心价值观的内容很奇怪。当然，现在总归是明确了。但我们也要看到，实际上这12个词跟青少年的生活实际还离得很远。

在我看来，光有这12个词汇还不够，更加重要的是还有一个怎么转化的问题。怎么把这种高度抽象的词汇转化为青少年能够接受的理念和准则，在这方面，其实几十年来我们都没有很好地解决。我们更多都是在转述习近平讲话，转述中央各种各样的文件，却很少进行有效的转化。

转化，我觉得主要包括以下几个方面：

第一个，把抽象概念转化为人们看得见摸得着、能感受到的很具体的想法。这方面的转化多少年来一直很缺乏。比如，文明，对于青少年来讲，文明是什么意思？在日出生活中，如何做才是文明的？对此，往往缺乏贴近青少年自身生活实际的具体阐释；第二个，转化要求人们紧密结合当时当地的具体情况，因时、因地、因势制宜，把重要会议、文件和领导讲话精神的要求，转化为切实可行的贯彻落实的方案和相关工作推进的计划与方案。同时，充分整合相关的各类资源和主客观条件，为推进和落实工作计划与方案，实现转化创造条件。少先队工作、共青团工作，各个地方的具体情况不一样，比如草原上的青少年工作跟大城市里面的青少年工作，具体条件不一样。必须结合当地的具体条件，推进各种青少年工作理念的现实转化；第三个，通过发起一些活动、项目来有序推进。

转化主要包括这三个方面，但恰恰在这三个方面，我们做得不好，有非常多值得检讨的地方。

培养青少年的核心价值观，资源，特别是思想资源及其供给是极其重要的。这么多年来，共青团缺失这方面的资源。团组织向青少年提供的学习材料，无非是习近平讲话，然后是我们自己团校教师，团委宣传部、组织部、研究室编的一些读本、一些学习材料。除此之外，就没有更多的思想资源了。相对而言，年轻人当中的思想资源极其丰富。你上网看一下，就可以看到，青少年所接触到的思想资源有多丰富，有多庞杂了。共青团对网上的这些东西，网上五花八门的思想资源往往束手无策。

社会上其实有很多优秀的专家学者。这些年，一些团组织也经常邀请一些专家学者参加团活动，为团工作出谋划策。值得注意的是，这些学者和专家究竟是团组织活动的一种门面和点缀，还是优质思想资源的供给者？这些专家学者的意见能否真正被团组织所吸收，体现在共青团组织的工作思路里面？

我记得冯定30年代用贝叶的笔名发表了大量转化高深思想理论、有关青年思想修养的论著，比如《新哲学是科学的哲学》《哲学的运用》《谈新人生观》《论自然哲学与历史哲学》《现阶段的青年问题》《青年应当怎样修养》《中国共产党怎样领导中国革命》《共产主义人生观》《人生漫谈》《怎样学哲学》《精神文明在社会主义建设中具有特殊的重要地位和作用》等等。再比如，像朱光潜先生所写的《谈美书简》等著名作品，深入浅出地向青年介绍了美学基本理论，受到了80年代青年的欢迎。然而，毋庸讳言，在共青团的思想资源系统中，类似的优秀转化之作并不多见。不要以为这些东西跟思政没关系，思政不等于仅仅读马列。用人类优秀的思想文化成果教育引导青年，这才是思政。实事求是地讲，我们现在并不缺思想，问题在于，如果团干部眼睛只向上，不是很虚心地、很真心地吸收优秀专家学者们的思想，就难以积累和构建丰富优质的思想资源库，就难以及时到位地回应青年的很多疑惑、困惑。所谓的“水军”“五毛党”等等，并不能很好地发挥青少年思想引领作用。

稍微梳理一下，我们就可以发现，这么多年以来，共青团所拥有的思想资源还是比较匮乏的。其实，共青团不仅思想资源匮乏，经济、人才等各方面资源都严重缺乏。原因到底在哪里？胡锦涛讲，一个有远见的民族，总是把关注的目光投向青年；一个有远见的政党，总是把青年看作是推动社会前进的最活跃力量。虽然各级党组织都转述了胡锦涛的讲话，但对胡锦涛讲话精神的转化有多少具体的举措和作为呢？我们进一步思考就可以发现，一些党组织对青年和共青团工作不够重视是关键。理论上讲得慷慨激昂，行动上似乎风平浪静。多年来，共青团如何摆脱“拎包者”的角色，似乎是一个不可回避的问题。

韦　磊：共青团的精英从哪里来？它属于党的部门还是政府部门？

钱永祥：党的部门，在财政经费上属于党的部门，在团校上属于党群部门，不属于教育部的经费。团校的经费来自公共财政，属于党群口，党拿一万块，你拿一千块，就是这个比例。

王久高：这是国家大体制的问题。但目前，政治改革还是往前推，所以我们经常想应该是什么样，但是现在目前能做到的是什么样。现在国家的体制没有变，领导忙，没办法，发个文件执行。另外一方面是自身的转变，自身的转变还是在框架内转变，但还是需要探索。因为探索可以推动改革，没办法，因为改革不是一设计就改到位。而且我们的改革是能完善的，所以改革是慢慢研究。基层怎么出问题，它还是往前推，团的工作怎么更好做，团干部还是慢慢往前推，时间到了，好一点，领导觉得不错了。实际上中国出现一些问题，高层想动，底下提供的东西又解决不了他们想要的东西。包括事业单位改革也是一样，怎么改，怎么有效果，中共中央《关于全面深化改革若干重大问题的决定》明文规定，要“加快事业单位分类改革”，“逐步取消学校、科研院所、医院等单位的行政级别”，“建立事业单位法人治理结构”等等。但整个高校领导还是绕来绕去，上海这边可能还是务实干，还是好一点。凡是改革者要有献身精神，有风险。干部改革是冒险的，弄不好弄得身败名裂。干部努力了，你不能一下子否决他；改革出了什么问题，你不能一下子打死他。

胡献忠：要允许试错。

王久高：对，这个课题要做到什么高度，要写个东西，时间也比较紧。我觉得能做多少是多少。我们刚才思考的东西，还是稍微宽一点的东西，少少宽一点会好一点。

汪　茵：现在是互联网的时代，前两天我也讲历史的事情，很典型的一个什么问题，今年抗台风。团县委书记统一时段接到五条一模一样的短信，五个部门一模一样，都是你团省委的部门。还有就是报表，各种各样的报表，跟这个政府部门要报表，那个政府部门要报表。这个能不能生成一个报表，我这个系统上去，它共享，你一点全部出来了，不需要你这么个个去。它现在不行，这条线要报表，那条线要报表，下面就给你造假，我实事求是讲，数据很大程度上都是造出来的。

胡献忠：好！我们今天上午的讨论是漫谈式的，也是比较自由，大家也很有启发、很有收获。上午这一阶段基本上结束了，下午咱们还是按照议程继续。

9月18日下午会议实录

时　间：14：00—17：00

主持人：徐峻蔚（浙江省团校副校长、副教授）

发言人：陈卫东（共青团中央青运史档案馆编研部副研究员）

胡湘明（河南省团校教务处主任、副教授）

陈　亮（浙江省团校教授）

刘宏森（上海青年管理干部学院副教授、《青年学报》主编）

汪永涛（中国青少年研究中心助理研究员、《中国青年研究》编辑，博士）

胡献忠（共青团中央青运史档案馆资料部主任、副研究员，博士）

徐峻蔚：受课题组委托，下午的讨论由我主持。上午专家的发言，很多方面有启发性。我们下午的讨论可以结合自己负责的部分，把前期的研究积累和一些思考，以及撰写中可能碰到的问题，说一说。我们就按照顺序来。陈老师，您先请。

陈卫东：我去年12月份以后才开始接触这方面研究。以前的研究涉及到这块内容的较少。对少先队的印象，主要停留在小时候自己是少先队员的经历上。但时间太长了，不过记忆还是很深刻的。我说一下我研究的基本思路。我准备从几个方面谈谈自己对这个问题的认识。因为今天上午专家们大多从价值观本身讨论，我想专门从教育的角度来说。

我认为少先队主要特点和成绩应该体现在教育方面。从不同历史时期的发展形成的少先队教育看，单从教育效果方面讲，的确是非常好的，确实有些经验值得总结和考量。有些教育的方式和方法，确实跟正规学校教育不大一样，因为她主要是一个儿童群众性组织，少先队教育有自己的优势，这是需要反思和总结的地方。

虽然我们是研究新中国成立以来团队组织的教育经验。但从少先队的历史看，是比较悠久的，新中国成立以前就有，比如抗日儿童团之类。其实共产党成立之后不久，就有了儿童组织。到新中国成立以后，因为大环境的改善，儿童这方面的工作就更好做了，少先队建立得更加完整，组织体系各方面相对比较完善。到现在，我觉得少先队的声势、影响可能比共青团更显著一点。今天上午俞校长讲现在的中小学德育，小学生是共产主义教育，中学生是思想道德教育，大学是习惯养成教育，出现了教育倒置的问题。我觉得这个现象和问题的确存在。这也从另外一方面反映出少先队在进行政治教育、理想教育方面，效果的确很突出。

我觉得少先队的教育有明显的时代特点。我们从第一代领导人毛泽东说起。革命年代主要是救国救民，搞革命，打破一个旧世界，建立一个新中国。建设年代更多的是把人们的革命建设热情调动起来，让大家有一个建设新社会、新国家的状态，所以毛主席给少先队的题词叫作“好好学习、天天向上”，体现出的是满满的革命豪情和浪漫主义情怀。

在七八十年代，开始变得更加务实。邓小平对青少年教育的核心思想是培养“四有”新人——“有道德、有理想、有组织、有纪律”，但我觉得邓小平时代的教育，现在也有很多需要反思的地方。邓小平本人在1989年动乱以后，也总结说这些年最大的失误是教育的失误。这个失误是整个国家教育的失误，是对青年一代教育的失误。所以这个时代值得我们回过头好好研究。

到了90年代，更多地强调传承。从历史发展的宏观方面看，改革开放大格局已经确立了。所以这个时代更多是坚持路线的传承。在儿童教育和少先队方面也出现了这样的特点。比如，当时少先队就把民族精神代代传、“星星火炬”这种教育放到了突出的位置。

到了21世纪的头十年，少先队教育又有了一些新的要求和特点。胡锦涛总书记对少先队的指示是“勤奋学习、快乐生活、全面发展”这几句。这带有明显的共青团、少先队的特点。感觉是团系统很熟悉的语言风格，是对少先队教育里的某种总结。

到习大大的时候，感觉有出现了新的时代风格，话开始变得比较直白，比较接地气，比如流传很广的“抓铁有痕、踏石留印”这样的表述。其实，也正是到了这个时代，我们国家才开始真正有意识地来进行所谓的社会主义核心价值研究和相应的价值观培养方面的研究。

如果从世界历史和全球视野看，现在的发达国家，实际上都有自己特点的价值，比如西方国家所谓的普世价值：自由、平等、博爱。即使在巴西这样的国家，虽然跟我们中国有点经济上的差异，但是它也有自己简单、明确的价值观。我们看到巴西的国旗中间有圈字，实际上就是那个国家的核心价值，就是两个词：“秩序”与“进步”。我在巴西访问的时候，感觉到巴西这个国家确实有这个特点，秩序是比较好的，尽管经常有罢工。比如在车站等车，即使下点小雨什么，人们也显得很老实，一个一个排队，即使淋雨也不会插队。

我们现在提出的社会主义核心价值观，有12个词，24个字，太长，都记不住，还分什么国家层面、社会层面、个人层面。所以我觉得这样提本身还有待于进一步研讨。我认为核心价值观是对某些优秀精神品质的概况和提炼。通过国家层面提出，用某种形式固定下来，还是很有必要的。

我在研究过程当中碰到的一个问题。那就是我们研究少先队，有一个好的优势，也有一个不太好的地方就是，资料特别多，无论是各种资料都特别多。这提供了好的研究素材，但同时又很难取舍。但我发现这种资料的理论性不是很强，可能老一代学者写出的这些文章里面，讨论比较多。如果想把这些东西正式综合成一个思想体系，需要做的工作会很多。

我原来是做现实问题研究的，比较关注实证、调查、分析之类，没有搞过历史研究，到团中央青运史档案馆还不到一年。我想能不能把社会学的一些方法用在历史研究中，也做一些定量分析，可能对宏观逻辑的论证是一个补充。

胡献忠：这一点我很赞同，华东师范大学社会学系教授陈映芳写过一本书，叫《“青年”与中国的社会变迁》，就历史问题做过很多定量分析，得出的观点也令人信服。

陈卫东：到了新的工作岗位后，看了一些少先队的历史资料。从现在的研究和官方文件看，对少先队组织的性质有这么几个规定：第一强调它的政治性，其次就是强调群众性、教育性和社会性。一共有这么四大属性。

我想既然研讨核心价值观培养的问题，其实质还是研究教育的问题。因此，我认为重点是研究少先队组织的教育性问题。从教育学的角度讲，我认为少先队教育有以下几个特点：第一，这个教育是一种组织教育。这在少先队的研究文献中和一些工作文件当中都有强调。其次就是实践体验教育。这是少先队教育的一个特色，相当于一个法宝。第三，少先队教育是一个自我教育。还有少先队教育是一种全面素质教育。今天上午有老师提到青年自身的发展问题，其实就是讲全面素质教育的问题。全面素质教育跟马克思主义关于人的发展理论是一致的。我想少先队教育大概就有这么四个特点。

展开来讲，这四方面教育的具体含义是什么呢？根据少先队文献，我大概梳理了组织教育的含义。首先，说说少先队组织教育的含义。因为少先队作为一个独特的组织，是共产党领导下的儿童群众组织，所以她的组织教育，第一个是少先队基本知识及其背后蕴含的价值理念教育，比如“星星火炬”里面，图案有什么含义，红色代表什么含义，怎么敬队礼，队章、队徽、红领巾是什么寓意，这些是常规和常识教育。如果我是少先队员，我对这个东西就应该了解。这个比较好理解，比如我们加入什么公司，什么协会也是一样。组织的基本规矩要知道。因此，组织教育是对组织基本知识和其背后价值的教育。从这个意义上看，少先队教育本身实际上都在进行价值上的教育，它是一种价值的影响，就是思想意识的影响。所以我觉得知识教育和技能教育在少先队教育当中并不是主要的，它更多是从价值教育的角度，作一个意识的启蒙。第二，组织教育就是通过组织的形式来进行各种教育，通过群体参与的形式，学习知识、学会技能、确立价值，促进成长。现在少先队开展了很多生活习惯的教育，前几年搞得很火爆的背《弟子规》这类，这些教育都是以少先队组织的形式开展的，它不是对个别成员进行，而是以中队、小队这样的形式组织开展，由一个组织来进行。

实践体验教育，可能是少先队引以为豪的一种教育形式。在这方面，教育部很支持少先队教育，出台相配套的政策措施。我认为这主要是因为少先队是实践教育，对学校教育比较严重的应试教育中倾向在一定程度上，有纠偏作用。在少先队组织开展的活动中，有大量的实践体验。以前我们中国青少年研究中心搞了一个“星星河快乐农庄体验教育”，就把城市里的小孩带到农村去体验，和农村的孩子交朋友，体验自然、体验社会。当时团中央书记处书记赵勇对这个项目还特别欣赏。后来全国少工委还开展“小手拉大手”“城里的孩子拉农村孩子的手”等系列活动，效果都是很好的。这种实践教育，坚持马克思主义教育哲学，体现的是教育与生产劳动相结合的教育方针。实践体验教育大概可以从三方面理解，在教育目标上，特别强调孩子要有解决实际问题的能力。第二，孩子必须亲身参与实践的过程，有了这个过程才能够在实际中感受。在教育背景上，以自然和社会生活为课堂，这一点与学校教育有差异，少先队教育的形式比较灵活。

自我教育。自我教育实际上指队员自己的砥砺修行。在中国的文化当中，中国的先贤都有修身的传统。《大学》《中庸》里面都有讲修身齐家治国平天下。自我教育吸收了这些东西，但意义更加丰富。自我教育强调的是少先队员个人的自我教育、自我修养。

下面再简单说一下全面素质教育。素质教育这个概念我们经常用，也经常说，少先队以全面发展为根本目标，以非智力因素为培养重点，不像学校的知识教育，它是非智力性的，比如朴素的情感培养，这种教育以实践体验为主要形式，少先队教育涉及的方面很广，涉及的内容比较多。

少先队教育有什么启示？我们对少先队教育需要有一个再认识，对少先队教育本质有一种再思考。我认为少先队教育不太容易用一句话解释清楚，它既不是一个专门教育，也不是专业知识和技能教育。如果是专门教育，它肯定有专门的、成体系的专业知识教育。它跟一般意义上的德育也不一样。现在学校的德智体美等分类教育的方式，是近代教育的产物。这种教育思想最早出现在英国。英国教育思想家斯宾塞有一个观念是，教育为未来完满生活做准备。这样就需要人的德智体美等多方面全面发展。我觉得少先队教育跟一般意义上的德育相比，德育是对人一般道德品质的一种系统的影响，而少先队教育更多是一种影响，对意识和价值的一种导向。

我觉得少先队也不同于一般意义上的社会教育。社会教育更多是社会组织开展的教育，社会组织是教育的主体。从这个角度讲，少先队教育的确也有社会教育的特点。我认为少先队组织是一种带有明确政治导向的、综合性的组织化教育（区别于宗教教化）。我们传统社会很重视教化，按照儒家的观点，以前帝王重要的职能，就是除了治理国家还要教化人民。但少先队教育不能是教化，要区别一下，少先队教育是不同的教育，我们现在比较重视传统，机械地让孩子背《弟子规》等内容，这种做法太机械，要真正把少先队教育的先进性、时效要凸显出来。

我自己总结一下少先队教育的好的做法有：第一，基本常识教育与意识启蒙教育相结合；第二，注重精神传承教育与价值认同教育的结合；第三，少先队教育表现为具体的活动，活动参与和实践体验结合；第四，集体教育与自我教育结合。集体教育是马克思主义的概念，不同于西方讲的团队教育；第五，模范引领与个人砥砺结合；第六，注重知行合一。

习总书记对少先队员学习核心价值观，大概提了四点要求：第一个叫记住要求，第二个是心有榜样，第三个是从小做起，第四个是接受帮助。按照这样的思路，我觉得应该把核心价值观的内容放到常识教育里面，不应该单列。同时应该把核心价值观的精神内涵融于民族精神的教育、时代精神的培育中，把价值认同融于传统美德教育和公民教育，自我教育和集体教育并重，做到知行合一。

徐峻蔚：好。下面请河南团校的湘明老师谈谈。

胡湘明：首先非常感谢课题组的邀请，我参加这样的机会很少，下面我把我们河南团校写作组的完成情况介绍一下。首先，整个这篇文章有几个关键词，一个是主体，今天上午郑老师提到了，主体要明确，应该是“共青团”作为主题，内容就是社会主义核心价值观，对象“青少年”，当然这里面还有一个动力问题，动力问题涉及党团关系以及国家层面上的要求，也就是为什么共青团要开展核心价值观这个课题。这个问题说清楚以后在侧重点上，我们也是侧重于经验，把共青团在改革开放30多年里面的所作所为，一些成功的经验、典型的经验，把它作为文章的主体架构，把它呈现出来。然后在这个基础上加以组总结、加以提炼。这是我们在把握这个问题上的策略。也可能会涉及理论方面的东西，在理论上的东西，我们也提到了一些，像核心价值观如何看待，它是不是能够真正反映我们国家或者是社会、青年的实际状态，这个问题我们也思考过，但是想到面临问题的时候，还是以客观、现实的眼光来看待我们的社会主义核心价值观的发展历程。因为我也查阅了有关资料，一些论文、资料里面在描述社会主义核心价值观，这一定上我也非常赞同，它是一个历史过程，是伴随着中国革命、建设一直到改革开放，整个发展历程当中的逐步发生变化，它不是说哪一个团体，哪一个板块，哪一个国家，哪一个个别领导人定下来的。所以这一块我在写的时候，不想过多涉及对价值观本身的讨论，就事论事。说实在，改革开放30多年的时期，中国社会主义核心价值观确实经历一些很大的变化，很显著的变化，这个变化有一种排山倒海之势，越来越靠近，直到中共十八大以后以国家的形式呈现在社会，这种历史的变迁我们有目共睹。在这个变迁当中，我们也尊重共青团它在培育社会主义核心价值观当中的常识、实践。那个时候，可能在十八大以前，共青团也没有专门针对社会主义核心价值观特有做一些事情，但实际上它也在做，它是点点滴滴，通过各个方面，通过思想教育、品德教育，一些政治，马列主义、中国特色社会主义，我们把这视作为共产主义追随社会主义核心价值观践行的历史过程。所以我们把这些，都把它纳入到我们的文章里面。这就是我们在写这篇文章时候初步的架构、主导、策略，这是我们总体的情况。

具体来讲，谈经验的时候，我列了五条：第一，坚持用中国特色社会主义理论武装全体青年，这是一个最基本的线索；第二，活动是共青团的生命线，也是共青团带动青年、引领青年的主要媒介。所以共青团继续通过活动这样一个载体，大力践行社会主义核心价值观；第三，通过加强政治建设，为培育和践行社会主义核心价值观提供坚实的精神、物质保障；第四，注重发挥青年英雄以及模范典型的榜样示范作用，引领青年。这实际上也是我们共青团传统的做法，在新的时期也有一些新的变化；最后，成功的经验，紧跟时代发展，高度重视互联网对当代青年的发展。

胡献忠：我们后面的路径、方法，也把口号，像互联网、典型，可能都会涉及。包括青年里面也有这些东西，你不要管它，你按照自己的角度写，展开写，我估计不会有太多重复。

刘宏森：有些东西可能都会涉及，都是重点内容。

胡湘明：对社会主义核心价值观我们也做基本的诠释，这个诠释是动态的诠释，自改革开放以来，从改革开放初期，提出了像“四项基本原则”，一直到现在中共十七大提出“三个自信”，另外在全社会范围内开展社会主义荣辱观教育，一直到十六届六中全会提出建构社会主义核心价值观的体系。还有一直到中共十八大明确提出“三个倡导”，其实也就说明社会主义核心价值观已经在全社会达成一定的共识，或者说有了一个基本的结论。这在描述的时候，有可能在这里描述。作为共青团，作为党的助手，会始终把党作为共青团追寻的一个目标，我们共青团在这个问题上责无旁贷，开启了一个培育、践行社会主义核心价值观的真传。改革开放初期，对唤醒青年对人生、对人性的深度思考，而共青团此时此刻也借助这样一个势头，吹响了“从我做起，从现在做起”的号角，这是一部分。这里面从1978年发起了“潘晓讨论”事情，这应该作为一个事例。

胡献忠：陈亮，你那里有？

陈　亮：对。我估计有几部分都要提一下。

徐峻蔚：宏森老师讲典型人物，可能也会涉及。

刘宏森：这个案例里面分四个阶段，第一个阶段，时代有一个环境，一个背景，你总要简单说一下，几个要点讲一下，但是刚才讨论的，你可能是重点，陈亮要重点写，我们就是提一下。然后青少年的特征，再接下来典型是哪些。我觉得重复没关系，必然重复，整个课题本身就是在这个锅里面吃饭。

胡湘明：这部分还有一个，以爱国主义教育为抓手，激发青年民族自豪感。我们也总结了30多年的做法，发现国家对建立爱国主义的教育，无论从民族的崛起、国家的复兴，都非常看中爱国主义教育。第三，以反颠覆、丑化中国为主要重点，旗帜鲜明地高举中国特色社会主义理论。最后一个，以青春自信和青春梦迎接“三个自信”的新时代。整个这一部分的内容，构成我们坚持中国特色社会主义道路，用这样的道路武装全体青年。具体一些活动，这里面也有交叉，比如中国榜样示范。

胡献忠：你现在有多少字？

胡湘明：两万九千字，有些可能还要删，有些可能要加。关于不足，我提出三四条。前言是这样说的，共青团在培育和践行社会主义核心价值观历史进程，特别是在改革开放这样的火红年代，共青团继往开来，继承并创立了一系列的成功经验，为新时期的社会主义精神文明作出了很大的贡献，但也应该看到这一过程并非一帆风顺，期间也暴露出了一些曲折和隐忧。面对不足，我们进一步做好凝聚工作，有效担当引领社会主义核心价值观责任的重要保障。

第一，总体上来看，培育和践行社会主义核心价值观的方式和方法还是比较单一。具体来讲，重说教，轻引领和实践。这里面我们也查阅了很多东西，下发了一些文件也好，学习活动也好，我们做了一些统计，总体上来讲，以像党课报告会、座谈会、研讨会等等这样的形式。当然现在中间的说教成分还是比较重。我们在做一些调查当中，发现青年对越是接近于互动的非常喜欢，而那种单一的说教，青年已经开始有所抵制。我们也分析了一些原因，之所以这样，可能和一些团组织、团干部习惯于过去的一些工作方式，过去计划体制下的一些工作方式，可能依然还有遗风，还没有完全消散。一些团干部总觉得做报告的感觉非常好，还有再加上一些官僚作风的助长，理论上多一些。二是一些团干部对理论的把握吃不准，也无法激起青年探索问题的欲望，所以它也只能去照本宣科。还有面对当前的互联网技术，一些团干部依然还是互联网盲，比如微信、QQ，可能还有一些团干部不善于运用，这样一来他的手段非常单一，这样也限制他与青年的沟通。方法单一了，还有一点就是重疾风暴雨式的突击，轻和风细雨和潜移默化。一般来讲，疾风暴雨就是在特有的情况下我们共青团采取的一些措施，在完全高难险急一些重要任务的时候有一定效果，但是在需要慢工出细活，需要细水长流的东西，我想这种温柔的、潜移默化的，应该是主流。共青团的一些大型组织方式，一般是这样的，以重大的政治和政策事件为中心的突击模式，比如召开党代会，这些都成为共青团开展活动的一个契机，而开展的时候，大多数以突击型的。第二以重大节日为中心的突击模式，像春节也都是我们共青团进行突击、展开慰问的活动。还有以重大社会事件为中心，共青团善于打大兵团作战，但是这种大兵团作战短期有效果，但是作为长期的核心价值观，这种可能会存在不足。另外在潜移默化的方式当中，共青团确实也有尝试，像开办一些文化节，特别是在高校，艺术节，开办一些论坛，开办一些青春诗会，这些也都表现出共青团正融入社会，通过社会的各种要素，把核心价值观潜移默化地向青年展示，但是这种方式总体上还是太少。另外在效果上，依然很低。我们也查了一些资料，像这种有多种要素构成的活动，这种潜移默化式的活动，很难把握，因为它的操控要素比较多，操控的分量或者是力度需要有一个综合把握。另外它的控制性也很弱，所以有时候这种活动表面上看起来轰轰烈烈，但有可能也会流于形式。所以如何在这个问题上进一步加强，用融合的方式来培育和践行社会主义核心价值观，也是值得我们思考的。还有一个就是重组织化、轻社会化。共青团是拥有八千多万的共青团员，三百多万的基层团组织以及庞大的组织系统，我们很多活动都需要通过组织系统去开展，社会主义核心价值观也不例外。但是通过这样一种大而全的活动，有可能随着社会的问题，已经不适合形势，不适合社会的要求。

总体上，社会主义核心价值观是一个源于生活、高于生活，又来自于生活的概念，所以我们最终还要回到社会，回到生活。要想达到这样一个条件，我们还是要走社会主义化道路，实现共青团和社会的融合。这样的融合，过去你说有，也有，但是更多的是共青团和政府部门之间的融合，而共青团和社会性组织的融合很少。我们也做了一个调整，我们观察了河南省，在网站上可以看到某一个月活动的列表，就是市一级团委在活动当中，我们发现纯粹搞邪教化活动的活动方式，仅占整个活动的不到30%。如果再往下走，到县一级、乡一级，恐怕这个东西更少了，几乎都是单打独斗，都是共青团自拉自唱。所以这样一个事实，也让我们提出了这样一个问题，当然这个问题今天上午专家也提到了，我理解的是共享，资源共享，单靠我们一个平台自身的力量，很难实现全社会的作战。这是关于第一个，方法上的单一性。

另外还有一个就是，一些关系的处理有失妥当。第一，团的中心工作与价值观教育的事。我们党以前提到过这样一个说法，“经济建设和社会建设两手都要抓”。但事实上我们在处理的时候，有可能会顾此失彼，作为共青团也是如此，特别是每遇到一些非常明显的，中心工作放在面前的时候，有可能就会导致我们整个思路。另外，核心价值观的教育与尊重青年主体关系的事，我们一方面灌输国家的意志，另外一方面青年自身也有价值，如何尊重他们的价值，满足他们的核心利益，也是值得我们考虑的。

第二，价格观教育的辐射力度呈递减趋势。就是越往基层，我们的辐射面、辐射力度越小。我画了一个基本图，什么意思？我们团组织活动的频率是越往上越高，越往下越低，而我们青年组织的分层结构，是越往基层人数越多，人数越多的基层越需要共青团组织的影响，但反而很遗憾，我们的组织找不到，我们的声音也被埋没了，所以这也是一个不争的事实。

最后，共青团在特殊群体——青年群体当中也有缺失。香港“占中”事件，包括新疆的一些暴乱，可能都有青年人的身影，如何就这个问题发挥共青团的作用，怎么样通过一些外联，通过一些合作，来尽我们共青团的职责，也是一个值得思考的问题。

胡献忠：你是最快的一个，初稿拿出来了，给我们带了一个好头。

陈　亮：很惭愧，我这里还没动笔写，因为觉得还没想明白。我的任务是第五章：“共青团引领青年思潮的经验与启示研究”。我这章是和我们小徐校长合作，我主要是思潮部分，共青团这部分的难点就交给小徐校长了。

胡献忠：你写背景？

陈　亮：是的。现在，我只能谈一个总体思路。这一章的难点是怎么找到青年思潮和共青团工作的交汇点，我觉得这个比较难找。有些找出来的或者在有些材料上我们看到一些东西，总觉得有点牵强，我觉得这是这一章的难点。研究途径，先是考虑共青团工作的一般问题。这里面列了六大思潮，大家也可以看看，这六大思潮是否具有典型性，能不能说明问题。青年思潮是一定时期内，在青年群体中影响较大、反映其利益诉求和思想倾向的思想潮流。六大思潮，就是文化保守主义、社会达尔文主义、自由主义、人道主义、民族主义和后现代主义，我暂且列的就是六个。通过理清这六大流行于青年中的思潮的概念问题，包括一些数据的收集，事件的分析，考察、总结共青团在价值引领中的经验，并对我们今后的工作提出一些反思性的意见。

这章分三大块。第一块是一个界说，就是青年思潮的内在逻辑与外部因素，主要是一个思想路向。这一部分是提出问题，还有一个是价值倾向。这里要说的是一个结构性的，或者说是一个网状关系图，我列了几个关键词：比如说“核心价值”的横向是“普世价值”，核心价值和普世价值的关系、“青年思潮”和“价值多元”，还有一个“共青团的引领”和“共青团的价值魅力”，这几个是横向关系。纵向是“核心价值”和“青年思潮”的关系、“青年思潮”和“共青团引领”的关系、“普世价值”和“价值多元”的关系、“价值多元”和“共青团的价值魅力”的关系。实际上在这一部分需要完成。

第二部分是价值诉求，就把这六大思潮说清楚。本来的题目当中是多元震荡中的主流领跑，我现在觉得“领跑”非常难写，这里只能介绍几种多元价值，就是六大思潮，把它在这里说清楚。但是这个“主流领跑”，怎么把共青团这部分融合起来写，这是一个重点。我觉得青年在这里通过一个思潮，是反映人和社会或者人和环境的矛盾，它要解决的是人和群体的矛盾，以及人和自身的矛盾。我觉得要研究青年问题，可能在这三大矛盾里面去找一些现象，以及怎么去破解，是在这里。

具体的几个大的背景事件，比如说潘晓的天问、人文精神的讨论、汶川地震，我想把宗教这一块，就是信仰认同和信仰危机，也放进去。还有现在的大阅兵，一起作为背景放进去。

胡献忠：《人民日报》2013年5月份登过一篇文章，叫《莫让青春染暮气》，引发网上讨论。这能不能算是广义上的思潮，再琢磨。

陈　亮：好，我记下了。最后一部分是讲经验启示和路径选择。经验启示里面，我觉得要思考的是共青团在今天是否是“青年的共同体”？是不是在联盟“第三种力量”——青年自组织里面讲一下对共青团工作的反思。路径选择，我这里用的词是“运动式治理”，共青团怎么告别“运动”阶段，以及共青团的话语转向是这一节的内容，运动式的治理主要是我们传统的工作方式，怎么在新的环境当中以青年为主体，注重基层特点，青年基层的特点，在金字塔这个社会结构中关注底层青年的生存困境与成长道路，应该是共青团不变的工作宗旨。经验启示，想在这部分有所交代，但确确实实这块我没有想清楚。

胡献忠：这个是缺位的问题。

陈　亮：说其实组织力量、市场力量还有专业力量的合力来实现网络转型、跨越转向，我想放在这里，但比较难写。

胡献忠：写不长，这个东西你能写长？

陈　亮：第二部分容量比较大。

胡献忠：这确实在咱这里面是比较难的一块，因为跟共青团工作相衔接的时候是最难的一块，能衔接多少衔接多少，衔接不上让他自己看看会不会连通。你就把青年思潮描述一下。青年思潮，有青年在社会中的一些表现、举动，就是这样一些东西，是否跟社会发展合拍，包括个人发展的特征。共青团在这里面做了多少就是多少，经验有一条算一条，有两条算两条，不一定非要总结五六条。

陈　亮：在介绍思潮的过程当中，本身对思潮也应该有一个反思。早上韦老师讲的“爱国主义”就很有启发，我这里要讲民族主义。

刘宏森：这里面有一个问题，你说它对思潮的反映是缺位？

胡献忠：有些时候是，宣传部门不太清楚青年中有什么思潮。

刘宏森：这里面要写实。共青团对青年中的思潮的反应往往是滞后的。你要怎么证明它是滞后的，可能要有一些实例，这一块给它写实一点。我最近也碰到一个问题，思想引领资源极度匮乏，所以该发声音的时候发不了声音。我觉得我怎么来证明它。我首先要说它失语，然后说它为什么会失语。

韦　磊：刚才讲到思潮的事情，高校青年这个事情要关注。

陈　亮：高校应该是最敏感的。

韦　磊：对，为什么？比如你讲思潮，它基本上涉及一些现在争论很大的思潮，什么历史虚无主义、民粹民族主义这些，高校不让讲。高校反映比较敏感，对思潮的反映比较敏感。所以你就说它滞后，或者是故事语言的说法。

胡献忠：思潮，还是在高校学生里面相对来说是成气候的。30年前的今天，也就是1985年9月18日，北京大学爆发了一次学潮，波及部分高校及其他省市。这是自改革开放以来的第一次学潮。其中就有思潮的影响。这里也有两个问题：一是改革开放确实带来了经济的发展和繁荣，改善和提高了人民的生活水平，在这种背景下为什么还会出现学潮？二是告别了“文革”极“左”路线，抛弃了“阶级斗争”理念，如何处理青年学生的自发性诉求？这恐怕一个是政治问题，一个是法制问题。

韦　磊：思潮的东西，往往在知识分子中间体现。

胡献忠：尽量跟大学的团委聊一聊，杭州有这么多高校。

刘宏森：以高校为主要的研究范围，可能相对好弄一点。不然体制外的青年，不知道里面有没有思潮。

胡献忠：那就集中写高校，可以搞一个简单的问卷。

韦　磊：打电话问问估计也行。我原来在地质大学的时候，基本上每年要找我搞两次活动。

徐峻蔚：上午听了很多专家的意见，刚才听了胡湘明老师后半部分的反思，他对核心价值观发展做了历史梳理，包括从核心价值体系发展而来，还有社会主义荣辱观的一些内容，整个发展历程都涉及。青年社会思潮在高校领域的反应还是非常快速的。因为往往思潮理论的建设者可能产生在青年当中，有可能是更年长的成年，但是知识分子群体尤其是高校青年群体是社会思潮的最先或最热烈的接受者，之后还有一个再传播的渠道，这样才会形成特定历史阶段的社会心理、社会反应。共青团工作不可能面面俱到，有些方面可能做得缺位，但一些方面还是做了很多工作，比如说青年分类引导工作，共青团宣传口子一直负责在抓，在落实，当然过程中还需要考量绩效、效果问题。我这里反思几个问题。第一，共青团中形成的一种或轻或重的自我封闭内循环问题。共青团这么多年来在组织架构以及运行过程当中形成的内循环，表现在全体覆盖等方面存在动力不足的问题。第二，在思潮引领当中，共青团用项目推动工作，比如前面提到的青年文明号、青年志愿者以及关爱行动等等，这里包含了特定历史时期的社会意识、社会心态的因素，当然也包含价值观的因素，分析社会思潮的引领也要涵盖这一方面的内容。研究还要梳理每一个阶段，并给它做一个事实的描述。第三，我也同意重点关注大学生群体。结合上午郑老师讲的，我们研究的主体是什么，对象是谁？“青少年的社会主义核心价值观”中的青少年，我们全书体系设计很清晰有少先队研究一块。就是7—14岁，包括团队衔接，学生团员、高校青年等等，都衔接上了。现在问题有在社会思潮引领中，某些领域、某些重点群体，共青团没办法用有效的方式、手段引领，或没有得到一个迅捷的反应，值得剖析。

社会思潮章节是从改革开放开始。所以改革开放之前的思潮作不作梳理，今天要明晰一下。

第四，反思还包括了青年话语体系建立问题。现在社会组织也好，青年群体也好，共青团工作有优越感或内循环这一影响因素，也有对青年有没有话语可交流，能不能同频交流，有没有平等对话空间等原因，这是我们需要突破的点。不然的话，纯粹去谈青年思潮，很孤立。共青团引领社会思潮的经验与反思，也是这一个课题关注的重点。

胡献忠：我看《青少年研究与实践》发了你一篇关于少先队的文章，

要不，你再讲讲少先队的事。

徐峻蔚：少先队这篇，我也是很有体会。从安源儿童团诞生一直到今年总书记的要求，陈亮老师提纲里都有很清晰的脉络，然后对少先队组织特征，它的教育方式跟其他教育方式的区别都已经非常明晰。因为我们研究要求要有一个经验和反思，我觉得到目前为止有几点可以思考。当然它存在的一些现象和问题的成因，可以从历史的角度考虑。第一，最明显是教育活动中的样板化方式，队日活动也好，主题教育活动也好，少先队活动课程建设也好，你要有自己的特色，少先队教育课堂是社会大课堂，形式要多彩，但是现在往往陷入样板化设计与表演。这样的话，跟我们提倡少先队的自主教育，我的活动我作主，辅导员只是在边上进行辅导，整个设计和整个过程都是队员自己完成的等等相互矛盾。自主教育跟教育形式关系没有处理好。第二，全童入队的问题。50年代以来的入队问题，有一个发展和循序渐进的过程。之后为什么要提出全童入队？现在全童入队又存在哪些问题？还有，中学生尤其到了初三基本上是团员，也有这个问题。第三，儿童语言以及儿童接受问题。少代会报告等要求一定要使用儿童能接受的语言。这样的话，小孩子容易懂。当然这是从报告的角度。从我们少先队辅导工作方式方法上，是一种灌输式的教育，在灌输式教育的过程中，我们如何做到蹲下来跟儿童平视、对话，这是辅导工作的艺术。第四，培育社会主义核心价值观，上海等有许多宝贵经验，比如用图解释，什么是“富强”，什么是“爱国”等等，用简洁形象方式影响队员，有效果。可以总结一些经验。第五，主题教育活动开展的实际成效问题。少先队活动开展的大部队在小学、中学，在基层；辅导员在基层。从全国少工委到地方少先队组织，正三角分布。主题实践活动从上到下，包括核心价值观主题，从最起端提出要求，到最后队员的接受过程中，有多少被弱化，甚至异化，有没有把握好精神精髓，有没有达到教育目标？外是显于形了，有没有真正内化于心，让儿童内化于他的行为习惯、潜移默化的东西有多少？最终检验的还是队员的自主性创造。第六，现在党团关系讲得比较多，党团队的关系讲的比较少。

胡献忠：关于这个，10月中旬在北京还要专门开一个研讨会。

徐峻蔚：还有一个是，从研究的视角来讲讲少先队组织、活动、阵地和文化。其中少先队文化要和社会主义核心价值观培育联动起来。少先队一些有地方特色的东西，共青团好像少一点，统一性的东西多一些。

徐峻蔚：好，我就补充这些。下面请宏森老师来谈谈。

刘宏森：我一直在想一个问题，理论上讲，共青团是党的“助手”，而不是“跟班”。其实从助手到跟班，距离很短。如何避免从助手沦为跟班，这是值得党和团认真对待的问题。

助手与跟班在职能上很接近，都是辅助性的，以服从和服务为主。但两者之间又有很大的区别。主要区别就在于助手应有较大的主体性，而后者则缺乏这种主体性，更具有工具性。

以此看共青团和共产党的关系，理论上讲，团是党的助手，从事着党的青年工作。“坚持党的领导，在任何情况下都要以党的政治纲领为奋斗目标，以党的指导思想为行动指南，以党的中心任务为光荣使命，当好党的助手和后备军，这是共青团工作特有的党性原则，也是党团重要政治关系的体现。”但在实际生活中，团却常常成为党的跟班。在团的历史上，这个问题实际上经常出现。

比如，1952年8月下旬，毛泽东两次主持中共中央的会议，讨论青年团的工作。会议指出，在青年团方面，尽管1949年4月团一大对青年团的工作任务已经有了明确规定，但还存在着“不善于根据青年的特点进行工作”，“工作往往一般化”的缺点。总之，党如何领导青年团和青年团如何工作的问题亟待解决；1952年8月25日—9月4日，青年团一届三中全会讨论了青年团如何工作的问题，但只是原则性地解决了一些问题，“更具体的方法仍未完全解决”，且这三条也主要侧重团保证和服从党的领导方面，对团的系统领导还缺乏认识，根据青年特点进行工作方面还未涉及；1953年1月，青年团一届四中全会，对青年团应如何工作问题仍未彻底解决；1953年6月23日—7月2日，中国新民主主义青年团第二次全国代表大会上，毛泽东发表了《青年团的工作要照顾青年特点》的重要讲话，提出：“党和团的领导机关，都要学会领导团的工作，善于围绕党的中心任务，照顾青年特点，组织和教育广大青年群众”。他指出了青年团工作的一些基本方法。这就是要从青年的实际出发，“青年就是青年，不然，何必要搞青年团呢？”会议指出，“至今仍有部分党委——主要是部分地委、县委及区委对青年团工作的重要意义，尚缺乏深刻的理解。它们在实际工作中，对于青年团的领导，常常陷于被动应付，缺乏应有的积极主动精神；使用多，教育少；只有一般的工作布置，而忽视青年工作的特点和青年的特殊要求；只注意党的统一领导，而不照顾团的系统领导”。应该说，这次会议对共青团作为党的助手的主体性问题有了较为明确的认识；然而，1958年6月2日的共青团三届三中全会又提出：要“使各级团委在实质上成为各级党委的青年工作部”，强调“在团内担任领导责任的干部，唯一的任务，就是保证党的指示在团员和青年中贯彻执行”。这实际上就是对团的主体性问题认识上的一种倒退。

思想认识上如此，自然难免共青团从助手滑向跟班的结局。

所以如此，与双方面皆有关系。从党政来讲，很显然，这反映了一些党政部门缺乏“远见”。他们不能从中华民族伟大复兴的战略高度，不能立足于对未来投资的角度，看待青年和青年工作，往往只是把共青团视为一种依常规应设的部门，拨以一定的经费，安排几个小青年带着青年们玩玩，搞搞活动，不出事就可以了。党政部门很忙，要实现GDP指标的大幅度提升，有太多的工作要做。工作忙起来，还可以让共青团组织些突击队啥的，以备不时之需。至于如何按照青年的特点，教育引导青年按照中华民族伟大复兴的要求健康成长，党政部门会常思常想，系统谋划，有序推进吗？

从共青团来讲，党政是其所需资源的主要把握者、供给者，直接关系到团组织自身的生存和发展，青年工作的开展。共青团所需的资源，不仅包括各种财政、物质资源，甚至也包括团干部自身生涯发展所需的各种资源。组织的认可、领导的赏识等等，都包含了团干部自身升迁所必须各种人脉、制度化的资源。资源乃是一切个人与组织价值关注之焦点。资源之供给必然直接影响到需求者之行为选择及情感趋向。既如此，团干部们焉能不以党政马首是瞻呢？共青团及其干部成为党政之跟班不就是很自然的事情了吗？

围绕党政中心工作开展团的工作，这是许多团组织的响亮口号和工作方针，这是履行团的职责、争取党政资源支持的重要举措，这本身并无错，但是，实际生活中，在“围绕党政中心工作”和“开展团的工作”之间，往往缺少一个必要的状语，那就是“根据青年的实际，按照青年工作的特点”。缺少这个状语，实际上就是团的主体性缺乏的体现。缺乏了主体性，从助手滑向“跟班”就很自然了。

徐峻蔚：刘老师讲得很好，共青团的定位既有制度层面的又有实践层面的，两者要统一起来。下面汪永涛老师讲讲你负责的这一部分？

胡献忠：小汪老师是咱们这个课题组里年龄最小，做的又是互联网，是最面向未来的。

汪永涛：上午各位专家对价值观，从理论高度进行了很好的概括。我领受的任务“共青团利用新媒体培养青少年价值观的回顾经验研究”，主要从实践的层面来研究这个问题。上午几位老师也都提到新媒体特别是互联网对青少年价值观可能会有一些比较好的载体。我们现在发布了，就是最近7月份的时候，中国互联网信息中心发布了一个统计报告，互联网普及率占到44.8%，手机上网的网民占到网民量的88.9%，也就是说现在更多是通过手机上网。随着手机终端大屏化，手机上网会更加明显。而且群体当中，青年群体使用网络频率特别高，可以占到78.4%。还有提到的是，中国网民的人均每周上网时间长达25.6小时，可以说当前青年互联网的生活方式，已经在行为方式和生活方式上，都对他们产生很大的影响。但是在当前这种社会功能分化，还有个体化生存之下，在全球化的背景下，共青团在培育青少年价值观方面也存在个体化生存和统一价值观之间的矛盾，因为核心价值观是大统和的东西。而网络青年个体化生存的状态，在社交网络媒体，现在这种微博、微信，它又强调互动、共享。这种强调互动共享的方式，它有可能使得个体化的生存方式和统一价值观有可能达到统一，因为网络是个体化的生存方式，而网络上他们又强调共享、互动。所以我通过查看一些共青团网站上的微博、微信公众号和网站，看他们到底在青年价值观方面，到底是怎么做的。然后总结一下发现他们主要有四个做法，不全面，我重点提炼四种做法。

第一，通过微博、微信平台创建话题。其实创建话题也是以前的主题活动的另外一种方式，这个的设置往往需要勾连青年、社会、国家之间的关系，发挥青年的主体地位，动员青年参与话题的讨论。有一个例子，比较热门的，在去年的时候，“我为核心价值观代言”的话题，新浪、微博的话题主要是新闻八卦，但是在去年这个话题一直很有影响。有一些想法的网民直接参与到这个话题当中，这是一个参与度非常高的话题，为什么这个青年会热衷于参与这个话题，主要是从我出发，我为核心价值观代言，然后是写，他们说我是一个什么样的职业，我应该怎么样。所以它主要强调我从日常生活实践中体会可感知的观点。我代言这种形式，让青年把自己作为培育和践行核心价值观的主体，真正作为一个参与者，这样参与活动，更有利于核心价值观，不再是一种抽象的概念，而是一种具体，从日常生活中感觉到可以奉行的理念。从参与过程中，青少年可以发挥自己主动创造性，涌现很多青年创意团体，创造很多生动、活泼的内容，比如自己做一些漫画。所以它这个活动举办得还是很成功。

第二，对青年群体感兴趣的社会热点问题给予及时有效引导。在中国青年网，主要是中青网也做得比较好，就是对于青年所关心的热点话题进行提问，比如前段时间有一个贾玲恶搞花木兰事件，把花木兰的形象颠覆了。中青网直接发了一条微博，我们的核心价值观不可违背，我们应该坚持正确的导向，文艺工作者为人民大众服务。就这种方式，其实它就是一种干巴巴的评论，很难以让人服众。其实通过站在中立角度上，引导青年展开讨论，因为价值观不是自发产生，它要有一个说服的过程，要让众多接纳价值观，它要通过正方、反方碰撞的过程，增加他的共识，更能达到引导青年的作用。

第三，回应青年诉求。团中央网络影视中心最近做的“青年之声”互动社交平台的建设，我们也参加了回答问题。这个东西它其实评得也是很好，在现在这种市场化、社会化的情况下，团组织和青年人离得比较远，不太理解青年的困惑，对青年的处境缺乏感同身受。现在让青年在网上，我有什么困惑，我就问你，通过网络手段连线和服务青年。为了提高这种服务能力，他们也去发动了一些成长、创业等八大服务联盟，我记得我们也参与了，有一些问题，分下去，然后你再去回答。它所采取的，我觉得它的理念上还没有转变过来，还是一种行政化的方式，青年有什么问题，收集起来，利用团组织系统分下去。

胡献忠：这个软件正在进一步开发，“青年之声”要搞成互动社交平台。

汪永涛：在这点上，其实“知乎”也是这样的网络平台，可能也在一个发展阶段。可能知乎做得比较好，是因为它运营了一部分时间，已经实现了一种内部化的运作。它不需要说，我通过我们共青团系统内部的专家，它是网民自身通过提问可以回答，它利用网民自身的资源去实现。而且这种运作，有一些答案达到数万，也就是说这是一个参与率非常高的。它的答题者，因为他的点击率很高，他得到的反馈，下面有很多人评论，他也愿意进行进一步的分享，这样实现一个很好的内部互动。所以我觉得我们青年之声也需要在行政化手段方面，是不是说不仅仅是通过共青团内部的？我查了一下，现在入驻专家有两万多个，但是对于服务这么多青年来说，服务这么多青年够不够？

还有一个，刚刚大家也都提到推青少年典型。青少年典型一直也是比较传统的，我看微博上也在做一个“向上向善好青年”，选了20多个向上向善好青年，他们去组成一个青年分享团，去现场做一些分享。这也是一个很好的活动，青年在自己团队里面推选榜样，让他们自我接受。我们现在很难产生单一像雷锋这样的青年偶像，如何使典型发挥好他的榜样作用，我认为要进一步细化他的群体。我看青年分享团有各行各业的人，既有创业青年，也有科考者，他所面临的群体，他就是到各个公司，什么财经大学、学院，因为我们前段时间微信群里都在刷“施一公”，我们很关注，在微信群里面讨论得很热闹。我觉得通过不同的，比如说我们做一个科研工作者，我们很关心这个人，包括它背后的学生。所以如果说他这种事例在这个群体里面产生很好的反应。另外一个创业青年，它只能在农民工，或者是一些青年人群，产生一些讨论的课题，但是都在里面关注。所以在这种分典型的时候，进一步细化这个群体，不同的群体可能需要不同的典型。

陈卫东：分层分类引导。

汪永涛：对。之前可能是一种全部，我一个分享，各个涉及。我觉得还有其他很多，不再说这么多。在思路上，共青团在思想引领方面，社会化运作还不够，与外部的协作还不够。部分的团属政务微博和微信公众号，分析它的粉丝群体，你会发现，它主要的群体还是团系统内部的组织和团干部，青年的粉丝，真正社会上的青年粉丝占的比例不够多。在工作的开展上，主要依靠团属阵地，一些团属社团，还有一些青年工作阵地。这一点造成共青团团属新媒体内部的循环，它的活力还是不足的。其实新媒体，它仅仅是一个载体，它的本质是互动和共享，并不是你建立一个微博或微信公众号，它就可以实现。因为它要强调互动、共享，所以它其实对新媒体的运营提出很高的条件。如果回答了，质量不高的话，他没有办法调动青年去参与提问的热情。目前的团组织新媒体上，主要靠自身团组织的力量，这导致它的人力和物力不足。新媒体运营又有很高的要求，往往会导致新媒体服务质量不高。所以在这种新媒体运营上，可能要进一步借鉴一些其他的运营比较好的，可能是其他一些商业化的，或者是民间的新媒体的运营方式，就是利用互联网的资源共享，真正调动青年网民的质量，实现社会化的运营。我就讲这些。

刘宏森：用互联网引领青年思想，互联网它是一个工具和载体。你真正能够吸引青年的，还是内容，内容为王。我上次听过一个讲座，凤凰传媒老总讲，内容为王的时代过去了，后来这个话受到很多人的批判。实际上他的概念没界定清楚。

胡献忠：你说的“内容”其实是一种思想、理念。

刘宏森：是的，他把包装也当成内容，这个概念很混乱了。实际上，互联网可能能够扩大它的宣传面，但宣传面再大，如果你内容不吸引人，你还是不能引领，对不对？

陈卫东：点对点。

刘宏森：上海市有一个大学生“知行杯”创新项目。去年，我的学生他们申报了一个课题，跑来邀请我做指导老师。我建议他们做“青春上海”公众微信号，因为“青春上海”的老总来看过我，我对这个事情有点了解，也蛮感兴趣的。我建议学生调研6类人群，不光是机关、党员、团员，还包括很多体制外的青年，比如说城隍庙附近的福佑路，小商品市场，那些调研对象都是体制外的小青年。学生调查发现，这些青年都不知道“青春上海”这个东西。实际上还是团组织在自娱自乐。这里既有网络覆盖的问题，但更有内容难以吸引青少年的问题。

陈卫东：互联网有自身的规律，上午讲的“互联网+”或者是“+互联网”，“互联网+”叫互联网思维，“+互联网”是互联网工具。互联网是一种思维方式，是一种精神，跟你现在讲的把它纯粹当成工具不一样。就像我们的汽车一样，你说汽车是交通工具吗？是，但汽车也是一种交通方式。你要有这个思想，才能跟得上现在的汽车文化。比如说奔驰，你觉得它是一辆车吗？它是，它还有一种艺术教育，在全球领先。只要你有奔驰，你就到高雅艺术。前两天有一次在分享，我正好参加一个捷豹路虎公益发展战略研讨会，那里有一群大咖在讲，我觉得那些观点非常有益，他们讲现在的互联网时代是怎么弄的。这些小青年们的想法，为什么微信有那么高的黏度？微信的马化腾，弄QQ这个玩意，它的商业价值、市场的估值为什么这么高，甚至超过了马云，现在这个趋势更加明显。阿里巴巴现在很明显的，股价已经下来了，已经被腰斩，从100多美元下降到60多，马云去年一年股价从2000多亿的市值跌到1400亿，已经跌了1000多亿，他讲是跌去了一个匈牙利的GDP，这是什么概念？我觉得这些东西是很有冲击力的。媒体实际上代表一种新的方式，你刚刚提到的“知乎”，它就是用的这种。包括那天我们请“今日头条”讲的，因为他不是做技术的，他讲的不深入，人家都是做技术的，讲得才会非常深入。我听他讲，社会责任当中才包含小的元素。路虎现在在中国的销售是爆发式增长，很多人喜欢这个车。路虎不仅仅是一个车，还代表一种观念，一种对生活的理解。我觉得这个企业的思想太超前了，用现在时髦的话叫“脑洞大开”，所以那天信息量很大。所以，大家基本上不在外面讲，基本上在这个上面讲。

胡献忠：小汪，咱们的研究中要一个历史经验、教训、启示的梳理，要有史的东西，要有时间的长度和跨度，包括卫东那部分。关于共青团与互联网的关系演进，2010年长沙论坛上鸿雁书记在讲话中作过一个梳理，可以拿来参考。一开始共青团是把互联网当成工具，后来怎么逐渐成为引领青年的主阵地，而且不仅仅是阵地，还有共青团对网络的认识、互联网思维等，总之它有一个过程，要把这个东西讲清楚，而不是简单弄一个横断面就行，这个东西是我们要的东西之一，不是全部。你要把历史写出来，肯定也要有理论的分析，但一定要有史的东西。

我这里面说明一点，因为刚才做标题的时候，定的是核心价值观，后面包括大家谈的这么多，谈得很好，我就把“核心”两个字拿掉，但里面该写核心就写，这个价值观应该是共青团培育青少年价值观的经验与反思，而不仅仅局限于核心价值观，所以大家在写的时候，不要在“核心”里面一个劲围绕，不要辩这个到底是不是核心，在这个上面不要多下工夫，但是可以点。尤其说是湘明老师这儿，你一开始没提核心价值观，最后慢慢出来一个东西，你就这个可以做。包括李艳老师做的17年里面，那就没有说是核心价值观，你不能自己编出一个来。

我承担的有一个总论，是关于共青团育人功能的，其实和培育青年价值观是一个意思，不一定是“核心”的，但是逐渐我们把核心浮出水面，但一开始它还是从整个塑造社会新人、培养社会主义、共产主义道德，从这个层面慢慢走出这样条路。我这个是非常宏观，其实对共青团这个团体，这个组织，这个机构，它本身的定位或者功能的发挥，是一个综述性的东西，是一个概括的东西。我大概也分了三块，在前言里面我写了，从中共的执政地位以及共青团历史方位的变迁，然后做了一个简单的梳理，争取把这个东西说得明白点。后面分了三块，第一块还是说定位，就是共青团在青少年价值观塑造总格局、总系统里面的定位。上午俞中校长也讲了，我非常赞成，大家都知道，一个青少年的价值观形成，既有家庭教育、学校教育、社会教育，还有其他各方面的组织、单位的再教育、再社会化这种过程。其实这里面，我想说一下，在整个执政党培育公民道德这个系统工程中，共青团的地位是什么？也就是马克思讲的，未来的社会是自由人的联合体。什么是自由人？我觉得自由人是文明素质很高、道德水平也非常高的现代公民，这个公民不是说是自然而然形成的。你说经济发展了，道德素质就高了？我们看到的恰恰相反，道德滑坡。这就需要政府作为，政府的宏观引导，执政党的引导，尤其我们作为助手，你的共青团的位置在哪儿，就在这儿。我当时用了一个定位，什么定位？就是共青团处于培养青少年价值观的第一线，但你不是第一位，你不是首当其冲，你是第一线，包括学校，它也是第一线，就是一个定位。

第二个问题，分析它的实现程度。先说共青团育人功能实现的外部要素和内部要素。它要实现育人功能，外部必须具备哪些因素，内部具备哪些因素，光有外部好的环境也不行，你自己做不好，照样这个功能实现不了。详细不讲，其实有些时候有些东西，还是很值得探讨和研究。就是今天上午我讲的，改革开放30多年，物质条件好了，反而工作没做好，条件艰苦的时候，反而这个工作能做得好。这里面什么道理？难道仅仅因为我们是大一统，我们强动员体制？是一个单一制的社会？有这个原因，我们试图看能不能找出更根本的，或者说更有启发性的观念出来。育人功能实现的标准是什么？怎么样算育人功能实现了？从哪几个方面能体现？要在这里面做一个详细的分析。

第三个就是共青团育人功能的手段，它通过哪些手段实现育人功能。我个人认为，在革命年代，革命的党、团是通过实现他人利益来获取其信仰的，这是根本手段。工人为什么要跟着共产党？闹罢工可以增加工资福利，所以他跟着你。你看1922年团一大提出的纲领是怎么写的？是要改善青年工人、青年农人的生存状况，为实现、青年学生、青年妇女的利益而奋斗，然后你再讲共产主义也好，你讲新社会也好，打倒军阀，你讲共产党这一套，它才值得有人信。新中国成立初期，我觉得反而强调更多的是集体利益，也是集体主义。这时候是另外一种方式，个人的利益反而说得少了。改革开放之后，尤其是1992年之后，市场经济激活了个性的活力，个性的利益诉求也在多元化，也在逐渐凸显出来。这时候又有意思了，我觉得好像又回归了。又不信你，你这个党也好，或者说团也好，你的宣传又不占绝对优势了，一统天下的绝对优势没有了。你没有别的选择，只能选择它。但市场化以后，你不占绝对优势的，这时候怎么样？我觉得还是要通过实现青年的利益，来获取他的信仰，当然一些具体的手段不再说了。从宏观上讲，应该是这样的路子。

但实际上我们的情况是什么？实际上还有一个分析，我们总体上共青团育人功能是在逐渐弱化，今天上午很多老师提到这一点，它是在逐渐弱化的趋势。为什么会弱化？我对弱化的过程也做了一个分析，为什么出现这个情况，当然责任不是一方，有主观、客观，有团自身，我觉得更多是大环境。实际上接着这个问题，剩下第三部分，就是育人功能的局限性，跟前面的弱化功能相互关联。整个青少年成长的环境，包括共青团工作的环境，以及共青团被重视的程度，这个都是有关系，党政不太重视你的工作，为什么不重视你？是自己的分量不足，他不重视你，也在某种程度上造成了育人功能的欠佳。实际上，要让别人重视，这个事开个会发个文件管用吗？改革开放以来党的重要会议和相关文件，最后都要来一小段，大意是“党和政府要重视青年工作，重视共青团工作”。每次这么讲，讲完了也就那样。另外就是团自身的问题，就是宣传方面的形式主义，自己的与时俱进，或者说自己这种思维。我经常讲，现在似乎形成了一种城堡政治或者叫政治城堡，这实际上是官僚化固化的倾向，其实在党的执政队伍有，团这块现在已经是党政一个不可分割的部门了。在这种大背景下，现在中央提出要改革，群团工作会议之后，整个群团的工作状态、机构设置、运行机制要有一个大的变化。其实我理解，应该是要破解“政治城堡”，你自己在这个城堡里有比较充裕的保障，在某种程度上享有一定的特权，草根群众都在外面，你主动联系、服务的积极性不够。这是我讲的育人功能的定位以及实践程度，这是一个宏观的东西。

另外一个专题也是宏观的。我们的研究要有一个总的东西，就是在大家分报告的基础上，有一个总的经验和反思的东西，这个东西是一个跳出来的东西，既有具体的，又非常宏观，这篇文章不好做。你说是滞后，怎么滞后了？我们想把这篇东西，把大家的智慧集中起来，形成一个总的东西，可能要上报一下。当然得先看看有没有价值，挖出有价值的东西再报，没价值的东西报它干吗，咱们争取从历史的角度去挖掘东西。这是第二篇大的文章，我想可能要下工夫。

我觉得大家今天谈得都很好，都从各自的角度，都有进展，都有启发，我觉得这是很好的发言，这是我写的那两部分的内容。

徐峻蔚：好，今天下午的讨论很充分，大致告一段落，看看各位还有哪些问题。如果没有，咱们请课题组组长胡老师作下总结。

胡献忠：我想对整个课题的研究和进度提五点建议：

第一，阅读对象。也就是文章是写给谁的？作为团中央的智库课题，这个当然是写给团中央的，写给全团的，是立意非常高的课题，给领导提供决策参考。书中有的地方写得很具体，可以为团组织开展思想政治工作提供参考。一个重要的指向，就是共青团未来发展。党要求你干什么，青年期待你干什么，这是你的定位。今天中午长忠跟我说，他自己要根据上午的发言，整一篇东西加到咱们的课题里面。我说好，我承担的两部分也是要指向未来的，既有谈过去的经验，谈过去的不足，那么它对于未来的启示是什么，对于现在我们正在进行工作的启发是什么？这是一个不好写的东西，我说你多贡献智慧。

第二，结构问题。整个文章里面，要包括这么几个方面：一是要有现象的描述。这是从史的角度，一定要从史的角度。现象的描述，这个描述中要有分析，而不是简单地把东西往那一放，有的时候你堆一堆也行，但是还是要有一个方法论、理论框架的东西，按照你自己的思路，要有适度的分析。二是经验的分析。这也是一大块，但是经验的分析中又有描述，而不是完全抽象的东西，包括你的东西要落地，要有具体的例子，其实就是这个意思，叫分析中有描述。三是不足之处有反思、教训。这个大家都做得非常好，说不足也行，说反思、教训也好，如果能写几点启发也行，你觉得有话可说，你就往上写。这个是启示，你觉得自己自然而然得出这个东西来，你就往上写。四是原因的分析。其实原因的分析可能包括在现象描述、经验分析里面，可能包括在这里面，但是这块的东西不可少，一定要找出来不足的原因，刚才有些老师其实在研究过程中都已经注意到这一点。这里面不仅仅围绕团的工作做分析，要有，但不一定全是，反正要有一个大的视野，当然共青团自身的毛病该点的还是要点上。他有经验咱们也说，他有不足咱们也说，在整个社会外围的大环境，经济的、政治的、青年多元的、流动的，包括党的政策性的东西，要适当加入，适当灌注到里面，这是第二个方面。

第三，叙事方式、叙事的风格。这个一定要有高度。举具体例子的时候没高度，但是整个落笔、起笔的时候要有高度，最好能够跳出共青看共青，这样反而能够把有些事情看得更清晰，尽可能运用一些大思维，大的外围的社会逻辑、政治逻辑这方面做一些分析，其实这个也是跟第二块的分析相关的。再一个，一定要有历史的纵深，这个一定要有，这个不是横断面的东西，横断面的东西也可以，但是你分析到这个点的时候，你可以做一个横断面，一个切面的分析，但是这个理下来，还是一个历史的脉络、线索，你可以看出来，共青团它哪一段有作为，哪一段没作为（比如“文革”期间），哪一段工作比较好，哪一段出现新特征，要体现这个东西，这个东西不仅仅是团中央想要的东西，而且是各级团干部最缺乏的东西。描述现实的东西，大家都能说几句，但是你从历史的角度一说，别人就很难插上话，但你一定要说准。这个取向，恰恰是学者弥补了实务工作者的某些不足，也是研究的定位。

第四，成果形式。现在正跟出版社联系，这个书我想在今年年底出来，这是一个任务。另外一个，其实咱们整个研究分两块，一块是综述，综合性的研究，包括新中国成立17年的、改革开放以来的，包括卫东的，其实你也是综合性的，你是60多年干下来的，包括我写的那部分也是这样的。第二块就是方法与路径的历史梳理、研究，如果有可能，想搞上两组文章，到时候在期刊上发两个专题，这个不急，先把书稿整出来，文章也可以在后面发。大家的成果都搞成两个版本，一个详细全面的，在书上用；一个精炼的，在期刊上用。初步这样设想吧。

所以这涉及到第五个问题，截止时间的问题，我想今天是18号，再用一个月的时候把它做完，到10月20号完成，还要统稿，争取最迟11月初交到出版社。这需要大家辛苦，截止时间只有一个月的时间。可以吗？

陈　亮：可以。

陈卫东：主要是资料太多。

胡献忠：资料过少更难写。

陈卫东：我写的提纲，干货在里面。

胡献忠：还是要多写，写充实，写透彻，主要还是写观点。还有小汪，你多动脑筋，看看能找到多少，每个时期互联网对青年的影响，这三年、五年有什么变化，大概需要这个东西，现在做得好的，逐渐逐渐做好的，要有过程，把网络平台建起来，要有自己的团队，工作理念和工作方法的演变，是这样的东西，逐渐寻找自己在互联网上的地位。

我基本上说这些，再次表示向浙江省团校表示感谢，非常支持我们工作，特别是陈亮老师，做了大量的事务性工作。我的总体感觉是合作愉快，比预期的效果还要好，所以非常感谢！本来这次邀请了团中央青运史档案馆两位副馆长叶学丽老师、李静老师到会指导，她们确实很忙，难以抽身。领导虽然没来，但是我把领导的信任和关怀带来了。临行前我向义军主任汇报，他说你们的会好好开，回来之后能不能搞一个东西？这是对我们的要求、期待和鼓励吧，关键我们是能不能把鲜明的观点提炼出来。

好！到此为止，我们的论证研讨会圆满结束，谢谢各位！

后　记

教育人、培养人，是共青团的基本功能和传统工作。当前，国际形势在风云变幻中经历着大变局，我国经济社会深刻变革，对外开放不断扩大，各种思潮相互激荡，各种社会矛盾和问题相互叠加、集中呈现，青年思想活动的独立性、选择性、多变性、差异性明显增强，青少年价值观多元化取向日益强化，引导青年的难度不断加强大。要把握未来，就必须研究历史，以史为鉴。因为人们面临困境时寻求出路的逻辑思考是相似的，处理问题时权衡利弊的实践思维是相通的，所以研究新中国成立以来共青团培育青少年核心价值观的经验与教训，对当代共青团工作具有重要的借鉴意义。

本课题系国家财政专项基金资助的2015年中国青少年研究中心重点课题“中国青少年核心价值观研究”子课题“新中国成立以来共青团培育青少年价值观研究”（课题编号：ZD201501-3）。中国青少年研究中心主任、团中央青运史档案馆馆长王义军，团中央青运史档案馆副馆长叶学丽、李静对课题的研究提出了很好的指导性建议，并审阅书稿。本课题研究属于集体劳动的成果，由胡献忠统改全稿，研究具体分工情况为：

绪　论　胡献忠（共青团中央青运史档案馆资料部主任、副研究员，博士）

第一章　胡献忠

第二章　李　艳（中国青少年研究中心办公室主任、副研究员）

第三章　胡湘明（河南省团校教务处主任、副教授）

冯小茹（河南省团校青年理论教研室主任、副教授）

王　莹（河南省团校讲师）

第四章　陈卫东（共青团中央青运史档案馆编研部副研究员）

第五章　陈　亮（浙江省团校教授）

徐峻蔚（浙江省团校副校长、副教授）

第六章　刘庆宇（辽宁团校青运史研究室主任、助理研究员，博士）

第七章　刘宏森（上海青年管理干部学院副教授、《青年学报》主编）

第八章　汪永涛（中国青少年研究中心助理研究员、《中国青年研究》编辑，博士）

附　录　胡献忠

感谢在本课题研究过程中给予大力支持、提供无私帮助的各位领导、专家及相关人员，感谢新华出版社庆春雁女士热情而高效的工作。希望我们的研究成果能够对青少年实务工作者、青少年理论研究者及其他相关读者有所助益，也希望大家多提宝贵意见。

胡献忠

2015年11月20日